Bibliographische Information der Deutschen Nationalbibliothek
Die Deutsche Nationalbibliothek verzeichnet diese Publikation
in der Deutschen Nationalbibliographie;
detaillierte bibliographische Daten sind im Internet
über http://dnb.ddb.de abrufbar.

ISBN: 978-3-7858-0563-3

Umwelthinweis:
Dieses Buch wurde auf chlorfrei gebleichtem Papier gedruckt.

Umschlaggestaltung: Dipl.-Grafikdesignerin Eva Dietsche, Bochum
Druck und Bindung: AALEXX Buchproduktion GmbH Großburgwedel
Printed in Germany

Dirk Klute

Wovon die Seele zehrt

Andachten für Krise,
Krankheit und Genesung

Luther-Verlag

Inhaltsverzeichnis

NEUES TESTAMENT

Vorwort

Seelenspeise

Der Mensch lebt nicht vom Brot allein, sagt Jesus. Stimmt. Der Körper kann satt sein, für das Materielle kann gesorgt sein, und trotzdem hat die Seele Hunger. Sie braucht mehr, und sie braucht andere Kost.

Was für alle Menschen gilt, dass merken diejenigen besonders deutlich, die eine Zeit der Krise durchmachen. Die aus der Bahn geraten sind. Erschöpft, orientierungslos, allein, müde. Nach Hilfe rufend oder sprachlos geworden. Die im Hamsterrad rennen – und nicht weiterkommen.

Dirk Klute ist Pfarrer in einer Klinik für Psychiatrie und Psychotherapie im westfälischen Lengerich sowie in einer Klinik für psychisch kranke Straftäter im nahe gelegenen Rheine. Es ist sein „täglich Brot", zusammen mit anderen hungrigen Menschen nach Speise für die Seelen zu suchen – in Begegnungen und Gesprächen, in Andachten und Gottesdiensten. Die Seelenspeise muss er nicht „machen". Er findet sie in der Bibel. Er bereitet sie nur noch etwas zu und würzt sie. Ich selbst bin während eines Klinikaufenthaltes mit dieser Speise in Berührung gekommen. Sie bekommt mir und sie stärkt mich. Deshalb habe ich dieses Buch angeregt.

Wer nicht mehr in der Klinik ist, kann jede Woche ein Menü per Mail bekommen – es sind schon ein paar hundert Leserinnen und Leser. Für viele Menschen eine Gelegenheit innezuhalten, sich auf Gott auszurichten und dabei für das eigene Leben Orientierung, Hoffnung, Trost zu finden.

Pfarer Klute bat mich, an dieser Stelle noch einen Dank auszurichten: an Klaus Honermann, katholischer Pfarrer in Schermbeck, für die Andacht *Zum Jahreswechsel Segen*. Und an Herrn Möhler und den Luther-Verlag für die erstklassige Betreuung.

Osnabrück, im Oktober 2008   *Eva Schulz*

Altes Testament

Geistvolles Chaos

Die erste „Pfingstgeschichte" finden Sie ganz vorn in der Bibel, im zweiten Vers. Denn Pfingsten ist das Fest des Heiligen Geistes …

> Am Anfang schuf Gott Himmel und Erde. Und die Erde war wüst und leer, und es war finster auf der Tiefe. Und der Geist Gottes schwebte auf dem Wasser. Und Gott sprach: „Es werde Licht!" Und es ward Licht.
> 1. Mose 1,1–3

Gleich am Anfang also der „Geist". Wie sollen wir uns das vorstellen? Das hebräische Wort dafür meint so viel wie *Wind* oder *Sturm*. Deswegen haben Übersetzer statt „Geist" so gesagt: *„Geistwind"* oder *„Geistbraus"*. Noch vor allem Anfang und jenseits der Schöpfung stürmt es also. Eine zielgerichtete, mächtige Kraft. Energie, Bewegung, noch bevor Gott das erste Licht ins Dunkel bringt.

Und wo braust dieser Geist? Auf dem Wasser der „Tiefe". „Tiefe" meint die finstere, lebensfeindliche Urflut. Das Chaos, das alles verschlingt. In ihm ist kein Leben möglich. „Wüst und leer" ist es auf der „Erde". – Wobei: Von einer klar abgrenzbaren Erde kann eigentlich noch gar keine Rede sein. Es gibt ja in der Urflut noch nicht mal ein trocknes Plätzchen – und eben: Überall nichts als Finsternis. Klingt sehr ungemütlich, diese Urflut.

Was Luther in seiner Übersetzung „wüst und leer" nennt, das heißt im hebräischen Original so, dass es auch der deutsche Leser versteht: „Tohu wa Bohu". Dieses „Tohuwabohu" meint völliges Chaos. Keinerlei Ordnung, keinerlei Unterscheidung. Und weil noch nichts zu unterscheiden ist, ist das nicht so ein Chaos „wie bei Hempels unter'm Sofa", wo alle Sachen durcheinanderliegen, sondern eher wie Ödnis oder Wüste. Denn abgrenzbare „Sachen" gibt es ja gar nicht, die durcheinanderfliegen könnten. Die heutige Astronomie würde das Universum jenseits unserer kleinen Atmosphäre ganz ähnlich beschreiben. Denn im Universum gibt es neben wunderschönen Formationen werdender und vergehender Sterne, Planeten, Kometen, Gaswolken vor allem eines: schier unendlichen, leeren Raum, viel Dunkelheit und bittere Kälte. So lebensfeindlich wie die Urflut der alten Hebräer und ihrer orientalischen Nachbarn.

Wenn Sie ein bisschen in der Bibel weiterlesen, entdecken Sie: Gottes Schöpferhandeln ist vor allem ein *Unterscheiden, Trennen, Sortieren, Ordnen,*

In-Ordnung-Bringen: Gott scheidet das Licht von der Finsternis, er scheidet ein schützendes Himmelsgewölbe von der alles umgebenden Urflut, er trennt die Meere vom Festland. Er lässt lebendige Pflanzen sich abheben von der unbelebten Erde, schafft leuchtende Himmelskörper und unterscheidet sie (Sonne, Mond, Sterne). Gott schafft Tiere – alle unterschieden nach ihrer Art. Schließlich schafft sich Gott im Menschen ein Gegenüber. Und da unterscheidet Gott noch mal: Er verteilt das Männliche und das Weibliche auf verschiedene Personen, die sich unterscheiden und doch aufeinander bezogen sind.

Also: Am Anfang erst mal keine Unterscheidung. Nur Chaos, Tohuwabohu. Durcheinander und Leere zugleich. Aber: kein heilloses oder gottloses Chaos, sondern: Da ist der *Geistwind*, der über allem braust. Ich sag's mal ganz mutig: Es ist ein *göttliches* Chaos. Ein *schöpferisches* Chaos, weil es auf Schöpfung angelegt ist. Da kann man Licht reinbringen. Und Struktur. Und Leben in einer atemberaubenden Fülle und Schönheit. – Bis hin zu Ihnen als einzelner Person. Schauen Sie mal in den Spiegel, und versuchen Sie, sich dabei die Brille Ihres Schöpfers aufzusetzen, dann ahnen Sie, von welcher Schönheit ich spreche.

Die ersten Verse der Bibel öffnen uns eine besondere, ehrfurchtsvolle Sicht auf die ganze Schöpfung – von den Tiefen des Universums bis hinunter zur inneren Ordnung des einzelnen Atoms. Und eine besondere Sicht auf alles *Leben* – bis zum Geschenk des *eigenen* Lebens.

Aber mehr noch: Da gibt es ja auch im eigenen Leben die ganz persönlichen Tohuwabohu-Erfahrungen, das Chaos: dass in Ihrem Leben alles drunter und drüber geht und im Chaos versinkt. Dass Ihnen alles über den Kopf wächst. Dass „es" wie eine Urflut über Sie herein- und zusammenbricht. Riesiges Durcheinander und grässliche Ödnis zugleich. Unbewohnbare und unlebbare Lebensverhältnisse. Manchmal ist das Chaos so groß, dass Sie nicht mal mehr unterscheiden können: „Geht es da um mein seelisches Befinden oder um handfeste offene Zukunftsfragen, um einen chaotischen Tagesablauf oder um eine unaufgeräumte Wohnung, das Schreibtisch-Chaos oder das Durcheinander in den Beziehungen? Und was ist eigentlich Lüge, Wahrheit, Halbwahrheit? Was ist der Sinn? Und: Gibt es noch irgendwo festen Grund unter den Füßen?"

Was kann man da machen? *Manchmal* hilft: Ärmel aufkrempeln. Ordnung reinbringen – in die Wohnung, in den Tagesablauf, in die Beziehungen, in das Leben. Licht reinbringen in die Finsternis und sich überhaupt mal trauen, sich das alles mal genau anzugucken …

Nicht immer schaffen wir das allein. Und schon gar nicht immer sofort. *Andere Menschen* können vonnöten sein. Und *Gottes Licht* sowieso – damit es heller wird, damit wir überhaupt erkennen können, wo dringend mal angepackt werden müsste.

Aber: Die Pfingst-Botschaft unserer drei Verse vom Anfang der Bibel sehe ich noch woanders, und das ist etwas sehr Ermutigendes: *Gottes Geist-Wind ist schon da – mitten im Chaos!* Auch Ihr Tohuwabohu, so quälend es vielleicht ist, ist womöglich ein göttliches, ein schöpferisches Chaos. Auch schon, bevor Gott sein „Es werde Licht!" darüber spricht. Mag sein, dass *Sie* sich am Ende sehen. – Mag aber auch sein, dass genau das für *Gott* der Anfang ist. Dass Gott mit *Ihnen* neu anfängt!

Übrigens: Als Gott das Licht schuf, blieb die Finsternis für die Nacht. Als Gott das Land schuf, blieb von der Urflut das Meer. Also: Chaos wird bleiben, auch in Ihrem Leben. Aber es soll begrenzt sein und nicht alles bedecken.

Gebet (aus Taizé):

Heiliger Geist, Du hauchst über alles, was zerbrechlich ist. Du entzündest die Flamme der brennenden Liebe, die in uns unter der Asche glimmt. Selbst die Ängste und Nächte im Herzen können durch Dich zum Morgen eines neuen Lebens werden.
Amen.

Ich, Du und das erste „Nicht gut!"

„Warum ist die Banane krumm?" Diese Frage ist gar keine Frage, sondern eine *Antwort*. Die Antwort genervter Eltern auf das dauernde Warum-Fragen ihrer Sprösslinge. Nehmen wir z.B. *diese* Warum-Frage: Warum begeben sich die meisten Menschen irgendwann auf Partnersuche und sind sogar bereit, dafür ein einigermaßen heiles Elternhaus hinter sich zu lassen? Biologen sagen: „Das dient der Art-Erhaltung!" Richtig. Allerdings ist das aus der Sicht des einzelnen „Betroffenen" nicht das Hauptmotiv, so selbstlos sind wir nicht. Deswegen nun eine viel schönere und sehr hellsichtige Antwort aus der Bibel.

Aber noch eine Vorbemerkung: Vielleicht gehören Sie zu denjenigen, die für sich mit dem Thema „Partnerschaft" abgeschlossen haben, oder für die das mit Wut, Trauer, Sehnsucht, Angst, Enttäuschung, Gewalt, Unterdrückung, Langeweile besetzt ist. Oder die absichtlich einen anderen Lebensentwurf eingeschlagen haben. – Lesen Sie *trotzdem* weiter! Es geht zwar zuerst um intime Zweisamkeit. Aber das Gesagte gilt ähnlich für Gemeinschaft mit Menschen allgemein – für überall, wo es ein „Ich" mit einem „Du" zu tun bekommt.

Gott, der Herr, dachte: „Es ist nicht gut, dass der Mensch so allein ist. Ich will ein Wesen schaffen, das ihm hilft und das zu ihm passt."
So formte Gott aus Erde die Tiere des Feldes und die Vögel. Dann brachte er sie zu dem Menschen, um zu sehen, wie er jedes Einzelne nennen würde; denn so sollten sie heißen. Der Mensch gab dem Vieh, den wilden Tieren und den Vögeln ihre Namen, doch unter allen Tieren fand sich keins, das ihm helfen konnte und zu ihm passte.
Da versetzte Gott, der Herr, den Menschen in einen tiefen Schlaf, nahm eine seiner Rippen heraus und füllte die Stelle mit Fleisch. Aus der Rippe machte er eine Frau und brachte sie zu dem Menschen. Der freute sich und rief: „Endlich! Sie ist's! Eine wie ich! Sie gehört zu mir, denn von mir ist sie genommen." Deshalb verlässt ein Mann Vater und Mutter, um mit seiner Frau zu leben. Die zwei sind dann eins, mit Leib und Seele. Die beiden waren nackt, aber sie schämten sich nicht voreinander.
1. Mose 2,18–25

„Es ist nicht gut, dass der Mensch so allein ist!", dachte Gott. *Warum* ist das nicht gut? Gegenfrage: Warum ist die Banane krumm? – Hier *passt* diese Gegenfrage, denn an dieser Stelle ist Ende der Diskussion. Menschen *sind* eben aufeinander bezogen, und basta. Wer ohne Mitmenschen auskommen muss oder will, ist drauf und dran, sein Mensch-Sein ungelebt zu lassen. Also: Es ist was faul, wenn jemand völlig zurückgezogen lebt, ganz von Misstrauen beseelt ist, in Gedankengebäuden haust, zu denen sonst keiner Zutritt hat. Oder wer nur mit einer gekünstelten Fassade zwischen sich und den anderen in „Kontakt" tritt. Auch wenn der Betreffende das anders sieht. Und obwohl Verbindung, Kontakt, Nähe manchmal furchtbar anstrengend sein können.

Nun hätte Gott ja sagen können: „Allein? Na wenn schon, der Mensch hat ja – *mich*!" Sagt Gott aber nicht. Denn dafür *reicht Gott nicht*. Dafür ist er zu groß. Man kann zwar mit Gott reden, aber ganz anders als mit einem Menschen beim Kaffee. Und man kann Gott nicht so ohne weiteres in den Arm nehmen. Dass Gott zu uns als Mensch, in Jesus Christus, kommt, ist ein ziemliches „Entgegen-Kommen". Darum nennen Christen Jesus „Gottes Sohn".

Also: Gott reicht nicht – jedenfalls rein „meta-physisch". Der Mensch braucht ein „physisches", körperliches Gegenüber, um wirklich Mensch zu sein – oder zu werden. Eigentlich eine Selbstverständlichkeit. Aber es gibt im bunten Garten der Christenheit einzelne Orchideen, die das anders sehen und anders zu leben versuchen. Die meinen: „Gott reicht *doch*!" Die diese „fromme" Meinung dazu benutzen, sich den Mitmenschen zu entziehen, sich die Angst, den Ärger, die Anstrengung, die Verantwortung und leider auch die Freude und Erfüllung vom Leibe zu halten, die Nähe und Verbundenheit eben mit sich bringen. Diesen frommen Menschen sei gesagt: Das allererste *„Nicht* gut!", das Gott in der Bibel sagt, ist eben dieses „Es ist *nicht* gut, dass der Mensch so allein ist."

Also: Wenn Sie unter dem Allein-Sein *leiden*, ist das – gut! Jedenfalls besser, als Ihr Allein-Sein schönzureden und sich missmutig oder überheblich zur einzigen erfreulichen Ausnahme in einer schlechten Menschheit zu erklären. Und wenn Sie unter dem Allein-Sein leiden, soll Sie das ermutigen zu überlegen: „Was kann *ich* daran ändern?" (statt: „Wo versagen die anderen dauernd an mir?"). Und dann nicht zu ängstlich oder nicht zu stolz sein, das auch *auszuprobieren*, was Sie ändern können.

Zurück zur Geschichte. Wie kann Gott helfen? – Der erste Versuch: Er erschafft die Tiere. In unserer Geschichte verdankt sich ein Großteil der Schöpfung einzig Gottes Suche nach einem Gegenüber für den Menschen. Das entspricht zwar von der Reihenfolge her nicht ganz den Tatsachen (fragen Sie den

Autor des anderen Schöpfungsberichtes der Bibel oder auch einen Biologen), aber nehmen Sie es einfach als Bild für Gottes Sorge um Sie, dass Sie „in Beziehung", im Gegenüber und im Miteinander leben!

Gott macht es nun wie vorher beim ersten Menschen: Er nimmt Erde und formt daraus Tiere. Wie der Mensch sind sie „Näphäsch chajah": *Lebenshauch*. Also: dieselbe Erde, derselbe Lebenshauch. Tiere als Partner des Menschen? Man sagt, der Hund sei des Menschen bester Freund. Meine Tochter könnte Ähnliches von ihrem Kaninchen sagen, und als wir vor kurzem unsere Wellensittiche abgaben, blutete mir das Herz. Das Tier als Gegenüber Adams, und Adam gibt jedem einen Namen. Damit sollten die Tiere davor geschützt sein, nur als *Sache* behandelt, missbraucht, gequält zu werden. Sind sie aber nicht. (In Klammern: Wie haben wohl die Tiere gelebt, die *Sie* im Kühlschrank haben?)

Aber Gottes Projekt mit den Tieren als passendes Gegenüber gelingt nur halb: So *ganz* richtig erweist sich keines als geeignet, und ich unterstelle mal: Die Tiere ihrerseits haben wohl auch nicht gerade auf die Menschen als Partner gewartet.

Deswegen lässt Gott den Menschen in einen tiefen Schlaf fallen und nimmt ihm etwas aus seinem Inneren. Der Mensch ist nun nicht mehr vollständig, ihm fehlt etwas. Aus diesem „Etwas" formt Gott den *anderen* Menschen – „Bein von meinem Bein und Fleisch von meinem Fleisch!" Dieser andere Mensch ist nun ein *vollwertiger* Partner. Warum? Weil die Menschen einerseits gleichartig, gleich wertvoll, gleich kostbar sind. Weil sich für alle Menschen vieles sehr ähnlich anfühlt: Liebe, Freude, Folter, Hunger, getreten und getröstet werden. Und weil *zugleich* der Andere meine „fehlende Rippe" ist. Weil der andere Mensch das ist, kann, empfindet, denkt, lebt, was *mir* im Innersten fehlt. *Darum* können sich Menschen, in intimen Partnerschaften wie in „normalen" Freundschaften, so prima ergänzen. – „Können".

All das erklärt aber auch, warum Freundschaften und Partnerschaften so mühsam sein können: Der Andere regt mich auf, weil er „Fleisch von meinem Fleisch" ist, weil er mir so *verflixt ähnlich* ist, auch in dem, was ich eigentlich nicht an *mir* leiden kann. *Und* er regt mich so auf, weil er das hat, was *mir* fehlt – weil er so *anders* ist. Das bietet Konfliktstoff, das weckt Neid. Obwohl Sie und ich natürlich nie neidisch sind, ist doch klar, oder?

Ob Adam, wenn er das alles gewusst hätte, lieber wach geblieben wäre und die Rippe behalten hätte? Wer weiß. Aber es ist nun mal so: Ein Mensch, für sich genommen, bleibt unvollständig. Um uns selbst zu finden, brauchen wir den anderen.

Und warum verlassen Menschen nun Vater und Mutter? Zugegeben: Vielleicht hätte es da bessere Argumente gegeben als ausgerechnet den elternlosen Adam. Aber so viel ist klar: Das „Ich" kommt zu sich selbst im „Du", und zwar im *frei gewählten* „Du". Nicht unbedingt in der Familie, in die ich ungefragt hineingeboren wurde. Auch nicht gerade unter Menschen, die mich nur „brauchen", denen ich mich nur „verpflichtet" fühle.

Na ja, die große freie Auswahl hatte Adam auch da nicht. Aber *wir,* wir haben die Wahl, mit welchen Menschen wir uns in Freundschaft oder Liebe verbinden. Diese Wahl sollen wir nutzen. Denn: „Es ist nicht gut, dass der Mensch so allein ist. Ich will ein Wesen schaffen, das ihm hilft und das zu ihm passt!"

Gebet:

Gott, Du hast mich nicht für mich allein geschaffen. Ich darf „vollständig" werden durch Menschen – verbunden in Freundschaft und Liebe, im Streiten, Zuhören, Raten, Umarmen, in Einsatz und Aktionen, Freude, im Glauben, im Feiern, im Trauern. Ich danke Dir!
Amen.

„Der Gott, der mich sieht"

Sie bekommen es in der heutigen Geschichte mit einem *Familiendrama* zu tun: Verwicklungen, Intrigen, Machtkämpfe, Hass und vielleicht sogar Liebe. Viele von uns kennen das von zu Hause, von damals oder heute. – Unser biblisches Familiendrama kommt am Schluss zu *keinem* „Happy End". *Auch* wie im richtigen Leben. Warum also die Geschichte noch lesen? Weil zwischendrin Hagar, eine Hauptakteurin, eine Gotteserfahrung macht …

Die Handelnden: Abram, der Patriarch ohne eigenen Willen; Sarai, die hilflose Herrin; Hagar, die ungeliebte Geliebte; Ismael, das ungeborene Kind; Gott, genannt: „der mich sieht".

Sarai, Abrams Frau, gebar ihm kein Kind. Sie hatte aber eine ägyptische Magd, die hieß Hagar. Und Sarai sprach zu Abram: „Siehe, der Herr hat mich verschlossen, dass ich nicht gebären kann. Geh doch zu meiner Magd, ob ich vielleicht durch sie zu einem Sohn komme." Und Abram gehorchte der Stimme Sarais.

Da nahm Sarai, Abrams Frau, ihre ägyptische Magd Hagar und gab sie Abram, ihrem Mann, zur Frau (...) Und er ging zu Hagar, die ward schwanger. Als sie nun sah, dass sie schwanger war, achtete sie ihre Herrin gering. Da sprach Sarai zu Abram: „Das Unrecht, das mir geschieht, komme über dich! Ich habe meine Magd dir in die Arme gegeben; nun sie aber sieht, dass sie schwanger geworden ist, bin ich gering geachtet in ihren Augen. Der Herr sei Richter zwischen mir und dir." Abram aber sprach zu Sarai: „Siehe, deine Magd ist unter deiner Gewalt; tu mit ihr, wie dir's gefällt." Als nun Sarai sie demütigen wollte, floh sie von ihr.

Aber der Engel des Herrn fand sie bei einer Wasserquelle in der Wüste (...) Der sprach zu ihr: „Hagar, Sarais Magd, wo kommst du her und wo willst du hin?" Sie sprach: „Ich bin von Sarai, meiner Herrin, geflohen." Und der Engel des Herrn sprach zu ihr: „Kehre wieder um zu deiner Herrin und demütige dich unter ihre Hand." Und der Engel des Herrn sprach zu ihr: „Ich will deine Nachkommen so mehren, dass sie der großen Menge wegen nicht gezählt werden können." Weiter sprach der Engel des Herrn zu ihr: „Siehe, du bist schwanger geworden und wirst einen Sohn gebären, dessen Namen sollst du Ismael nennen; denn der Herr hat dein Elend erhört" (...)

Und sie nannte den Namen des Herrn, der mit ihr redete: Du bist ein Gott, der mich sieht. Denn sie sprach: „Gewiss hab ich hier hinter dem hergesehen, der mich angesehen hat." Darum nannte man den Brunnen „Brunnen des Lebendigen, der mich sieht" (...)

Und Hagar gebar Abram einen Sohn, und Abram nannte den Sohn, den ihm Hagar gebar, Ismael.

1. Mose 16,1–15

Es fängt an mit einem unerfüllten Kinderwunsch. Für Paare, die sich das anders gewünscht hatten, ist das allein schon schlimm genug. Aber bei Abram und Sarai ist die Sache noch schwieriger: Da war doch Gottes Verheißung: Aus ihren Nachkommen sollte ein großes Volk werden. – Wie denn, ohne Kinder? Diese Verheißung lastet als schwerer Druck auf Sarai. Dass es unter diesen Umständen nicht klappt mit der Schwangerschaft, ist kein Wunder.

Aber da gab es ja eine im alten Orient gängige Form der extrakorporalen Befruchtung: Sarais Sklavin Hagar musste stellvertretend herhalten. Abram macht alles brav und willenlos mit. Der Text lässt nicht erkennen, ob er diese Idee besonders ansprechend oder ziemlich befremdlich fand. Und Hagar? Die wird sowieso nicht gefragt. Sie ist die Sklavin. Die Austrägerin des Kindes der Herrin, sonst nichts. Und sie wird auch prompt schwanger ...

So weit, so gut – gedacht. Aber es kommt anders als man denkt: Hagar entdeckt Muttergefühle, fühlt und benimmt sich aufgewertet und herablassend – und das verletzt Sarai. Die weiß sich nicht anders zu helfen und bricht einen Streit mit ihrem Mann vom Zaun, denn im Zweifelsfall ist ja der Partner an allem schuld. Abram zuckt nur die Schultern: „Sie ist *Deine* Sklavin. Mach doch mit ihr, was Du willst!" Und Sarai will nichts Gutes ... Und Hagar? Schwanger, ohne wirklichen Partner, ohne Hilfe, ohne Rechte, ohne Heimat. Sie flieht in die Wüste.

Wer ist schuld an dem Drama? Schwer zu sagen. Irgendwie sind sie alle Opfer. Opfer der Umstände, der Rollenverteilungen und Spielregeln ihrer Zeit, Opfer dessen, was die anderen ihnen gesagt oder getan hatten, Opfer ihrer Erziehung und der Werte ihrer Gesellschaft. Unentwirrbare, heillose Verstrickungen. Auch das kennen wir: Wir – die Opfer unserer Vergangenheit, der anderen Menschen, der Umstände, des Lebens ...

Hagar flieht. Nur weg! In die Wüste. Vielleicht schafft sie es ja bis nach Ägypten, ihrer Heimat, kann alte Fäden wieder aufnehmen. Und wenn sie in der Wüste auf der Strecke bleibt? – Was soll's! Sie hat ja sowieso nie wirklich gelebt und würde es wohl auch nicht mehr. Und dem Kind unter'm Herzen würde all das Elend unter der Sonne erspart bleiben ...

Jetzt, ausgerechnet an diesem Endpunkt, findet der „Engel des Herrn" Hagar. Gemeint ist damit: Gott selbst. Woran erkennt man den „Engel des Herrn"? Sichere Indizien gibt es keine, aber ein paar Anhaltspunkte:

1. Er taucht ausgerechnet in der Wüste auf, an diesem gottverlassenen Ort, bei dieser Frau, die alle Menschen hinter sich gelassen hat und selbst von allen guten Geistern verlassen ist. Da, genau da. Ohne alle Notwendigkeit ist er da, völlig ungeplant, in aller Freiheit.
2. Der „Engel des Herrn" *sieht* Hagar, er *erkennt* sie – und er geht *nicht* vorüber. Er redet sie an, mit Namen: „Hagar, Sarais Magd …"
3. Er stellt die entscheidenden zwei Fragen: „Wo kommst Du her und wo willst Du hin?"

Ich glaube, in diesen drei Punkten hat sich die Gottesbegegnung der Sklavin Hagar ereignet. Die spätere Aufforderung zur Rückkehr und die Verheißung einer großen Nachkommenschaft: Nebensache.

„Wo kommst Du her, und wo willst Du hin?" – Die *erste* Frage kann Hagar beantworten. Sie weiß, wovor sie wegläuft. Bei der *zweiten* Frage muss sie passen: Sie weiß *nicht*, wohin. Das ist vielleicht der Grund, warum der „Engel des Herrn" sie zurückschickt. Oberflächlich betrachtet, unterstützt er eine sklavische Mentalität: wieder zurückgehen, sich alles gefallen lassen. Aber: Die Zeit für die Flucht ist nicht reif. *Noch* nicht. Hagar muss erst ihre Antwort auf das „Wohin?" finden. Sie muss ihren Sohn gebären. Und dann, ein paar Jahre und ein paar Kapitel weiter, wird sie sich nochmal auf den Weg machen müssen – und dann *ankommen*.

Es ist im Leben manchmal schwer zu sagen, wann es Zeit ist, aus den Verhältnissen und Verstrickungen zu fliehen. Die einen fliehen zu *früh* – und hinterlassen einen Scherbenhaufen, kommen selbst vom Regen in die Traufe. Die anderen zu *spät* – und gehen innerlich kaputt.

Man *könnte* sagen: Hagar ist zu früh geflohen. Schließlich ging sie dann ja wieder zurück. *Aber:* Sie kehrt *anders* zurück. Sie hat etwas Wesentliches *erfahren:* „Du bist ein Gott, der mich sieht!", und: „Gewiss hab ich hier hinter dem hergesehen, der mich angesehen hat!" Hagar weiß: Gott sieht mich in meinem Elend. Er sieht mich an, schenkt mir sein An-Sehen. Auch wenn ich im ach so frommen Patriarchen-Haushalt Abrams das Aschenputtel bin!

Ob Hagar dieses An-Sehen erlebt hätte, wenn sie sich nicht auf den Weg gemacht hätte? Wenn sie nicht in der Wüste gewesen wäre? Wohl kaum! Hagar *brauchte* die Abgeschiedenheit, die Entbehrungen, um den zu „sehen", der sie immer schon ansah. Um zu den Lebensfragen „Woher" und „Wohin" vorzudringen. Und: Die vorläufige Rückkehr war nun, vor dem Angesicht Gottes, *ihre eigene* Entscheidung. Für eine Sklavin etwas Ungewohntes, Neues ...

Der große *äußere* Aufbruch in ein neues Leben, er war *noch* nicht dran. Aber *innerlich* war Hagar anders geworden, eine Frau mit großem An-Sehen, auf die Gott sieht. Und mit der Erfahrung, dass Gott sich gerade in der Wüste zeigt.

Ich wünsche Ihnen und mir, dass wir Gottes An-Sehen für uns nicht nur „denken", sondern „erfahren", „begreifen". Und dass Gott uns hilft, den rechten Zeitpunkt zu nutzen zum Aufbruch, zum Zurückkehren oder für ganz neue Wege ...

Gebet:

Gott, wenn ich auf der Flucht bin, wenn ich mich in meiner Wüste verlaufen habe, wenn ich einsam bin – dann suche mich wie Hagar!
Lass mich Dein Ansehen erfahren. Sieh und höre mein Elend!
Lass mich erkennen, wo es weitergeht für mich. Wenigstens die nächsten Schritte.
Amen.

Der Blick zurück

Die heutige Bibel-Geschichte führt uns im Wortsinn an einen „Tiefpunkt": Der Grund des „Toten Meeres" ist nämlich der tiefste Punkt der Erde außerhalb der Meere – und zugleich einer der „totesten": In diesem Toten Meer, das von verschiedenen Zuflüssen gespeist wird, aber selbst keinen Abfluss hat, ist der Salzgehalt so hoch, dass kein Leben möglich ist. Unsere Geschichte spielt in grauer Vorzeit und hat „sagenhafte" Züge: Sie erklärte den Menschen in Palästina, wie es zu diesem „toten" Meer kam, warum dort trotzdem eine kleine Stadt existierte und woher eine bizarre Salz-Figur in der Nähe stammte. Trotzdem: Die Geschichte ist mehr als eine Sage. Auch Sie und ich kommen darin vor.

Die *Vorgeschichte* unseres kleinen Text-Auszugs: Gott wollte die durch und durch verdorbenen Städte Sodom und Gomorra vernichten. Nun lebte dort aber Lot, der Neffe Abrahams, mit seiner Familie. Um sie zu verschonen, schickt Gott zwei Engel …

Die beiden Engel sagten zu Lot: „Hast du vielleicht noch andere Verwandte hier, einen Schwiegersohn, Söhne und Töchter oder sonst wen? Nimm deine ganze Familie und führe sie von hier weg! Wir müssen diese Stadt vernichten, dazu hat der Herr uns hergeschickt. Denn es sind schwere Klagen über ihre Bewohner vor ihn gekommen." Da ging Lot zu den Verlobten seiner Töchter und sagte zu ihnen: „Rettet euch, verlasst diese Stadt; denn der Herr wird sie vernichten." Aber sie dachten, er wolle sie zum Besten halten.

Als die Morgenröte kam, drängten die Engel Lot zur Eile: „Schnell, nimm deine Frau und deine beiden Töchter, sonst trifft die Strafe für diese Stadt euch mit!" Während Lot noch überlegte, ergriffen sie ihn, seine Frau und seine Töchter bei der Hand, führten sie aus der Stadt hinaus und ließen sie erst draußen vor dem Tor wieder los. Denn der Herr wollte Lot und die Seinen retten. Als alle auf dem freien Feld waren, sagte der Herr: „Lauft jetzt, so schnell ihr könnt! Es geht um euer Leben! Bleibt nicht stehen und schaut nicht zurück! Rettet euch auf die Berge, sonst seid ihr verloren!"

„Ach, Herr", sagte Lot, „erlaube mir eine Bitte! Du bist so freundlich zu mir gewesen und hast mir die große Gnade erwiesen, mein Leben zu retten. Aber auf die Berge ist es zu weit, wir kommen nicht dorthin, bevor das Unheil hereinbricht; und dann sind wir verloren. Sieh doch, hier in der Nähe ist eine kleine Stadt, dorthin könnten wir uns retten. Verschone sie doch, sie ist ja so klein! Dann bleiben wir am Leben." „Gut", sagte der Herr, „ich will dir auch das gewähren und die Stadt nicht vernichten. Flieh schnell dorthin! Ich kann nichts tun, bevor du dort bist." Weil Lot die Stadt „klein" nannte, erhielt sie den Namen Zoar.

Die Sonne ging gerade auf, als Lot in Zoar ankam. Da ließ der Herr Schwefel und Feuer vom Himmel auf Sodom und Gomorra herabfallen. Er vernichtete die beiden Städte und die ganze Gegend, ihre Bewohner und alles, was dort wuchs. Lots Frau aber schaute zurück; da erstarrte sie zu einer Salzsäule.

1. Mose 19,12–26 (mit Kürzungen)

Eine befremdliche Geschichte. Ein Gott, der eine ganze Region buchstäblich vernichtet. Ganz anders als der Gott, der gerade den Sünder rettet und lieber sich selbst ans Messer liefert – oder besser: ans Kreuz. Und trotzdem: Auch uns scheint Gott manchmal so zu sein wie in dieser Geschichte: finster, bedrohlich, unverständlich. Aber das ist ein anderes Thema …

Das andere Befremdliche an der Geschichte ist für mich: das *grenzenlose Beharrungsvermögen* der Leute. Denn: Sie wehren sich nach Kräften gegen ihre Rettung: Die angehenden Schwiegersöhne schlagen die Warnungen in den Wind, halten das für einen Scherz. Die Familie selbst denkt so lange nach, dass sie im dauernden Abwägen und Bedenken untergegangen wäre, hätten die Engel keine Gewalt angewendet. Dann endet die Flucht vorerst schon in dem benachbarten Zoar. Und zu schlechter Letzt bleibt Frau Lot stehen, dreht sich verbotenerweise um, schaut zurück – und erstarrt in diesem Blick zurück zu einer Salzsäule.

Warum diese Beharrung? – Schließlich hatten Sodom und Gomorra schon lange vorher aufgehört, ein Ort zu sein, wo die Menschen menschlich und in gegenseitiger Achtung miteinander umgingen. Warum dort unbedingt bleiben wollen, warum dahin zurückblicken?

Vielleicht wegen der *verklärten Vergangenheit:* Herr und Frau Lot hatten dort gelebt und gearbeitet, hatten ihre Nachbarn und Freunde dort, ihre Kinder dort gezeugt und großgezogen. – Ach, und nun sollte das alles vorbei sein?

Oder wegen der *unerfüllten Sehnsüchte:* Vielleicht verband sich mit diesen Orten Sodom und Gomorra der Traum eines Lebens, das Familie Lot nie wirklich gelebt hatte – aber irgendwann *musste* es doch schließlich dort klappen, schließlich hatten sie sich einmal entschieden und schon so viele Kräfte des Körpers und der Seele investiert. Und sich dann auf einmal eingestehen, dass Sodom und Gomorra eine Fehlentscheidung waren, und all die Jahre irgendwie falsch gelebt? Niemals!

Vielleicht war es auch die *Angst*: In ein Gebirge fliehen, das niemand kannte? Bestimmt gäbe es dort feindliche Leute, Räuber und Betrüger. Und wovon leben? Wie über den Winter kommen? Wäre das nicht erst recht das Ende?

Oder die *Bequemlichkeit*: aufstehen, nur das Wichtigste einpacken, loslaufen? Ach nein! So schlimm würde es mit Sodom und Gomorra doch nicht kommen. Bisher war ja schließlich auch alles gut gegangen …

Als dann Sodom und Gomorra untergehen, liefert Frau Lot noch einen letzten Grund für die Beharrung: Das *Grauen vor dem, was hinter einem liegt.* Auch und gerade das Fürchterliche, schon ganz weit weg und doch so frisch, kann einen bannen, fesseln, knebeln, im Blick zurück erstarren lassen.

Wie blicken Sie zurück auf Ihr bisheriges Leben? Welche Phasen bannen und fesseln Sie? Wovon können – vielleicht besser: wollen – Sie sich nicht lösen? Welche vergangenen Zeiten verklären Sie? Wo tun die unerfüllten Sehnsüchte noch heute weh? Wo lässt Sie die Angst vor Neuem erlahmen? Wo sind Sie zu bequem, um etwas zu ändern? Welches Grauen schlägt Sie in Bann, wenn Sie zurückschauen? Leben Sie womöglich mit der Illusion, Sie könnten sich mit der Vergangenheit oder gar der Gegenwart versöhnen, indem Sie jahraus, jahrein immer um das Gewesene kreisen? Und wenn das nichts geholfen hätte, dann hätten Sie wohl noch zu wenig gekreist, erinnert, reflektiert, analysiert? Denken Sie so, Frau Lot?

Unsere Geschichte legt uns nahe, dass die Erstarrung, der Blick zurück, nicht immer der Weisheit letzter Schluss ist. Gott jedenfalls setzt Lot und seiner Familie einen anderen Weg entgegen: den nach *vorn*. Er fordert zum Aufbruch auf, rät zur Eile, diskutiert nicht lange, zieht die Leute schließlich mit sich aus der Stadt – alles, damit sie nicht untergehen an ihrem angestammten und gewohnten Ort. Die Vorgabe lautet: „Es geht um euer Leben! Bleibt nicht stehen und schaut nicht zurück! Sonst seid ihr verloren!"

Ob das auch Gottes Satz in Ihr und mein Leben hinein sein kann? – „Es geht um Dein erfülltes Leben! Bleib nicht stehen und schau nicht dauernd nur zurück! Schau nach vorn und geh!" Vielleicht reichen ja bei Ihnen und mir Worte allein auch nicht. Vielleicht muss er uns auch an die Hand nehmen und uns mitziehen. Bitten wir ihn darum!

Die Geschichte von Familie Lot – eine „sagenhafte" Geschichte. Eine Sage, meine ich, darf man auch ändern. Meine Version geht dann so: Nach ein paar

Jahren ist ein warmer Regen gekommen, hat die Salzsäule benetzt, das Salz gelöst und die Verkrustungen aufgebrochen. Frau Lot konnte irgendwann den Hals nach vorn drehen, die letzten Verhärtungen abschütteln und mit weichem Schritt losgehen. Im Gebirge hat sie dann zwar nicht mehr Mann und Töchter gefunden, aber einen guten eigenen Platz. Und wenn sie dann gelegentlich und ohne Absicht das Tote Meer in der Ferne sah, da hat es gar nicht mehr so weh getan …

Dass ein warmer Regen auch unsere Erstarrungen und Verhärtungen löst und wir wieder den Blick nach vorn gewinnen, dazu helfe uns Gott!

Gebet:

Himmlischer Vater, ich bringe vor Dich, welche Vergangenheiten mich fesseln und erstarren lassen: (…)
Ich bitte Dich: Richte Du meinen Blick immer wieder nach vorn, leite Du meine Füße, dass sie mich tragen und mich vorangehen lassen.
Löse Du meine Erstarrungen. Danke, dass Du Deine Hand ausstreckst.
Amen.

Isaaks Opferung

Kaum eine Bibel-Geschichte löst so entgegengesetzte Reaktionen aus wie die „Opferung Isaaks": Abraham und Sarai hatten lange auf ihr Kind gewartet – ein Kind, das Gott ihnen doch verheißen hatte. Aber nun, nun verlangt Gott auf einmal von Abraham: Er soll sich auf den Weg machen und dieses Kind *opfern*. Und wirklich: Abraham geht los.

Die einen sagen: „Was ist das für ein Gott, der so etwas verlangt? Und was ist Abraham für ein Vater, dass er sich auf so etwas einlässt?" Die anderen sagen: „Ein Vorbild im Glauben, dieser Abraham! So konsequent folgt er Gott!" Aber: Wie passt das zum *lieben* Gott? Wie zu den vielen Bibelstellen, wo Gott Menschenopfer in aller Schärfe verbietet? Schauen wir mal genau hin:

> Nach diesen Geschichten versuchte Gott Abraham und sprach zu ihm: „Abraham!" (...)
> 1. Mose 22,1

Wörtlich steht im Hebräischen „der Gott". Klingt distanziert, fremd. Ganz anders aber später: Als Abraham schließlich drauf und dran ist, seinen Sohn zu schlachten, heißt es:

> Da rief ihn der Engel des Herrn vom Himmel und sprach: „Abraham! Abraham!"

Mit dem „Engel des Herrn" ist wie meist im Alten Testament Gott selbst gemeint. Aber viel persönlicher. Als „Engel" ist Gott „dichter dran". Und wo in der Übersetzung „Herr" steht, da ist eigentlich Gottes Eigenname – der bedeutet: „Ich bin da!" Gott spricht hier viel eindringlicher: „Abraham! Abraham!" Zweimal. Nicht nur einfach wie „der Gott" am Beginn.

Also zwei unterschiedliche Götter? Oder zwei unterschiedliche Seiten Gottes? Scheint so.

> Da stand Abraham früh am Morgen auf und gürtete seinen Esel und nahm mit sich zwei Knechte und seinen Sohn Isaak und spaltete Holz zum Brandopfer, machte sich auf und ging hin an den Ort, von dem ihm Gott gesagt hatte.

Abraham handelt „automatisch", fast wie ein Roboter. Keine Rückfrage an Gott. Keine Bedenken, ob es wirklich *Gott* ist, der ihm das eingeflüstert hat. Keine Rücksprache mit seiner Frau. Auch mit Isaak und den beiden Knechten wechselt Abraham kein Wort.

> Am dritten Tage hob Abraham seine Augen auf und sah die Stätte von ferne und sprach zu seinen Knechten: „Bleibt ihr hier mit dem Esel. Ich und der Knabe wollen dorthin gehen, und wenn wir angebetet haben, wollen wir wieder zu euch kommen."

Abraham manövriert sich weiter in die Isolation. Der Blick wird starrer, sein gedanklicher Tunnel enger. Niemand mehr, der ihn jetzt noch hindern oder ihm widersprechen könnte. Hinzu kommt ein doppeltes Spiel: Er *sagt*, er und sein Sohn kämen *beide* später wieder. Aber im Innersten ist er überzeugt: Er wird *allein* wiederkommen. Diese Lüge führt er weiter, nun auch gegenüber Isaak:

> Da sprach Isaak zu seinem Vater Abraham: „Mein Vater!" Abraham antwortete: „Hier bin ich, mein Sohn." Und er sprach: „Siehe, hier ist Feuer und Holz; wo ist aber das Schaf zum Brandopfer?" Abraham antwortete: „Mein Sohn, Gott wird sich ersehen ein Schaf zum Brandopfer." Und gingen die beiden miteinander.

Dann kommt der Augenblick, der für den bisher nichts ahnenden Isaak traumatisch sein muss:

> Als sie an die Stätte kamen (...), baute Abraham dort einen Altar und legte das Holz darauf und band seinen Sohn Isaak, legte ihn auf den Altar oben auf das Holz und reckte seine Hand aus und fasste das Messer, dass er seinen Sohn schlachtete.

Jetzt, in letzter Sekunde, greift endlich der „Ich bin da" ein, in persönlicher Gestalt:

> Da rief ihn der Engel des Herrn vom Himmel und sprach: „Abraham! Abraham!" Er antwortete: „Hier bin ich." Er sprach: „Lege deine Hand nicht an den Knaben und tu ihm nichts! Denn nun weiß ich, dass du Gott fürchtest und hast deines einzigen Sohnes nicht verschont um meinetwillen."

Ich lese das so: „O.k., ich glaub' Dir ja, wie treu und eifernd Du mir dienen willst. Aber lass bitte um Himmels willen diesem Glauben keine Taten folgen!"

Abraham lässt sich wirklich von seinem „göttlichen", fanatischen Plan abbringen, und das ist für mich ein *Wunder*. Schließlich hatte er eine ziemlich radikale Glaubensüberzeugung angenommen. Er fühlte sich von Gott selbst dazu gerufen. Diese Überzeugung verengte seinen Blick; führte ihn in die Isolation; ließ ihn glauben, dass um Gottes willen Blut fließen müsse; ließ ihn lügen. Wer erst auf so einem Gleis sitzt, der ist kaum erreichbar, kaum aus der Bahn zu bringen. Aber der „Ich bin da" erreicht ihn mit seiner Eindringlichkeit: „Abraham! Abraham!"

Abraham lässt sein Messer sinken. Endlich, endlich weitet sich auch wieder sein Blick. Er merkt wieder, was um ihn herum ist:

> Da hob Abraham seine Augen auf und sah einen Widder hinter sich in der Hecke mit seinen Hörnern hängen.

Trotz dieser Blick-Erweiterung muss offenbar Blut fließen:

> (Er) ging hin und nahm den Widder und opferte ihn zum Brandopfer an seines Sohnes statt.

Immerhin: Das Schlachten ersparte es dem Widder, mit den Hörnern in der Hecke langsam zu verdursten. Trotzdem ist hier noch nichts von der Einsicht da, dass Gott kein Interesse an toten Tieren hat – so etwa Gottes Stimme in Psalm 50,10–13:

> Alles Wild im Walde ist mein und die Tiere auf den Bergen zu Tausenden. Ich kenne alle Vögel auf den Bergen; und was sich regt auf dem Felde, ist mein. Wenn mich hungerte, wollte ich dir nicht davon sagen; denn der Erdkreis ist mein und alles, was darauf ist. Meinst du, dass ich Fleisch von Stieren essen wolle oder Blut von Böcken trinken?

Oder die Erkenntnis: Auch das Leben des Tieres ist in Gottes Augen heilig – siehe Jesaja 66,3a:

> Wer einen Stier schlachtet, gleicht dem, der einen Mann erschlägt; wer ein Schaf opfert, gleicht dem, der einem Hund das Genick

bricht; wer ein Speisopfer bringt, gleicht dem, der Schweineblut spendet (...)

Mit Isaaks Überleben und dem Opfer des Widders ist die Geschichte noch nicht zuende: Abraham nennt den Ort dieses Dramas „Der Herr sieht". Vielleicht, weil Gott auch da noch sieht, wo Abrahams eigener Blick verstellt war. Oder weil Gott Isaaks Tragödie sieht, die Abraham nicht mehr gesehen hat. Und: Weil es Gott gelungen ist, sich bemerkbar zu machen, Abraham in den Arm zu fallen. – Sie und ich wissen, dass das in Geschichte und Gegenwart nicht immer so gut ausging und ausgeht. Nicht immer sind fromme Eiferer oder andere ideologische Fanatiker dazu in der Lage oder bereit, im letzten Moment doch noch hinzuhören.

Ganz zum Schluss erneuert der „Engel des Herrn" die Verheißung an Abraham: Aus seinen Nachkommen soll ein großes Volk werden. Die Begründung:

„Weil du solches getan hast und hast deines einzigen Sohnes nicht verschont" (...)

Eine gediegene Begründung, für die wir wirklich *beide* Ohren brauchen: *ein* Ohr, um zusammen mit Abraham eine Bestätigung seines Glaubenseifers herauszuhören. Und das *andere* Ohr, damit uns die blanke Ironie nicht entgeht. Denn: Abraham hat Isaak seinem Eifer zum Trotz eben *doch* verschont. Und nur *deshalb* kann aus seinen Nachkommen ein großes Volk werden. Auf einem ermordeten Kind liegt keine Verheißung.

(...) „und durch dein Geschlecht sollen alle Völker auf Erden gesegnet werden, weil du meiner Stimme gehorcht hast".

Ja, Abraham *hat* gehorcht. Der Stimme des „Ich bin da", die ihn beschwörte: „Tu ihm nichts!" Und *darin* soll uns Abraham Vorbild im Glauben sein: Dass er *gegen* seine „heiligen" Glaubensüberzeugungen und gegen seine fanatische Blickverengung bereit war, auf Gott, den „Ich bin da", zu hören und sich auf ein anderes Gleis setzen zu lassen.

Gebet:

Gott, lass mich an Dich glauben, wie Abraham es tat! Lass mich nie zu sicher werden, sondern halte meine Ohren offen für Dein Wort! Lass mich nie so verschlossen werden, dass selbst Du mich nicht mehr überraschen könntest!
Amen.

Jakob stirbt

Jakob ist in die Jahre gekommen. Er blickt zurück auf ein wechselvolles Leben. Jetzt ist er Wirtschaftsflüchtling in Ägypten – aber mit einflussreichen Beziehungen: Sein lange tot geglaubter Sohn Josef ist der zweite Mann im Staat, gleich hinter dem Pharao. Jakobs Kinder und Kindeskinder leben nun auch alle hier.

Die Gedanken wandern oft zurück, Jakob denkt viel an früher. Nein, schön war sein Leben nicht immer: Flucht und Neuanfang. Liebe, Leid, Abschied. Oft gab es Intrigenspiel, Bevorzugung, Benachteiligung, Missgunst, Ränke, Betrug. Ob mit den Eltern, dem Bruder, dem Onkel, ob mit Jakobs beiden Frauen oder dann mit den Kindern. Und er, Jakob, war leider oft der Täter.

Und: Jakob hatte in seinem Leben mit Gott gerungen, hatte Gottes Verheißung gehört und seinen Segen erlebt, trotz allem Gottlosen. „Israel", das war Jakobs anderer Name, und so sollte das Volk heißen, das einmal von ihm abstammen sollte.

> Als nun die Zeit herbei kam, dass Israel sterben sollte, rief er seinen Sohn Josef (…)
> 1. Mose 47,29

Jakob spürt nun, dass die Zeit zu sterben gekommen ist. Kein Wort über seine Krankheit, über die Behandlung, nichts über Hoffen und Bangen. Es ist einfach Zeit zu sterben. Und da gilt es, „sein Haus zu bestellen", das zu regeln, was geregelt werden muss.

Jakob lässt seinen Sohn Josef etwas schwören: Jakob will im Land der Verheißung, in Kanaan, beigesetzt werden, und zwar im Familiengrab. Dort, wo schon seine Großeltern bestattet sind, die Jakob selbst gar nicht mehr kennen gelernt hat. Zum Abschluss seines Lebens will Jakob also zu seinen Wurzeln: die Menschen, von denen er herkommt; das Land seiner Heimat und das Land der Verheißung. Jakob sieht sich in der Reihe der Menschen, die vor ihm waren.

> Da neigte sich Israel anbetend über das Kopfende hin.

Hier geht es um eine ganz andere Wurzel: *Gott*. Jakob betet an. Er nimmt seine Beziehung zu Gott wieder auf, vergegenwärtigt sie. Die Beziehung zu dem Gott, der Jakob durch's Leben hindurch begleitet und ihn gesegnet hat.

Aber bevor Jakob in die Ewigkeit eingeht, muss er noch „das Zeitliche segnen": seine Kinder und Enkel. Der Segen, er soll durch sie hindurch weiterreichen auf folgende Generationen. Jakob lässt alle nacheinander ans Bett treten und legt ihnen die Hände auf.

Nun, wo dies passiert ist, kann Jakob sterben. – Fast. Noch einmal spricht Jakob seinen Wunsch aus, im Familiengrab in Kanaan bestattet zu werden. Dort, im Schoße der Familie, soll sich der Lebens-Kreis schließen:

Jakob gebot ihnen und sprach zu ihnen: Ich werde versammelt zu meinem Volk; begrabt mich bei meinen Vätern (…) in der Höhle auf dem Felde von Machpela, die östlich von Mamre liegt im Lande Kanaan, die Abraham kaufte samt dem Acker von Efron, dem Hetiter, zum Erbbegräbnis. Da haben sie Abraham begraben und Sara, seine Frau. Da haben sie auch Isaak begraben und Rebekka, seine Frau. Da habe ich auch Lea begraben in dem Acker und der Höhle (…) Und als Jakob dies Gebot an seine Söhne vollendet hatte, tat er seine Füße zusammen auf dem Bett und verschied und wurde versammelt zu seinen Vätern.
1. Mose 49,29 ff.

Jakob legt die Füße zusammen, stirbt, wird versammelt bei denen, die vor ihm gegangen sind. Das alles passiert sehr unaufgeregt, geradezu harmonisch und schön.

Da warf sich Josef über seines Vaters Angesicht und weinte über ihm und küsste ihn.
1. Mose 50,1

Josef hat keine Berührungsangst im Umgang mit dem Leichnam. Tränen, Küsse, das darf alles sein.

Dann wird der Leichnam einbalsamiert, in ganz Ägypten wird Staatstrauer ausgerufen. Danach lösen die Brüder ihr Versprechen ein: Der Leichnam wird unter Beteiligung fast der ganzen Großfamilie in einer langen Prozession nach Kanaan gebracht und dort beigesetzt. Unterwegs …

(…) hielten sie eine sehr große und feierliche Klage. Und Josef hielt Totenklage über seinen Vater sieben Tage.
1. Mose 50,10

Dann findet die Beisetzung statt.

Als sie ihn nun begraben hatten, zog Josef wieder nach Ägypten
mit seinen Brüdern und mit allen, die mit ihm hinaufgezogen waren,
seinen Vater zu begraben.
1. Mose 50,14

Das gehört für die Hinterbliebenen also auch dazu: Nach dieser schmerzvollen
Zeit des Abschieds, nach dem Zu-Grabe-Tragen des Vaters ziehen sie wieder
nach Ägypten zurück – dorthin, wo ihr gewöhnliches Leben stattfindet. Sie
kommen wieder in ihrem Alltag an. Verändert wahrscheinlich, aber trotzdem
hat der Alltag sie wieder. Als die, die Abschied genommen und getrauert haben. Und als die Gesegneten.

So weit die Geschichte von Jakobs Sterben. Kein Sterben wird in der Bibel
so ausführlich beschrieben wie dieses. Vielleicht auch ein bisschen verklärt.
Es klingt nach einem rundum „guten Tod": Ein langes, erlebnisreiches, auch
schuldbeladenes Leben nimmt ein gutes Ende. Jakob spürt den nahenden
Tod, aber die letzte Zeit wird von keiner schlimmen körperlichen Not über-
schattet. Jakob und seine Angehörigen gehen offen und unverkrampft miteinander um. Und es ist die Rückbindung an Gott da, der im ganzen Leben
zuvor schon an seiner Seite war. – Und was gibt es Schöneres, als dass der
Gehende diejenigen zum Abschied segnet, die bleiben? Auch nach dem Tod:
Alles ist gut. Die Trauer ist intensiv und gefühlvoll, viele Menschen zeigen
ihre Anteilnahme. Jakob wird eingebettet in die Geschichte der Familie. Dann
darf die Zeit der Trauer auch wieder enden. Das Leben der Hinterbliebenen
beginnt neu. Und eigentlich ist die Zeit am Sterbebett und die Zeit der Trauer
ja auch schon Leben – sogar ein ganz intensiver Lebens-Abschnitt.

Ein guter Tod. Vielleicht idealisiert, vielleicht verklärt. Sie wissen, dass oft
anders gestorben wird. Und wie *wir* einmal sterben werden, darauf haben wir
nur zum Teil Einfluss. Trotzdem: Wir können von Jakobs Sterben lernen: Dass
es einmal Zeit sein wird, das Zeitliche zu segnen; zu regeln, was zu regeln ist;
sich von seinen Lieben zu verabschieden; zurückzublicken und zu bedenken,
woher ich komme und wohin ich gehe; Gott als den Herrn über Leben und
Tod anzubeten, ihm die Ehre zu geben; die Füße zusammenzulegen und zu
sterben. Und als Trauernde: dem Schmerz, der Trauer Zeit und Raum geben;
weinen, küssen, klagen, begraben – und dann: wieder zurückkehren.

Aber wenn Sie nun Christ sind, was ist da anders? Verändert Christi Leben
und Sterben etwas für unser Leben mit dem Sterben? Ich meine: Ja! Weil Jesu

Auferweckung uns betrifft. Weil sie für *unser* neues Leben steht. Im Glauben gehen wir eine *Schicksalsgemeinschaft* mit Christus ein. – Ein neues Leben, das auch über den Tod hinaus Zukunft hat. Um Christi willen gilt: Tod ist nicht Schlusspunkt, sondern Doppelpunkt. Er verweist nach vorn, er hat Verheißung.

Aber: Jesu Tod ist geradezu der krasse Gegensatz zum „schönen" Tod Jakobs. Jesu Tod: ein „fürchterlicher Tod". Jesus – mitten aus dem Leben gerissen, brutal gefoltert, erniedrigt, gemordet, von Gott und fast allen Freunden verlassen, blutend und um Luft ringend. Vergeblich.

So unterschiedlich diese Tode sind – es gibt eine *Gemeinsamkeit:* Beide beziehen sich auf Gott. Jakob, der sich anbetend beugt; Jesus mit seinem durchdringenden Schrei: „Mein Gott, mein Gott, warum hast du mich verlassen?" – Dieser Schrei – die blanke Verzweiflung. Aber zugleich zeigt der Schrei, wie sehr Jesus im Glauben Israels verwurzelt ist, auch jetzt noch: Dieser Schrei ist der Anfang des 22. Psalms.

Unser Sterben – wird es so sein wie bei Jakob oder wie bei Jesus? Wer die Gelassenheit hat, sich mit dem eigenen Sterben zu beschäftigen, kann manches tun, um sich innerlich und äußerlich darauf vorzubereiten und zu gestalten. Eine Garantie für ein „gutes" Sterben gibt es nicht. Aber die Verheißung: Der Weg, den der Vater Jesu Christi vom Tod ins Leben gebahnt hat, der steht auch uns offen.

Gebet (aus dem Evangelischen Gesangbuch, Nr. 482, 6:
    „Der Mond ist aufgegangen"):

Wollst endlich sonder Grämen
aus dieser Welt uns nehmen
durch einen sanften Tod;
und wenn Du uns genommen,
lass' uns in' Himmel kommen,
Du unser Herr und unser Gott!
Amen.

Rückschlag auf dem Weg in die Freiheit

Als wäre alles nicht schlimm genug. Aber kaum dass Gott ins Spiel kommt, wird alles noch schlimmer … – Was war passiert? Die Israeliten waren lange in Ägypten ansässig, aber das Blatt hatte sich gegen sie gewendet: Knochenharte Arbeit von morgens bis abends: Ziegelfertigung für Städte und Pyramiden. Kein fairer Lohn, keine Chancen für die Kinder. Keine Bildung, keine Kultur. Auch keine Religion. Außer dass diese unterdrückten Menschen wieder und wieder zu ihrem Gott um Hilfe schreien.

Verrückte Welt: Von damals sind bis heute gigantische Felsengräber und Pyramiden erhalten, man kann feinste Kunstwerke und Goldschätze bewundern. Aber alles auf dem Rücken unfreier Menschen. Die einen kommen vor Hunger nicht in den Schlaf, werden geschlagen, die anderen wissen nicht, wohin mit ihrem vielen Geld. Wie heute. Millionen Kinder schuften 12 und mehr Stunden am Tag und anderswo finden selbst gut ausgebildete Leute mit Berufserfahrung keine Arbeit. Die einen haben nichts, bekommen keine Chance, verhungern und verrecken an behandelbaren Infektionskrankheiten. Und die anderen lassen sich auch von ihrem sechs- und siebenstelligen Jahreseinkommen nicht davon abhalten zu gieren und zu klagen und zu raffen – und können ihren Lebenshunger doch nicht stillen. Manche Mittelständler arbeiten Tag und Nacht, um ihren Betrieb zu erhalten und die Arbeitsplätze zu sichern, andere Leute dagegen werden fürstlich dafür bezahlt, Großkonzerne zu zerschlagen und Arbeitnehmer „freizusetzen".

Da schickt Gott Mose und seinen Bruder Aaron zum Pharao – mit einer Bitte, die sich sehr bescheiden ausnimmt: freie Religionsausübung. Israel soll drei Tagereisen weit in die Wüste Sinai dürfen, um da Gottesdienst zu feiern …

Mose und Aaron gingen hin und sprachen zum Pharao: So spricht der Herr, der Gott Israels: „Lass mein Volk ziehen, dass es mir ein Fest halte in der Wüste." Der Pharao antwortete: „Wer ist der Herr, dass ich ihm gehorchen müsse (…)? Ich weiß nichts von dem Herrn, will auch Israel nicht ziehen lassen. (…) Warum wollt ihr das Volk von seiner Arbeit frei machen? Gehet hin an eure Dienste!"

(…) Darum befahl der Pharao am selben Tage den (…) Vögten und sprach: „Ihr sollt dem Volk nicht mehr Häcksel geben, dass sie Ziegel machen, wie bisher; lasst sie selbst hingehen und Stroh dafür zusammenlesen. Aber die Zahl der Ziegel, die sie bisher gemacht haben, sollt ihr ihnen gleichwohl auferlegen (...), denn sie gehen müßig; darum schreien sie und sprechen: Wir wollen hinziehen und unserm Gott opfern. Man drücke die Leute mit Arbeit, dass sie zu schaffen haben und sich nicht um falsche Reden kümmern."

Da zerstreute sich das Volk ins ganze Land Ägypten, um Stroh zu sammeln, damit sie Häcksel hätten. Und die Vögte trieben sie an und sprachen: Erfüllt euer Tagewerk wie damals, als ihr Häcksel hattet. Und die Aufseher aus den Reihen der Israeliten, die die Vögte des Pharao über sie gesetzt hatten, wurden geschlagen, und es wurde zu ihnen gesagt: „Warum habt ihr nicht auch heute euer festgesetztes Tagewerk getan wie bisher? (...)"

Die Aufseher der Israeliten sahen, dass es mit ihnen übel stand (...) Da begegneten sie Mose und Aaron (...) und sprachen zu ihnen: „Der Herr richte seine Augen wider euch und strafe es, dass ihr uns in Verruf gebracht habt vor dem Pharao und seinen Großen (...)!"

Mose aber kam wieder zu dem Herrn und sprach: „Herr, warum tust du so übel an diesem Volk? Warum hast du mich hergesandt? Denn seitdem ich hingegangen bin zum Pharao, um mit ihm zu reden in deinem Namen, hat er das Volk noch härter geplagt, und du hast dein Volk nicht errettet." Da sprach der Herr zu Mose: „Nun sollst du sehen, was ich dem Pharao antun werde. Denn durch eine starke Hand gezwungen, muss er sie ziehen lassen, ja er muss sie (...) aus seinem Lande treiben."

aus 2. Mose 5 sowie 6,1

Freie Religionsausübung? Für solche Flausen hat der Pharao nichts übrig. Das passt nicht in die Zeit. Es muss mehr geleistet werden, wenn Ägypten international die Nummer eins bleiben will. Diesem Ziel muss alles untergeordnet werden. Die religiösen Flausen sollen den Israeliten schon noch vergehen. Die Arbeitsnormen werden erhöht, die Arbeitszeit steigt. Und der Gott Israels? Davon hat der Pharao nie gehört. Interessiert ihn auch nicht. Er hat andere Sorgen. Hauptsache, die Baubranche kommt in Fahrt und belebt die Wirtschaft überhaupt.

An der Basis wachsen Not, Unmut, Hilflosigkeit. Dauernd unter dem Druck, das Unerreichbare erreichen zu müssen. Stress ohne Ende. Mehr Herzinfarkte, Suizide, verwahrloste Kinder, Depressionen, unterversorgte Alte und Behinderte. Die Solidarität schwindet. Man muss schließlich selber sehen, wo man bleibt.

Aber es gibt zwei Sorten Israeliten: die Nur-Sklaven und die Aufseher. Die Aufseher stehen mitten zwischen den Nur-Sklaven und den Ägyptern, die „Mittelschicht" sozusagen. Bisher kamen sie mit diesem Beruf über die Runden. Aber nun? Plötzlich werden auch sie geschlagen. Stehen unter demselben Druck, rutschen ab in das Heer der namenlosen Arbeitssklaven. Ihr Zorn richtet sich nun gegen Mose und Aaron, die das verschuldet haben: „Der Herr richte seine Augen wider euch und strafe es, dass ihr uns in Verruf gebracht habt vor dem Pharao und seinen Großen!"

Und Mose? Er liefert ganz genau so seine Enttäuschung und seine Vorwürfe bei dem ab, den er für verantwortlich hält: *Gott.* – „Herr, warum tust du so übel an diesem Volk? Warum hast du mich hergesandt? Denn seitdem ich hingegangen bin zum Pharao, um mit ihm zu reden in deinem Namen, hat er das Volk noch härter geplagt, und du hast dein Volk nicht errettet." Mose fühlt sich von Gott verraten. Sein Ruf beim Volk ist ruiniert, sein Gewissen quält ihn, weil er so viel zusätzliches Leid über die Menschen gebracht hat – und das im Namen Gottes. Kann man Gott überhaupt noch trauen, wenn man genau das tut, was man als seinen Willen erkannt hat, und dann endet alles in einer Katastrophe, dann lässt er einen im Stich?

Man *kann* vielleicht Gott nicht mehr trauen, aber Mose tut es trotzdem. Trotz seiner Vorwürfe. Obwohl sein Atem kürzer ist als Gottes Atem. Obwohl Mose bis zur späteren Befreiung weiter und immer wieder aus den eigenen Reihen angefeindet wird. Von denen, die meinen: Besser, man arrangiert sich mit den Verhältnissen – und mit den Unterdrückern.

Dennoch: Es endet nicht in der Katastrophe, sondern es geht durch die Katastrophe hindurch in die Freiheit. Später. Die Befreiung der Sklaven wurde zum zentralen Glaubensbekenntnis des Gottesvolkes – bis heute. Gott hat die Menschen nicht mit gebeugten Rücken und hängenden Köpfen gewollt, sondern aufrecht und frei. Diese Freiheit hat Gott den Israeliten schließlich geschenkt, trotz Rückschlag, trotz Spaltungen, Zaudern, Zweifeln und Pharaonen.

Was können *wir* aus dieser Geschichte vom Rückschlag lernen?
1. Gott will, dass wir frei sind. Darum registrieren Sie, was Sie unfrei macht – äußerlich, aber auch innerlich! Wovon Sie abhängig sind, was Sie bestimmt. Menschen, Geld, Güter, Gedanken, Gefühle, … Was bindet Sie, was versklavt Sie?
2. Sehen Sie hin, wenn Menschen in Ihrer Umgebung oder in der weiten Welt unfrei sind und ausgenutzt werden! Seien Sie wachsam, wo Werte und Regeln in unserer Gesellschaft eingeengt werden auf einseitige Ziele, und wer davon profitiert.

3. Machen Sie den Mund auf! Arrangieren Sie sich nicht mit Verhältnissen. Seien Sie nicht auf der Seite derer, die andere unfair behandeln und ihnen ihre Lebens-Chancen nehmen.

4. Wenn Sie mutig die eigene Angst besiegt haben, mal „nein!" gesagt haben oder etwas für die Freiheit getan haben, dann lassen Sie sich *nicht* von Rückschlägen entmutigen! Auch Israels Weg in die Freiheit war zunächst von Rückschlägen gepflastert.

5. *Klagen* Sie Gott Ihre Rückschläge, aber lassen Sie ihn nicht los. Es kann quälen, wenn Gott einen so langen Atem hat, aber letztlich ist es gut.

6. Wenn Sie wie die israelitischen Aufseher Nachteile fürchten oder erleben, weil Leute wie Mose den Mund aufmachen, dann machen Sie Ihrem Ärger Luft – aber *nicht* bei Leuten wie Mose, sondern bei den Pharaonen und ihren Vögten!

Gebet:

Gott, Du willst, dass wir frei werden und aufatmen. Hilf uns zu sehen und zu lösen, was uns bindet und uns die Luft nimmt. Gib uns die Liebe und den Mut, uns zu denen zu stellen, die unsere Unterstützung brauchen. Und die Stärke, auch Rückschläge zu verkraften.
Amen.

Genug für jeden Tag: Manna

Der Herr sagte zu Mose: „Ich werde euch Brot vom Himmel regnen lassen. Die Leute sollen vor das Lager hinausgehen und so viel sammeln, wie sie für den Tag brauchen – aber nicht mehr, damit ich sehe, ob sie mir gehorchen. Am sechsten Tag sollen sie so viel sammeln, wie sie finden. Wenn sie es zubereiten, werden sie entdecken, dass es doppelt so viel ist, wie sie sonst gesammelt haben." (...)

Am Morgen lag rings um das Lager Tau. Als der Tau verdunstet war, blieben auf dem Wüstenboden feine Körner zurück, die aussahen wie Reif. Als die Leute von Israel es sahen, sagten sie zueinander: „Was ist denn das?" (...) Mose aber erklärte ihnen: „Dies ist das Brot, mit dem der Herr euch am Leben erhalten wird. Und er befiehlt euch: ‚Sammelt davon, so viel ihr braucht, pro Person einen Krug voll. Jeder soll so viel sammeln, dass es für seine Familie ausreicht.'" Die Leute gingen und sammelten, die einen mehr, die andern weniger. Als sie es aber abmaßen, hatten die, die viel gesammelt hatten, nicht zu viel, und die, die wenig gesammelt hatten, nicht zu wenig. Jeder hatte gerade so viel gesammelt, wie er brauchte. Mose sagte zu ihnen: „Niemand soll etwas davon bis zum anderen Morgen aufheben!" Einige hörten nicht auf ihn und legten etwas für den anderen Tag zurück, aber am Morgen war es voller Maden und stank (...) Morgen für Morgen sammelte nun jeder, so viel er brauchte (...)

Vierzig Jahre lang aßen die Israeliten Manna, die ganze Zeit, während der sie in der Wüste umherzogen, bis sie in das Land Kanaan kamen.

aus 2. Mose 16

Eine wunderbare Versorgung: Menschen, die lange Zeit Wüste und Verzicht durchstehen müssen, leben buchstäblich von der Hand in den Mund, und zwar von *Gottes* Hand in den Mund. Prima, könnte man meinen. Dieses Manna sichert nicht nur Tag für Tag das Überleben, es schmeckt auch honigsüß, es versüßt den Alltag.

Zugegeben: Wer für seine Lebensqualität möglichst viel Abwechslung braucht, kommt hier nicht auf seine Kosten. Andererseits ist eine gewisse Regelmäßigkeit und Kontinuität im Leben gar nicht verkehrt. Besser, zu sich selbst zu finden, als täglich von neuen Erlebnissen, Aktivitäten, Menschen, Ideen, Plänen, … „beglückt" zu werden. Außerdem: Von „Wüsten"-Zeiten soll man nicht zu viel erwarten. Es geht da erstmal ums Überleben und Weiterkommen. Das „Land, wo Milch und Honig fließt", ist später dran. Nun also erst mal Verzicht. Die Wüste überstehen. Mit Manna vom Himmel.

Manna – toll! Und trotzdem: Gottes Idee mit dem Manna hat ihre Tücken. Denn der Mensch war von Anfang an Jäger und – *Sammler*. Er ist es bis heute. Das Wort „sammeln" ist zweideutig: Wenn Ihnen die Schüssel mit den Kartoffeln hinfällt, dann *sammeln* Sie die Kartoffeln wieder ein und die Scherben auf. Wenn Sie aber Briefmarken *sammeln*, dann heißt das: Sie tragen die Marken nicht nur zusammen oder „heben sie auf", sondern Sie „heben *sich*" die Marken „auf", Sie behalten, verwahren, konservieren, „verewigen" Ihre Sammlung. Und wenn das Haus nicht abbrennt, haben Sie oder Ihre Erben die Marken noch in 50 Jahren.

Das mit den „Erben" zeigt auch schon das Problem auf: „Meine Sammlung" mag ja fast für die Ewigkeit sein, aber sie ist dann nicht mehr *meine* Sammlung, sondern die eines anderen. Oder um es mit dem Volksmund zu sagen: „Das letzte Hemd hat keine Taschen".

Kartoffeln sammelt man, um sie zu gebrauchen oder zu verbrauchen, Briefmarken sammelt man, um sie zu „*haben*" – also gerade *nicht*, um sie zu verbrauchen. Aber es gibt noch ein Mittelding zwischen „Haben" und „Verbrauchen": das „Man-*Könnte*-Ja-Nochmal-Gebrauchen". Sollten Sie einen Dachboden, einen Keller oder auch nur einen tiefen Schrank haben und in die hinteren Ecken gucken, wissen Sie, wovon ich rede: All die Dinge, die man mal gebrauchen *könnte*. – Und die Sie seit Jahren nicht gebraucht *haben*. Und wenn Sie mal was davon *wirklich* brauchen könnten, dann finden Sie es gar nicht – zwischen all den Dingen, die Sie mal brauchen könnten. Und wenn Sie etwas erst mal 20 Jahre haben, dann ist es „zu schade", um es wegzutun, weil Sie es doch schon so lange haben, weil es Ihnen ans Herz gewachsen ist. Es gibt Leute, denen wird auf diese Weise nicht nur die Wohnung, sondern das Leben selbst zu einem einzigen Museum, zu einem Archiv, zu einer Rumpelkammer: Sammeln, Bewahren, Festhalten. Um mal einen Werbe-Spruch etwas abzuwandeln: „Sammeln Sie nur – oder leben Sie noch?"

Die Israeliten sollen das Manna *sammeln*. Aber nur zum Verbrauchen. Brot vom Himmel, das ist ein Wunder. Aber das größere Wunder ist, dass jeder nach dem Sammeln genau „passend" hat: nicht zu viel, nicht zu wenig. Schade, dass das nach 40 Jahren wieder aufhörte. Schade, dass Sie und ich selbst entscheiden müssen: „Was *brauche* ich – zum Wohnen, zum Leben, zum Mich-wohl-Fühlen? Und womit belaste ich mich, weil es zu nichts anderem als zu übertriebener Absicherung dient oder als Museum für mein vergängliches Leben?" Immerhin: Wer sich diese Frage gelegentlich vorlegt, beim Einkaufen und vor dem nächsten Sperrmüll oder der nächsten Altkleidersammlung, ist auf einem guten Weg.

Und: Die Israeliten sollen immer nur für „heute" sammeln und es verbrauchen. Wer meint, er „könnte es vielleicht ja noch mal brauchen", wer vor lauter Absicherung und Angst am „Heute" spart, hat am Folgetag nicht nur die Maden und den Gestank, sondern auch das blöde Gefühl, am Vortag völlig unnötig Verzicht geübt zu haben, völlig unnötig nach Brot und Leben gehungert zu haben.

Durch das stinkende Manna haben die Leute wenigstens ihre Lektion gelernt. Auch das ist heute leider anders: „Geld stinkt *nicht*", sagt der Volksmund. Und so manche andere heutige „Absicherung", „Notwendigkeit", „Erinnerung", Alt-Last in der Rumpelkammer der Wohnung und des Herzens stinkt auch nicht. Schade! Würde manches stinken, würden die Maden krabbeln, wir würden schneller lernen …

Sind denn dann *Gottes* Gaben immer nur für heute? Nein, das wäre eine Übertreibung. In Grenzen sind Vorräte nämlich manchmal sinnvoll und keine Last (auch wenn wir uns da gern belügen), und die Briefmarkensammlung kann einfach Freude machen, ohne dass mein Leben dadurch gleich zum Museum wird. Aber: Einige von Gottes *wichtigsten* Gaben sind für *heute*, ganz besonders die nicht-materiellen. Freude können Sie sich nicht verwahren, keine Liebe und kein Glück. Ein geschenktes Lächeln zählt nur heute, auf einem Foto ist es nicht mehr dasselbe. Oder die Farben des Herbstes. Und selbst Gottes Liebe, seine Barmherzigkeit und sein Halt, kurz: Gott selbst, er ist zwar aller Not zum Trotz nun wirklich für die *Ewigkeit*. Aber auch Gott ist nicht in Ihrem Besitz. Er muss sich Ihnen täglich neu schenken – und Sie ihn empfangen.

Also:

- Sammeln Sie all das Gute ein, was Sie *heute* brauchen, zum Wirklich-Leben brauchen!
- Sammeln Sie nicht zu viel für *morgen!*
- Sammeln Sie *nichts* für die Ewigkeit!

Gebet (aus dem Evangelischen Gesangbuch, Nr. 449, 6:
„Die güldne Sonne", leicht geändert):

Lass mich mit Freuden ohn alles Neiden
sehen den Segen, den Du wirst legen
in meines Bruders und Schwester Haus.
Geiziges Brennen, unchristliches Rennen
nach Gut mit Sünde, das tilge geschwinde
von meinem Herzen und wirf es hinaus.
Amen.

(Paul Gerhardt 1666)

Zum Jahreswechsel Segen

„Guten Rutsch!", wünschen viele Zeitgenossen in diesen Tagen und wissen nicht, dass es aus dem hebräischen „rosh hashanah" kommt und den (guten) Jahresbeginn meint. Andere sagen: „Gutes neues Jahr!" Meine Oma meinte früher auf Platt: „Chlicksäalicks Niejoahr" – Glückseliges neues Jahr! Ich wünsche oft „Gesegnetes neues Jahr". Wenn ein Tag, ein Jahr oder auch nur eine Handlung gesegnet ist, dann kann es eigentlich nur gut werden.

Aber was bedeutet das, dass das Jahr oder dass wir gesegnet sind, von Gott gesegnet sind? In einer meditativen Ausstellung zum Advent in der Dominikanerkirche in Münster fand ich eine Erfahrung des Kapuzinerpaters P. Erich Purk. Er schreibt:

> Von Kindern habe ich gelernt, was segnen bedeutet. In einer Schulklasse fragte mich einmal ein kleiner Junge: „Was heißt eigentlich segnen?" Im Augenblick wusste ich nicht, wie ich es den Kindern erklären sollte. Da fiel mir ein, dass das deutsche Wort *segnen* vom lateinischen *signare* kommt. Ich erklärte das: „Signare – signieren – das heißt bezeichnen." Ich fragte die Schüler: „Wenn ihr bezeichnen wollt, dass ein Schulheft euer Eigentum ist, was macht ihr?" – „Wir schreiben unseren Namen darauf", sagten die Kinder. „Wenn ihr aber nicht euren Namen schreibt und etwas bezeichnen wollt, dass es euch gehört, was macht ihr dann?" Ein Junge meinte: „Ich habe mein Geheimzeichen." – „Und was machst du mit dem, was du als dein Eigentum bezeichnet hast?" – „Darauf passe ich besonders gut auf."
>
> Dann machten wir gemeinsam ein Kreuzzeichen. „Was ist das für ein Zeichen?" – „Das Erkennungszeichen von Jesus", sagte ein Mädchen. – „Und was wollen wir damit sagen?" – „Wir gehören zu ihm." – „Ja, dann soll er auch gut auf uns aufpassen!"

„Dann soll er auch gut auf uns aufpassen" – sicher ein Wunsch von vielen. Und manchmal erfahren wir das ja auch ganz direkt, dass wir uns von Gott behütet wissen, etwa wenn wir einem Unfall ganz knapp entronnen sind.

Aber oft ist es eben nicht so. In dem Jahr, das bald zu Ende geht, sind einige von uns erkrankt, andere haben liebe Angehörige verloren. Also doch nicht gesegnet? Zwar „gezeichnet" vom Leben – manchmal ablesbar in den Gesichtszügen, an Händen, denen es anzusehen ist, dass sie viel gearbeitet haben, und in der Haltung des Körpers – aber eben nicht gesegnet?

Auf jeden Fall sind wir „signiert" von Christus seit unserer Taufe, wie ein Kunstwerk, das vom Künstler mit seinem Zeichen versehen ist. Am Zeichen des Kunstwerks können wir – wenn wir es nicht an der Maltechnik oder der Formensprache erkennen – rückschließen auf den Urheber. Wenn wir und unser Leben von Christus signiert sind, dann bedeutet es: Wir sind vom Kreuz Gezeichnete. Beim Kreuzzeichen berühren wir Kopf, Herz und Arme, also unser Denken, Fühlen und Handeln. Alles, was wir so leben, darf Ausdruck Jesu Christi sein. Dass wir ihm die Chance geben, dass er sein Lebens-Zeichen in unsere Alltage und Feiertage einprägt.

Trägt das vergangene Jahr (und früher sagte man Anno domini – Jahr des Herrn), trägt also das, was wir im letzten Jahr gelebt haben, erkennbar das Zeichen Christi?

- Wenn die Krankenbesuchsdienste im Namen der Gemeinde, also in unser aller Namen, ihre Besuche in den Krankenhäusern gemacht haben, dann war das so ein Zeichen, das gesetzt wurde.
- Wenn einige Mitarbeiter bei Beerdigungen das Kreuz mitgetragen haben, dann war auch dies ein Ausdruck, dass nicht nur der Gekreuzigte mitgeht, sondern auch die Gemeinde als Ausdruck von Verbundenheit.
- Wenn ein Mitglied der Gemeinde ganz bewusst auf jemanden von der Nachbargemeinde zugegangen ist oder bewusst an Veranstaltungen in der Nachbargemeinde teilgenommen hat, dann geschah auch dies nicht von ungefähr.
- Wenn Eltern aus unseren Gemeinden sich dafür entschieden haben, nicht nur ein oder zwei Kinder zu haben, dann hat das mit mehr als mit der Sicherung künftiger Renten zu tun.
- Wenn jemand von einem Gemeindemitglied regelmäßig zum Gottesdienst gebracht wird, der es alleine nicht mehr schaffen würde, dann ist auch dies ein Segen.

Im 4. Buch Mose wird dem Volk Gottes Segen zugesprochen – und dies nun schon seit Jahrtausenden:

Der Herr sprach zu Mose:
Sag zu Aaron und seinen Söhnen: So sollt ihr die Israeliten segnen;
sprecht zu ihnen:
Der Herr segne dich und behüte dich.
Der Herr lasse sein Angesicht über dich leuchten und sei dir gnädig.

Der Herr wende sein Angesicht dir zu und schenke dir Heil.
So sollen sie meinen Namen auf die Israeliten legen und ich werde
sie segnen."
4. Mose 6,22–27

Wo haben Sie erfahren, dass Gott Ihnen sein Angesicht zugewandt hat? Was waren für Sie segensreiche Erfahrungen im letzten Jahr?

Für mich waren es vor allem Momente, in denen ich mir der Gegenwart Gottes und seiner Nähe bewusst wurde. Zum Beispiel, als ich bei der Vorbereitung dieser Predigt saß und meine Gedanken dabei dreimal vom Anruf eines Beerdigungsinstituts unterbrochen wurden. Zunächst war ich gar nicht begeistert, wie Sie sich vorstellen können. Aber dann habe ich innegehalten und habe nachgedacht. Und mir wurde klar: Gott fragt mich jetzt, ob ich mich von meinen Plänen und Vorstellungen lösen kann, z.B. von den Plänen einer ruhigen und angenehmen Nachweihnachtszeit. Und als ich dazu bereit war, spürte ich inneren Frieden.

Ich merke: Wenn alles, was mit uns und durch uns geschieht, ob frohe Ereignisse oder Leidvolles, aus der Beziehung zu Christus erwächst, dann erleben wir eine segensreiche Freiheit. Und da merken wir, dass Segen nichts Magisches ist, auch nicht etwas rein Liturgisches.

Ansgar Hawighorst, ein Mitbruder, schrieb zu Weihnachten:

Bei einer Autorenlesung mit Petra Morsbach in Hamburg wurde die Autorin gefragt, was sie denn an dem Priester, den sie in ihrem Roman „Gottesdiener" beschreibt, so faszinierend finde. Sie antwortete, der Priester – ein Stotterer, der in der Liturgie ungehemmt sprechen kann – sei „behindert und beseelt", und das sei typisch für viele Menschen.

Zwar „gezeichnet" vom Leben, aber eben nicht gesegnet? – So fragten wir eben. Eine Antwort dazu kann uns diese Schriftstellerin geben mit ihrer Aussage „behindert und beseelt". Und dann noch jemand, der weiß, wovon er spricht. Heinz Pangels, der seit der Geburt spastisch gelähmt ist, hat folgendes Segensgebet verfasst, das schon segensreich ist, wenn man es nur vernimmt:

Der liebende und gütige Gott segne Dich! Er erfülle Dich mit seiner Kraft,
auf dass Du mit Gelassenheit tragen kannst, was er Dir schickt.
Er begleite Dich auf allen Deinen Wegen,
auf dass Du zuversichtlich in die Zukunft schauen kannst.
Er segne Deine Arbeit und Deine Mühen,
auf dass Du Freude an deinem Tun empfindest
und Zufriedenheit bei Dir einkehre.
Er umgebe Dich mit Menschen, die Dir nahe sind und die Dich mögen,
die Dich so annehmen, wie du geschaffen bist.
Er schenke Dir die Gnade der Bescheidenheit,
auf dass Du nicht jeden Verzicht als Verlust empfindest.
Er gebe Dir die Kraft loszulassen, was Du nicht festzuhalten vermagst.
Er schenke Dir ein waches Herz, das die Spuren der Gegenwart erkennt,
offene Augen, die sehen, was um Dich herum geschieht,
offene Ohren, die auch leise Stimmen vernehmen,
eine freie Nase, die auch den Atem des Lebens spürt,
einen wachen Sinn, Neues zu entdecken und das Alte zu bewahren,
dass es nicht fade wird,
zärtliche Hände, die Geborgenheit vermitteln, starke Arme, die Halt bieten,
kräftige Füße, die auch weite Wege gehen können.
So segne und bewahre Dich der Herr, Dein Gott,
dass Du immer bleibst, was Du bist: sein Ebenbild.
Er umfange Dich mit seiner Liebe und schenke Dir Frieden und Heil.

Dass Sie, dass wir alle diesen Segen in der einen oder anderen Weise erfahren, das wünsche ich bei diesem Jahreswechsel und darüber hinaus von ganzem Herzen!

Klaus Honermann, Schermbeck

Lob der Flucht

Ihr sollt drei Asylstädte auswählen (...) Die Städte sollen jedem als Zuflucht dienen, der unbeabsichtigt einen Menschen getötet hat. Es kann zum Beispiel vorkommen, dass einer mit seinem Nachbarn in den Wald geht, um Bäume zu fällen, und wenn er mit der Axt ausholt, gleitet ihm das Eisen vom Stiel und trifft den anderen tödlich. Weil er ohne Vorsatz und nicht aus Hass getötet hat, kann er sein Leben vor dem Bluträcher retten, wenn er in einer der Asylstädte Schutz sucht. Der Weg dorthin darf nicht zu weit sein, sonst wird der Rächer in seiner Erbitterung den Totschläger einholen und umbringen, obwohl dieser keinen Mord begangen und den Tod nicht verdient hat. So sollt ihr dafür sorgen, dass in dem Land, das der Herr euch als Erbbesitz gibt, kein Unschuldiger getötet wird; denn dadurch würdet ihr schwere Schuld auf euch laden.
5. Mose 19,2–10

Menschen brauchen Schutz. Menschen brauchen Orte der Zuflucht. Der „Totschläger" braucht Schutz vor dem „Bluträcher", der Bluträcher braucht Schutz vor seiner eigenen „Erbitterung" – und den verletzenden Folgen dieser Erbitterung. Und die ganze Gesellschaft braucht Schutz davor, dass in ihr unschuldige Menschen zu Schaden kommen: „So sollt ihr dafür sorgen, dass in dem Land (...) kein Unschuldiger getötet wird; denn dadurch würdet ihr schwere Schuld auf euch laden."

Wer ist denn unschuldig? Und wer ist schuldig? Der „Totschläger" beantwortet diese Frage anders als der, den ihn als Bluträcher verfolgt: Für den Totschläger ist das Geschehene schlimm, aber es war ohne böse Absicht. Für den Angehörigen des Getöteten, also für den Bluträcher, war es ein furchtbares Verbrechen. Der eine urteilt nach der *Verantwortung*, der andere nach dem *Ausmaß* des Unheils. Und heute? Ob z.B. psychisch kranke Straftäter „schuldig" sind, das beurteilen bei uns zum Glück Gutachter und Richter manchmal ebenfalls anders als die Opfer, die direkt Betroffenen. Denn die „Erbitterung" darf nicht das Maß des Handelns, der Rache sein.

Allerdings: Auch Gutachter und Richter sind nicht einfach „objektiv", sondern sie sind Kinder ihrer Zeit und ihrer Werte: In den Niederlanden gibt es für diejenigen psychisch kranken Straftäter, die lebenslang keine Chance auf Freilassung haben, besondere Einrichtungen. Diese Einrichtungen sind nach außen gut gesichert und abgeriegelt, aber nach innen gibt es viele Freiheiten, viel „Normalität", mit Bewegungsfreiheit, eigenen Läden, Kino usw. – „Asyl-Städte" sozusagen. In den USA dagegen werden Menschen ganz legal für Jahrzehnte in Todeszellen gehalten, zu Tode gespritzt, vergast, elektrisch verbrannt, selbst wenn sie geistig minderbegabt, psychisch krank oder zur Tatzeit minderjährig waren. Und es gibt noch schlimmere Gesellschaften auf der Welt.

Ich finde: Auch ganz normale psychiatrische Kliniken sind Orte des Schutzes und der Zuflucht – oder sollen es wenigstens sein: Schutz vor der Erbitterung und der Verfolgung durch andere, Schutz vor der eigenen Erbitterung und dem Hass gegen sich selbst, Schutz davor, durch die eigene Erbitterung schuldig zu werden an anderen. Nicht immer löst eine Klinik diesen Anspruch ein. Aber es ist ein gutes „Leitbild", „Asylstätte" zu sein. Damit Menschen aufatmen können, die Flucht beenden, „ankommen" und sich behütet wissen.

Auch „heilige Orte" – der Tempel, später Kirchen – waren solche Zufluchtsstätten und sind es manchmal bis heute. Vielleicht schwang da immer schon das Wissen darum mit, dass Gott die letzte und einzige Zuflucht im Leben und im Sterben ist. Solche Orte waren für die Verfolger, auch für den Staat „tabu". Es war und ist ein besonderer Frevel, dieses Tabu zu missachten.

Auch in der Bundesrepublik war das Asyl ein hohes Gut. – Das hat sich in den letzten Jahrzehnten dann doch etwas gewandelt. Flüchtige Totschläger hätten bei uns im Unterschied zum alten Israel wohl schon Probleme bei der Einreise und erst recht keinen Asyl-Anspruch.

Menschen brauchen Schutz. – Sie auch? Brauchen Sie Schutz vor der Erbitterung anderer, vor seelischen Verletzungen, vor körperlicher Gewalt? Brauchen Sie Schutz vor Ihren eigenen Gefühlen, wenn die Gefühle übermächtig werden, wenn die mit Ihnen durchgehen, wenn sich Ihre Gefühle mit aller Macht gegen Sie selbst wenden? Brauchen Sie Schutz davor, dass Sie so mit anderen Menschen umspringen, dass es Ihnen nachher leidtut – oder leidtun *müsste*? Unser Bibeltext sieht gerade auch dann einen *Anspruch auf einen Schutz-Ort* vor, selbst wenn man keine ganz weiße Weste hat. – Es geht ja immerhin um ein Tötungsdelikt. Mehr noch: Das ist *Gottes* Wille, denn *er* spricht ja in unserem Text, *er* regelt und ordnet an.

Die *eine* Sache ist es, einen Schutz-Ort für sich zu ersehnen. Eine ganz *andere* Sache ist es aber, so einen Ort für sich zu nutzen oder zu schaffen. Also: Bin ich *wirklich* bereit, bei einem Streit erst einmal zu „fliehen", wenn eigentlich klar ist: Im Moment ist die Situation viel zu aufgeheizt und geladen, um *jetzt* miteinander weiterzukommen? Bin ich *wirklich* bereit, Menschen aufzusuchen und anzusprechen, die mir etwas von Verständnis, Schutz, Geborgenheit vermitteln, wenn alles über mir, neben mir, in mir zusammenbricht? Lasse ich Menschen an mich heran und lasse ich ihr Wort gelten, wenn ich drauf und dran bin, mir selbst zu schaden oder mir Schaden zufügen zu lassen? Weiter: Respektiere ich die Asyl-Orte *anderer?* Wie ist das, wenn mein Kind vor meinen Vorwürfen in sein Zimmer flüchtet? Wenn der Partner / die Partnerin „Abstand" braucht? Wie rede ich über Menschen, die ich nicht mag, wenn sie selbst nicht anwesend sind? Sind sie da vor mir geschützt, trotz meiner Antipathie, trotz meiner Verachtung? Und schließlich: Wie bereit bin ich, anderen „Asyl" zu gewähren? Wer könnte einen Schlafplatz bekommen, wer besser nicht? Für wen hätte ich Zeit und ein offenes Ohr? Was kann ich geben und wo sind Grenzen?

Zurück zu uns, wenn wir selbst auf der Flucht sind: Wie gut suche ich mir meinen Schutz-Ort aus? Die Asyl-Städte für „Totschläger" in Israel, das waren *richtige* Städte. Da konnte man bleiben, da konnte man aufatmen und aufleben. – Dienen *Ihre* Asyl-Orte dem Leben? Vielleicht gehören Sie ja zu den Menschen, die an *lebensfeindliche* Orte fliehen: Flucht in die Arbeit, in die Isolation, in das überstürzte Liebesabenteuer, in Alkohol oder Tabletten, in die Selbstverletzung, Flucht in den trotzigen Kontaktabbruch, in Gewalt, in „den ganzen Tag im Bett bleiben", Flucht in Todesphantasien, und, und, und. Alle diese auf die Dauer lebensfeindlichen Asyl-Orte haben eines gemeinsam: Sie sind nicht weit. Sie sind sofort erreichbar, wirken fast augenblicklich, wenn der Druck von innen oder außen zu groß wird, man kann sich ziemlich gut auf ihre schnelle, trügerische Wirkung verlassen. Das ist die Tragik daran.

In Israel sollten es *drei* Asyl-Orte sein. *Nur* drei. Nicht immer die nächstliegende oder faszinierendste Stadt der Gegend. Das Kriterium war: Schutz, Sicherheit, Lebensraum – *nicht* sofortige Entspannung, *nicht* Vermeidung von Wegen. Allerdings: *Erreichbar* muss so ein Asyl-Ort schon sein: „Der Weg dorthin darf nicht zu weit sein", lesen wir. Sie sollten Ihren Fluchtweg im Voraus *kennen* und *probeweise* schon mal *beschritten haben.* Überlegen Sie: „*Welche Asyl-Orte bieten mir Schutz? – Welche Menschen, welche Orte, welche Tätigkeiten, Rückzugsformen, welche geistliche Rückbindungen stehen mir bereit?*" – Die stärkste geistliche Rückbindung, den festesten Zufluchtsort sehe ich übrigens unter dem Kreuz Christi – zu demjenigen zu fliehen, der meinetwegen *nicht* geflohen ist …

Schließlich gibt es noch eine „fromme" Falle, die uns an einer gelingenden Flucht hindern kann. Sie lautet: „Ich brauche keine Flucht-Punkte, weil die Feinde sich lieben sollen, weil Totschläger und Bluträcher einander in den

Armen liegen sollen, weil ich Frieden mit den anderen will und mit mir selbst endlich ausgesöhnt sein möchte!" – Gut gewünscht, sehr wünschenswert. Klappt aber nicht immer. Und da lehrt uns der lebensfreundliche Realismus unseres Textes: Wir *brauchen* Asyl-Orte in unserem Leben. – Um Gottes Willen!

Gebet:

Gott, es ist so schwer zu entscheiden: Wo muss ich standhalten? Wo muss ich fliehen? Wo sollte ich mich von Angst und Misstrauen besser verabschieden? Ich bitte dich: Lass mich klarer sehen und das Richtige tun – wenigstens meistens. Gott, bei Dir darf ich immer Zuflucht nehmen. Gut zu wissen.
Amen.

Eselinnen gesucht – neues Herz gefunden

Der *eine* Faden der Geschichte beginnt ziemlich ärgerlich: Ein junger Mann, Saul, ist auf der Suche nach entlaufenen Eselinnen. Sauls Vater hat ihn nun zusammen mit einem Knecht auf die Suche geschickt. Sie suchen landauf und landab, tagelang, ohne Erfolg. Saul will schon aufgeben, aber der Knecht sagt: „Da hinten in der Stadt ist doch heute ein Opferfest, und der alte Samuel, der Priester und Prophet, ist dabei. Lass uns *den* erst noch fragen!" „Gut", sagt Saul, und sie gehen hin. – Der *andere* Faden der Geschichte (Zitate aus 1. Samuel 9 und 10):

> Der Herr hatte Samuel das Ohr aufgetan einen Tag, bevor Saul kam, und sagte: „Morgen um diese Zeit will ich einen Mann zu dir senden (…), den sollst du zum Fürsten salben über mein Volk Israel, dass er mein Volk errette aus der Philister Hand. Denn ich habe das Elend meines Volkes angesehen, und sein Schreien ist vor mich gekommen."

Als Saul schließlich auf Samuel trifft, wird er von Samuel zu den Feierlichkeiten des Opferfestes eingeladen, mit Ehrenplatz und besonderen Leckereien. Was für eine Überraschung! Dann die Übernachtung. Am nächsten Morgen weckt Samuel Saul auf, ruft zum Aufbruch, will ihn ein Stück Wegs begleiten. Unterwegs dann legt Samuel die Karten offen auf den Tisch:

> Als sie hinabkamen an das Ende der Stadt, sprach Samuel zu Saul: „Sage dem Knecht, dass er uns vorangehe" – und er ging voran –, „du aber steh' jetzt still, dass ich dir kundtue, was Gott gesagt hat." Da nahm Samuel den Krug mit Öl und goss es auf sein Haupt und küsste ihn und sprach: „Siehe, der Herr hat dich zum Fürsten über sein Erbteil gesalbt."

Es folgen noch ein paar Anweisungen für die nächsten Tage – und auch die Zusicherung, dass die Eselinnen schon gefunden sind. Dann trennen sich die Wege dieser ungleichen Männer zunächst wieder. Und dann:

> Als Saul sich wandte, um von Samuel wegzugehen, gab ihm Gott ein anderes Herz (…)

Saul hatte Eselinnen gesucht. – Und was suchen Sie? Speziell *heute?* Welche Sache müssten Sie gerade heute finden, welchen Menschen antreffen, welche Nachricht hören, welches Gefühl wiederentdecken, und alles ist gut? Und wonach suchen Sie *im Leben?* Was ist Ihre große Sehnsucht, wonach halten Sie vielleicht schon ein halbes Leben lang vergeblich Ausschau?

Bei Saul sind es die Eselinnen. Aber die Pointe ist: Das, was er ursprünglich gesucht hat, gerät auf seinem Such-Weg zur Nebensache. Es kommt zum Schluss nicht mehr darauf an. Denn: *Anderes* ist wichtiger geworden. Hätte Saul also gleich sitzen bleiben können? Hätte er lieber zu Hause bleiben sollen? Nein, denn dann hätte er *gar nichts* gefunden – nicht die Eselinnen, und schon gar nicht Wichtigeres. Gottes Lebensabsicht mit ihm, sie wäre ihm verborgen geblieben.

Gut, dass Saul loszieht. Gut, dass er sucht und sucht, erfolglos und bis zur Verzweiflung. Gut aber auch, dass da der Knecht ist. Denn der lässt es nicht zu, dass Saul unverrichteter Dinge wieder zurückkehrt. Da ist ja noch Samuel, der Mann Gottes. Ob es den jungen Saul Überwindung gekostet hat, den alten Gottesmann zu fragen? Schließlich bedeutet das ja das Eingeständnis: „Ich, ich komme nicht mehr weiter. Ich habe gemacht und getan, aber ich habe nichts gefunden. Ich brauche Dich!"

Jedenfalls: Saul tut es, er sucht den Mann Gottes auf. Aber die Begegnung wird dann ganz anders als erhofft und auch anders als befürchtet. Die Eselinnen, sie stehen schlagartig nicht mehr im Mittelpunkt. Saul weiß gar nicht, wie ihm geschieht. Samuel rückt Saul *selbst* ganz und gar in den Mittelpunkt. Es geht jetzt um *ihn*, nicht mehr um die Eselinnen.

Dann am nächsten Morgen der Höhepunkt: Saul und der Knecht brechen zusammen mit Samuel in aller Frühe auf. Dann, sagt Samuel, soll der Knecht etwas vorgehen, denn jetzt wird es zu der entscheidenden Begegnung unter vier Augen kommen: „Du aber steh jetzt still, dass ich dir kundtue, was Gott gesagt hat!" Samuel salbt Saul zum König. Saul, er steht einfach da. Sagt nichts. Wird nicht einmal gefragt. Hält still. Zum Schluss wendet er sich von Samuel weg, um seines Weges zu gehen. Und da gibt Gott ihm „ein anderes Herz".

Dieses „andere Herz" hat es mir angetan, als ich die Geschichte vor kurzem gelesen habe. Ein kleiner Satz am Rande. Aber er hat es in sich. Saul ist ein anderer, ein neuer Mensch geworden. *Wie* im Einzelnen, wird uns nicht verraten. Zumindest erkennt er jetzt die Dinge, auf die er sich in der Vergangenheit konzentriert hat, als Eseleien. Dieses „andere Herz" ist eine Gabe Gottes. Eine Gabe am Wendepunkt im Leben des Eselsuchers und ersten Königs Israels.

Beim ersten Lesen dachte ich, dieses „neue Herz" wäre ein *plötzliches* Ereignis gewesen. Im Ergebnis war es das wohl auch, aber eigentlich läuft die ganze Vor-Geschichte darauf zu:

- *Beharrlichkeit:* Saul bricht auf und sucht. Sucht beharrlich. Eigentlich sucht er nach Unwichtigem, nach etwas, worauf es *nicht wirklich* ankommt. Und doch: In dieser Phase soll das so sein. Hauptsache, er bricht auf und sucht und bleibt beharrlich.

- *Wendung:* Als Saul eigentlich schon aufgegeben hat, lässt er sich doch noch von einem anderen Menschen, dem Knecht, breitschlagen. Saul bricht die Suche nicht ab, sondern er versucht es mit dem Gottesmann Samuel. Keine Hin-Wendung zu Gott, denn es geht weiter um die Eselinnen. Aber: eine Wendung.

- *Gemeinschaft:* Obwohl es Saul eigentlich um die Eselinnen geht, ist er offen genug dafür, sich von Samuel in etwas ganz anderes hineinnehmen zu lassen: in eine Gemeinschaft, ein geistliches Geschehen, ein großes Fest, in besondere Wertschätzung ohne einen erkennbaren Grund. Liebe, die buchstäblich durch den Magen geht.

- *Stillstand:* „Du aber steh' jetzt still!" Das sagt Samuel zu Saul am nächsten Morgen unter vier Augen. Und Saul steht still und hält still. Er tut gar nichts, sondern er lässt geschehen: Saul empfängt Zuspruch und Auftrag, Berührung und Salbung. Von Samuel. Aber eigentlich: durch Samuel hindurch von Gott.

- *Verschiedene Wege:* Saul dreht sich von Samuel weg. Die intensive Begegnung zwischen den beiden, sie ist *nicht* der Beginn einer intensiven Freundschaft. Samuel hatte „nur" einen Auftrag auszuführen, mehr nicht. Das hat er getan. Und als Saul sich von ihm wegdreht und anders als vorher seinen Weg geht, da schenkt ihm Gott das neue Herz.

Ich hatte Sie eingangs gefragt, wen oder was Sie für sich suchen, wonach Sie sich sehnen – heute oder überhaupt „im Leben". – Ob die Geschichte von Saul und den Eselinnen Ihre Suche verändern kann? Womöglich in folgender Weise:

- Lassen Sie sich von anderen ermutigen, weiterzusuchen. Erst recht an ganz neuen, für Sie ungewohnten Stellen zu suchen.

- Suchen Sie beharrlich, aber bewahren Sie sich die Offenheit dafür, vielleicht anderes und Besseres zu finden als das, worauf Sie bisher so fixiert waren.

- „Du aber steh' jetzt still!" – Lassen Sie es zu, dass Gott in der Stille, im Innehalten an Ihnen handelt, Sie berührt. Lassen Sie Gottes Zuspruch und

Anspruch an sich heran, statt im beständigen Herumrennen mit den Beinen und in Gedanken Gott abzuschütteln.

- Schließen Sie Freundschaften. Aber lassen Sie es *auch* zu, dass Gott manchmal ausgerechnet durch solche Menschen an Ihnen handelt, die Sie *zurücklassen* müssen, wenn Sie auf Gottes Weg weitergehen wollen.

Gebet (aus dem Evangelischen Gesangbuch Bayern, S. 490):

Herr, gib allen, die Dich suchen,
dass sie Dich finden,
und allen, die Dich gefunden haben,
dass sie Dich aufs neue suchen,
bis all unser Suchen und Finden
erfüllt ist in Deiner Gegenwart.
Amen.

(Hermann Bezzel)

Wo und wie wir Gott suchen –
und *nicht* finden

Ein Mann rennt spät abends nervös unter einer Laterne hin und her. Ein Passant spricht ihn an: „Kann ich Ihnen helfen? Was ist denn passiert?" – „Ich habe meinen Schlüssel verloren!" Der Passant: „Sind Sie denn sicher, dass Sie ihn hier verloren haben?" Der Mann antwortet: „Nein, aber hier unter der Laterne erkenne ich wenigstens etwas!"

Eine traurige Gestalt, dieser Schlüsselsucher. Irgendwann wird er entnervt aufgeben und sagen: „Ich habe mich total bemüht, habe die ganze Zeit gesucht, aber ich habe ihn nicht gefunden!"

Es gibt ganz unterschiedliche Formen, mit dem Schlüsselproblem umzugehen:

- Den *törichten Sucher* haben wir gerade kennen gelernt.
- Dann gibt es den *Illusionär:* Der läuft mit der festen Gewissheit herum, den Schlüssel in der Tasche zu haben. Aber wenn er dann vor der Haustür ganz selbstverständlich hineingreift, ist er plötzlich weg. Es war eine Illusion, alles fest in der Tasche zu haben.
- Der *Herumliegen-Lasser* legt den Schlüssel immer irgendwo hin, statt ihn bei sich zu führen oder einen festen Ort dafür zu haben. Er ist dauernd auf der Suche, regt sich und die Mitmenschen auf.
- Der *Nicht-Sucher* beschäftigt sich erst gar nicht mit Schlüsseln. Irgendwie wird man ja wohl schon reinkommen.
- *Vernünftig* wäre es, den Schlüssel mit sich zu führen und gelegentlich (aber nicht zwanghaft) zu überprüfen, ob er noch da ist. Und wenn er mal weg ist, ihn dort zu suchen, wo man ihn am ehesten finden kann, und *nicht* nur dort, wo er sein sollte und wo man ihn gerne hätte.

In dieser Andacht soll es aber nicht um Schlüssel-Sucher, sondern um *Gott-Sucher* gehen. Die biblische Geschichte dazu (aus 1. Könige 19) hat eine Vor-Geschichte:

Die Vor-Geschichte:
> Als der Prophet Elia vernahm, dass die Königin ihn umbringen lassen wollte, machte er sich auf und ging fort um seines Lebens willen und kam an den Rand der Wüste und ließ seinen Diener dort. Er aber ging

hin in die Wüste, eine Tagereise weit, kam und setzte sich unter einen Ginsterstrauch und erbat sich den Tod und sprach: Es ist genug! So nimm nun, Herr, meine Seele; denn ich bin nicht besser als meine Väter! Und er legte sich und schlief ein unter dem Ginsterstrauch.

Und siehe, ein Engel rührte ihn an und sprach zu ihm: Steh auf und iss! Und als er sich umsah, siehe, da war zu seinen Häupten ein Brotkuchen und ein Krug Wasser. Und als er gegessen und getrunken hatte, legte er sich wieder schlafen.

Und der Engel des Herrn kam zum zweiten Mal und rührte ihn an und sprach: Stehe auf und iss; denn du hast einen weiten Weg vor dir! Und er stand auf, aß und trank und ging kraft dieser Speise vierzig Tage und vierzig Nächte lang, bis an den Berg Gottes.

Die Geschichte:

Elia ging in eine Höhle hinein und blieb dort über Nacht. Und siehe, das Wort des Herrn kam zu ihm und sprach: Was willst du hier, Elia? Er sprach: Ich habe heftig für den Herrn, den Gott der Heerscharen, geeifert; denn die Kinder Israel haben deinen Bund verlassen und deine Altäre zerbrochen und deine Propheten mit dem Schwert umgebracht, und ich bin allein übrig geblieben, und sie trachten danach, mir das Leben zu nehmen!

Er aber sprach: Komm heraus und tritt auf den Berg vor den Herrn! Und siehe, der Herr ging vorüber. Und ein großer, starker Wind, der die Berge zerriss und die Felsen zerbrach, ging vor dem Herrn her; der Herr aber war nicht im Wind. Nach dem Winde aber kam ein Erdbeben; aber der Herr war nicht im Erdbeben. Und nach dem Erdbeben kam ein Feuer; aber der Herr war nicht im Feuer. Und nach dem Feuer kam die Stimme eines sanften Säuselns.

Als Elia das hörte, verhüllte er sein Angesicht mit seinem Mantel und ging hinaus und trat an den Eingang der Höhle. Und siehe, da kam eine Stimme zu ihm, die sprach: Was willst du hier, Elia? Er sprach: Ich habe heftig für den Herrn, den Gott der Heerscharen, geeifert; denn die Kinder Israel haben deinen Bund verlassen, deine Altäre zerbrochen und deine Propheten mit dem Schwert umgebracht, und ich bin allein übrig geblieben, und sie trachten danach, mir das Leben zu nehmen! Aber der Herr sprach zu ihm: Kehre wieder auf deinen Weg zurück nach der Wüste (und gab ihm bestimmte Aufträge).

Wo suchen Sie Ihren Schlüssel? Immer nur unter der Laterne? Und wo suchen Sie Gott?

In der Vor-Geschichte *sucht* Elia nicht einmal mehr. Er hat aufgegeben, will nur noch sterben. Das ist seine einzige Erwartung an Gott. Aber: Gott sucht Elia. Und findet ihn – in der Wüste. Und Gott gibt das Nötigste. Das, was man in der Wüste zum Überleben braucht, nicht mehr: die Berührung eines anderen (des Engels), Brot, Wasser, eine Mütze voll Schlaf. All das einmal und ein zweites Mal. Und dann der freundliche Hinweis: Jetzt ist nicht die Zeit zum Sterben, sondern für einen weiten Weg – durch die Wüste. Und Elia geht. Keine Ahnung, warum und wohin. Aber er geht.

Schließlich, am Gottesberg, kann Elia erstmal unterkriechen in einer Höhle. Er klagt Gott sein Elend. Das ist gut und tut gut. Aber die entscheidende Gottesbegegnung steht ihm noch bevor.

Erst der felsenzerreißende Sturm. Dann das Erdbeben. Dann das Feuer. Aber: Gott ist in all dem *nicht*. Ich stelle mir vor, dass Elias Gottesbild da gewankt hat und in Sturm, Erdbeben und Feuer zerbrochen ist. Schließlich kannte er die alten Geschichten von Gottesbegegnungen, die oft laut und pompös dahergekommen waren. Er selbst hatte Gott gewaltig erlebt. Und er hatte sich selbst gewalttätig, „eifernd" für die Sache Gottes eingesetzt.

Aber wie gut, dass Gott ihm ausgerechnet in dem „sanften Säuseln" begegnet. – Der große jüdische Religionsphilosoph Martin Buber übersetzt noch treffender: „schwebendes Schweigen". Weil Elia, so dünnhäutig, wie er gerade ist, nur solch eine Gottesbegegnung wagen kann, ohne darin zugrunde zu gehen. Ein sanftes Säuseln, ein schwebendes Schweigen. Und Elia geht nicht kaputt, sondern: Er wird heil und ganz. Nach dieser Begegnung ist *äußerlich* gar nicht so viel anders: Elia geht aus der Wüste zurück, hat seine Aufgaben. Aber: Er *selbst* ist ein anderer, er *selbst* ist heil geworden.

Was können Sie als Gott-Sucher/in aus dieser Geschichte mitnehmen? Hier ein paar Anregungen:

- Lassen Sie nicht den Mut sinken, wenn Sie die Suche aufgegeben haben. Gott sucht Sie – gerade auch in der Wüste!
- Riskieren Sie die Einsamkeit und Dürre der Wüste. Gott wird Ihnen mit dem Nötigsten weiterhelfen!
- Bleiben Sie in der Wüste nicht liegen. Wüsten müssen durchwandert werden. Auch wenn die Strecke, die Dauer, das Ziel Ihnen völlig im Dunkeln liegen. Stehen Sie auf! Machen Sie den ersten Schritt!
- Suchen Sie Gott nicht (nur) „unter der Laterne" – nicht nur da, wo Sie ihn nach Ihrer religiösen Prägung eigentlich finden müssten. Schon gar nicht

im Lauten, Hektischen, Gewalttätigen. Suchen Sie ihn in der Stille, im Schweigen, in der Ruhe. Machen Sie das Handy, das Radio, den Fernseher aus. Legen Sie die Hände zusammen, stellen Sie die Füße auf festen Boden. Machen Sie die Augen zu und das Herz auf!

Gebet:

Gott, ich bitte Dich: Lass mich in dieser lauten, gewalttätigen Welt und in meinem unruhigen Leben dein Schweigen vernehmen!
Amen.

Wenn es immer mehr sein muss

Kennen Sie das Märchen vom „Fischer und seiner Frau"? Beide leben in sehr ärmlichen Verhältnissen. Bis der Fischer eines Tages einen Butt fängt – und ihm das Leben schenkt. Dafür hat der Fischer einen Wunsch frei. Zunächst wünscht er sich ein besseres Haus. Aber seine Frau ist damit nicht zufrieden. Deswegen muss er immer wieder zum See und den Wunsch korrigieren. Aus dem Haus wird ein Schloss, aus der Fischersfrau ein König, dann der Kaiser, dann der Papst. Als sie schließlich der liebe Gott sein will – schwupps, sitzt sie wieder in ihrer armseligen Hütte wie am Anfang. Wenn Sie jetzt denken: „So ein frauenfeindliches Märchen! Immer ist *sie* die Böse!" – Irrtum! Denn *er*, er geht immer wieder gegen seinen ausdrücklichen Willen zum Butt und bringt die Bitte vor. Er lässt alles mit sich machen. Das ist nicht besser.

Unsere heutige Geschichte ist ganz ähnlich: König Amazja von Juda sitzt in seinem Palast – und *könnte* zufrieden sein. Gerade hat er einen militärischen Sieg über die Edomiter errungen ...

Amazja schickte Boten zu König Joasch von Israel (...) und ließ ihm sagen: „Komm, tritt mir im Kampf gegenüber, damit wir sehen, wer stärker ist!"

König Joasch antwortete ihm: (...) „Dein Sieg über die Edomiter ist dir zu Kopf gestiegen. Gib dich mit deinem Ruhm zufrieden und bleib zu Hause! Oder willst du dich ins Unglück stürzen und ganz Juda mit hineinreißen?"

Aber Amazja hörte nicht auf, Joasch herauszufordern. So rückte König Joasch zum Kampf heran. Bei Bet-Schemesch (...) traf sein Heer auf das von König Amazja. Die Männer von Juda wurden geschlagen und liefen auseinander, jeder kehrte nach Hause zurück. Amazja wurde bei Bet-Schemesch von Joasch gefangen genommen. Dann zog Joasch nach Jerusalem und ließ die Stadtmauer auf einer Länge von 200 Metern niederreißen (...) Er nahm alles Gold und Silber und alle kostbaren Geräte mit, die sich im Tempel und in den Schatzkammern des königlichen Palastes befanden. Außerdem führte er eine Anzahl von Geiseln mit sich nach Samaria.
2. Könige 14,8–14

Amazja ist König. Aber das reicht nicht. Er hat das Nachbarland Edom besiegt. Aber das reicht auch nicht. Nun will er an den Bruderstaat Nord-Israel. Um die anderen zu unterwerfen? – Nein! In erstaunlicher Offenheit lässt Amazja seinen Wunschgegner, König Joasch, wissen: Er will ihm zeigen, wer der Stärkere ist. – Wo soll das enden? Welchen Sieg muss Amazja eigentlich erreichen, um sagen zu können: „So, liebe Seele, jetzt ist es genug! Jetzt hast du alles erreicht, was zu erreichen ist!" Antwort: Es ist *nie* genug, es ist wie bei der Frau des Fischers. Und damit ist das Scheitern vorprogrammiert.

Wie kann es so weit kommen? Ich vermute: Wenn ein erfolgreicher König immer noch höher hinaus muss, seine Kräfte beweisen muss, dann ist er innen drin, in seiner Seele, der Kleine, der ewig zu kurz Gekommene. Kein äußerer Erfolg, kein Sich-Beweisen kann das wettmachen.

Und um noch ein bisschen zu psychologisieren: Vielleicht hat es ja mit Amazjas Familiengeschichte zu tun. In seiner Ahnenreihe steht König *David*. Der hatte aus einem relativ losen Haufen von Stämmen ein Großreich erschaffen, hatte Jerusalem erobert und zur Hauptstadt ausgebaut, hatte die Nachbarvölker unterworfen und tributpflichtig gemacht. Oder dann *Salomo*, der dieses Großreich übernahm. Der König der internationalen Diplomatie und Handelsbeziehungen, die orientalische Weisheit in Person. Prunk, Pracht, Hofhaltung, üppiger Tempelbau. Nach Salomo zerfiel das Reich in zwei Teile, die Vasallenstaaten sprangen mehr oder minder ab, machtpolitisch spielte Juda nur noch in der Regionalliga. Großmacht, das waren jetzt andere. Vielleicht waren Amazja die Schuhe seiner Vorfahren einfach zu groß.

Der ewig zu kleine König Amazja und sein unheilvolles Fragen „Wer ist der Stärkere?" – Wo kommt *Gott* in dieser Geschichte vor? Das ist es ja gerade: gar nicht! Ich meine: *Mit* Gott wäre die Geschichte anders gelaufen – für Amazja und alle, die er mit in die Katastrophe riss. Wieso?

1. Gott in meiner Geschichte vorkommen lassen, das bedeutet: Ich *bin* in Gottes Augen jemand. So, wie ich bin. Ich muss nicht erst noch „jemand werden", ich muss mich nicht beweisen, mir nicht meine Existenzberechtigung und meine Größe erarbeiten. Ich muss weder König sein noch in die Schuhe meiner tollen Vorfahren passen, ich muss weder die Edomiter besiegen noch meinem Kollegen zeigen, dass ich besser bin.

2. Gott in meiner Geschichte vorkommen lassen, das bedeutet: Ich habe jemanden *über* mir. Das erkenne ich an. Und: *Ihn* erkenne ich an. Ich weiß dann auch: Alle Bemühungen, meine gefühlte Kleinheit dadurch auszugleichen, dass ich den großen Max spiele, sind aus Gottes Sicht eher tragisch-lächerlich. Nicht gerade etwas, was mir wirkliche Größe verleiht.

3. Gott in seiner Geschichte vorkommen lassen, das bedeutet: Es gibt Grenzen und Gebote, die dürfen nicht verletzt werden. Ich kann nicht tun und lassen, was ich will. Als König meine Untergebenen für meine Machtspiele benutzen und gefährden? Die Menschen der Gegenseite gefährden? Krieg anzetteln? Das kommt dann nicht in Frage. Egal, wie sehr mir meine Kleinheitsängste und Größenfantasien zusetzen.

Und Sie und ich? Königin und König sind wir nicht. Trotzdem kann das Gesagte fast genau so für uns gelten. Kernfrage auch bei uns: Was hat es für Konsequenzen, wenn ich Gott in meiner Geschichte vorkommen lasse?

1. Ich kann, ich soll aufhören, meinen Mitmenschen etwas zu beweisen. Nicht den Eltern (gar den verstorbenen Eltern), nicht dem Partner/der Partnerin, keinen Freunden, Nachbarn, Kollegen, Chefs. Weder „aller Welt" noch mir selbst muss ich etwas beweisen. Ich muss nicht mehr „jemand werden", denn in Gottes Augen *bin* ich wer. Es ist natürlich schön, wenn ich *gut* in etwas bin oder etwas *gut* kann. Aber ich muss nicht in *allem* gut sein. Und schon gar nicht muss ich *besser* oder *der/die Beste* sein.

2. Ich erkenne an, dass Gott über mir steht. Sein Kind zu sein, das gibt mir Größe und Würde. Wenn bestimmte Menschen mich gering schätzen, mich verachten, muss mich das nicht so tief treffen. Und umgekehrt: Auch wenn Lob, Anerkennung, Bewunderung der anderen guttun: Sie sind kein Lebenselixier. Ich muss dem nicht hinterherrennen, ich muss nicht danach schmachten.

3. Gott gibt auch *mir* Grenzen und Gebote. Jesus Christus hat Gottes Willen so zusammengefasst: Liebe Gott, liebe Deinen Nächsten, liebe Dich selbst! Nehme ich das ernst, sind folgende Fragen unausweichlich:

   • Suche ich *Gottes* Nähe, die Verbindung zu ihm? Orientiere ich mich, mein Leben, an diesem großen „Du"? Oder bin ich als kleiner König mir selbst genug, das Maß aller Dinge?

   • Gebe ich meinem *Mitmenschen* Achtung und Würde? Sehe ich, was er/sie im Moment zum Leben braucht? Oder missbrauche ich meine Mitmenschen für meine eigenen Ziele oder als Spielbälle für meine Launen?

   • Wie liebevoll bin ich zu *mir selbst*? Zeugt das, wie ich mit mir umgehe, von Liebe? Meine ich es gut mit mir? Brauche ich das, was ich heute oder auf längere Sicht erreichen möchte, *wirklich* für mich? Oder etwas ganz anderes? Mute ich mir vielleicht zu viel/zu wenig zu? Wie gut kenne ich mich? Wie gut kann ich mich annehmen?

Ich wünsche uns täglich so viel Weisheit, dass sie uns positiv abhebt – von König Amazja, vom Fischer und seiner Frau!

Gebet (aus dem Evangelischen Gesangbuch Nr. 482, 4–5:
„Der Mond ist aufgegangen"):

Wir stolzen Menschenkinder
sind eitel arme Sünder
und wissen gar nicht viel.
Wir spinnen Luftgespinste
und suchen viele Künste
und kommen weiter von dem Ziel.

Gott, lass Dein Heil uns schauen,
auf nichts Vergänglichs trauen,
nicht Eitelkeit uns freun;
lass uns einfältig werden
und vor Dir hier auf Erden
wie Kinder fromm und fröhlich sein!
(Matthias Claudius 1779)

Selig sind die Weltfremden!

Ich habe den Herrn allezeit vor Augen.
Psalm 16,8a

Über diesen Satz bin ich ausgerechnet gestolpert, als ich die *Augen* kaum aufhalten konnte: Es war noch Nacht, und trotzdem kam Leben ins Haus: Ein seit Tagen auf der Flucht befindlicher Hamster hatte sich in einem Kinderzimmer bemerkbar gemacht. Nach einer Weile war die Jagd erfolgreich beendet, das Tier vor Hunger, Durst und frühem Tod gerettet.

Die Augen vor Müdigkeit kaum aufhalten zu können, ist das eine. Aber sie zu schließen, wenn schon so viel Unruhe in der Seele ist, ist das andere. Ich finde es dann gut, die Augen zu *konzentrieren* – auf etwas Wesentliches, ohne schnellen Bilderwechsel. Die Bibel ist so etwas Wesentliches. Bei mir war es in jener Nacht Psalm 16, dort der obige Satz: „Ich habe den Herrn allezeit vor Augen."

Aber: Haben Sie schon mal Gott mit eigenen Augen gesehen? Nein? Kein Wunder: Gott ist in seiner Fülle „unsichtbar". Gott ist viel zu groß und viel zu sehr in allem Kleinen, als dass wir ihn sehen könnten. Und weil es nichts gibt, wo Gott nicht wäre, hebt er sich für uns auch nicht ab als „ein Ding unter anderen", als „eine Person unter anderen". Gott ist ununterscheidbar. Und weil Gott ewig ist, können wir ihn nicht plötzlich sehen, wo vorher „nichts" war. Wie kann da unser Psalmdichter oder die Dichterin Gott *allezeit vor Augen* haben?

Aber wenn wir Gott nicht so unmittelbar vor Augen haben – was denn eigentlich dann? Was sehen wir? Ein befreundeter Architekt sieht beim Spazierengehen immer, wie welche Häuser gebaut sind. Unser Hund sieht draußen sofort andere Tiere und läuft ihnen nach. Es gibt Menschen, denen „stechen" auf der Straße attraktive Mitmenschen sofort „ins Auge". Wieder andere haben im Frühling nur Augen für die verschiedenen Blumen, Blüten und Vorgärten. Meinem eigenen Blick entgehen nur selten Bücherregale und Süßigkeiten. Andere sehen Tag und Nacht nur noch Bildschirme – den Computer oder den Fernseher – und *lassen* dort leben, statt selbst zu leben.

Es gibt Leute, die sehen immer nur sich selbst oder immer nur die anderen oder immer nur einen einzigen bestimmten anderen Menschen. Oder sie haben dauernd die Karriere im Auge, oder ihnen stehen Tag und Nacht ihre Sorgen und Probleme vor Augen ... – Welche Vorlieben haben *Ihre* Augen? Wer oder was bannt *Ihren* Blick, was „müssen" *Sie* im Auge behalten? Wovon können oder wollen *Sie* sich nicht abwenden, kommen Sie nicht los? Gebannte, gefesselte Blicke sind nicht frei für Gott.

Und wie steht es mit Ihren *geschlossenen* Augen? Was haben Sie vor Augen, wenn sie geschlossen sind? Es gibt Menschen, die sich dann in den schönsten Träumen und Phantasien ergehen können. Auch in Liebesliedern kommen öfters geschlossene Augen vor („Close your eyes, and I kiss you …", Beatles). Andere bekommen mit geschlossenen Augen *Angst*. Man kann dann ja nicht mehr alles im Blick haben, kontrollieren und im Griff behalten. Es gibt auch Menschen, die Angst haben, die Augen zu schließen und einzuschlafen, denn: Sie könnten ja nicht mehr aufwachen, einfach sterben. Geschlossene Augen und Todesangst …

Und dabei sind geschlossene Augen *wichtig* – beim Beten, in der Meditation: ganz *bewusst* die wechselnden Bilder um einen herum loslassen. *Bewusst* die Kontrolle ablegen und Vertrauen fassen. Sogar die *inneren* Bilder nur noch einmal kurz anschauen, um sie dann vorbeiziehen zu lassen.

„Ich habe den Herrn allezeit vor Augen" – vielleicht gilt das *gerade* für die geschlossenen Augen. Manchmal *müssen* wir „die Augen vor der Wirklichkeit verschließen", um die andere, die „wirklichere" Wirklichkeit dahinter in den Blick zu bekommen – und ins Herz. Um eine „schlafwandlerische Sicherheit" dadurch zu gewinnen, dass wir zu spüren beginnen, auf welchem Grund wir stehen im Leben und im Sterben.

Klingt *weltfremd*, oder? Ist es auch. Wer Gott „*allezeit* vor Augen" hat, ist zu keiner Zeit einfach „mittendrin" in seiner Welt. Der hat *Abstand* zu ihr, ist im Kern mehr als das Produkt seiner Sorgen und Beschränkungen – und so gesehen weltfremd. Testfrage: *Haben* Sie Sorgen um den Arbeitsplatz, *haben* Sie Stress mit dem Partner oder das Gefühl von Einsamkeit, *haben* Sie eine Krankheit oder Behinderung, Angst vor Verlust und Tod? *Haben* Sie das – oder *sind* Sie Ihre Sorgen um den Arbeitsplatz, *sind* Sie Ihr Beziehungskonflikt, *sind* Sie nichts als Einsamkeit, *sind* Sie Ihre Krankheit oder Behinderung, *sind* Sie ein Bündel Angst? Wer Gott „allezeit vor Augen hat", *hat* vielleicht etwas von diesen Belastungen, aber er *ist* sie nicht. Der ist „weltfremd", nämlich *im Kern* woanders beheimatet. Selig sind die Weltfremden!

Allerdings: Wer seine Augen zu Gott hin vor der Wirklichkeit *verschließt*, dem *öffnet* Gott sie, und zwar genau in Richtung „Wirklichkeit"! Aber eben *anders:* Gott „allezeit vor Augen" zu haben bedeutet, nicht bloß *vor* die Dinge des Lebens zu gucken, die Banalitäten, flüchtigen Highlights und dicken Probleme meines Alltags und der weiten Welt. Nein, *der Blick geht durch diese Dinge hindurch auf Gott.* Die Welt, mein Leben, meine Mitmenschen, meine Beschäftigungen, sie werden *transparent*, ich blicke durch sie hindurch, und

Gott *leuchtet* durch sie hindurch – wie die Sonne durch ein Kirchenfenster: Ohne dieses Sonnenlicht von der anderen Seite wäre ein noch so prächtigbuntes, kunstvoll gestaltetes Kirchenfenster eine düstere Fläche. Und ohne Fenster wäre die Sonne unerträglich grell, und die Farbenpracht des Sonnenlichts würde uns verborgen bleiben.

Wenn *Christen* „Gott allezeit vor Augen" haben, dann geht der Blick speziell auf *Christus*. *Kein* schönes Bild wie ein buntes Fenster: eine fürchterliche Hinrichtung auf Golgatha. Aber auch ein leeres Grab im ersten Tageslicht des Ostermorgens. Golgatha und leeres Grab, zwei *Schlüssel*. Mit diesen Schlüsseln erschließen Menschen, die „Gott allezeit vor Augen haben", ihre Erfahrung von Licht und Dunkelheit im eigenen Leben. Da erschließt sich ein anderes Denken und Ahnen über Gottes Schöpfung, über die Geschichte, über Leben und Tod. Wenn Sie auf *Christus* hin die Augen vor der Wirklichkeit *ver*-schließen, dann *er*-schließt sich diese – Ihre – Wirklichkeit in neuer Weise. Es gibt auch keine dunklen Stellen mehr, an denen Sie gezwungen wären wegzusehen. Mit *offenen* Augen in der Welt, und durch die Welt auf Gott hin ...

Wo ist *Ihr* Blick heute überall schon gewesen? Welche Blicke haben Sie heute bereichert, welcher Blickfang hat Sie eher arm gemacht? Haben Sie *vor* die Dinge geguckt, oder womöglich durch sie hindurch? Haben Sie „mehr" gesehen?

Und hatten Sie heute *Gott* vor Augen? Noch nicht? Vielleicht ist es dann Zeit, die Augen endlich mal richtig zu öffnen – *oder* sie für 10 Minuten in aller Stille zu schließen ...

Gebet:

Manchmal
für einen Augenblick
halte ich ein,
mitten im Trubel des Tages,
schließe meine Augen
und meine Ohren
und bin einen Augenblick
glücklich:
Ich bin nicht allein,
Du bist da, mein Gott!
Mittendrin.
(Christa Weiß)

Menschenkenntnis – Selbst-Erkenntnis

Man nennt die Bibel die „heilige Schrift". Mit Recht: Sie ist voll von Texten, die mir zu Gottes Wort werden können – *dann* nämlich, wenn Gott durch diese Geschichten, Erfahrungen, prophetischen Worte und Briefe hindurch zu mir spricht. Wo Gott mir dadurch das Herz aufschließt und die Augen öffnet – um *ihn* zu erkennen, um *mich selbst* in seinem Licht zu sehen, um *meine Mitmenschen* und *meine Welt* neu zu entdecken. Wenn das passiert, ist die Bibel mir zu Gottes Wort geworden. Die Bibel kann mir also unmöglich in einem einzigen Augenblick und von vorn bis hinten Gottes Wort *sein*. Aber das eine oder andere daraus kann mir – heute vielleicht – zu Gottes Wort *werden*.

Das gilt auch für solche Bibel-Texte, wo es kaum um Gott und Glauben geht. Zum Beispiel das *Buch der Sprüche* im Alten Testament. Wenn man dann die gesammelten Weisheiten und Erkenntnisse dort liest, dann sieht man ihnen nicht immer direkt an, dass sie von einer Grundhaltung getragen werden, die auf Gott bezogen ist. Die Sprichwörter dort sind meist Ausdruck ganz praktischer *Lebensklugheit*. Lebenskundige Leute, gute Beobachter, eben „Weise", haben dort zusammengetragen, was sie im Zusammenleben der Menschen gesehen und erkannt haben, welche Gemeinsamkeiten und Regeln es da gibt, wer mit seinem Verhalten Erfolg hat und wer Schiffbruch erleidet. Sie finden im Sprüche-Buch nicht viele „Ratschläge", sondern überwiegend *Aussage-Sätze*, *„Sprichwörter"* eben. Dem Hörer oder der Leserin bleibt es selbst überlassen, dazu Stellung zu beziehen und Konsequenzen zu ziehen.

Die folgenden Sprüche haben eines gemeinsam: Sie stellen das Verhalten des „Weisen" dem des „Toren" gegenüber. Lesen Sie die Sprüche bedächtig und beobachten Sie dabei, wer Ihnen da als Weiser oder Tor vor dem inneren Auge erscheint!

> Die Weisen halten mit ihrem Wissen zurück; aber der Toren Mund führt schnell zum Verderben. (10,14)
> Wer seinen Nächsten schmäht, ist ein Tor; aber ein verständiger Mann schweigt stille. (11,12)
> Den Toren dünkt sein Weg recht; aber wer auf Rat hört, der ist weise. Ein Tor zeigt seinen Zorn alsbald; aber wer Schmähung überhört, der ist klug. (12,15–16)
> Ein Verständiger trägt seine Klugheit nicht zur Schau; aber das Herz des Toren schreit seine Torheit hinaus. (12,23)

Ein Kluger tut alles mit Vernunft; ein Tor aber stellt Narrheit zur Schau. (13,16)
Wer geduldig ist, der ist weise; wer aber ungeduldig ist, offenbart seine Torheit. (14,29)
Wer antwortet, ehe er hört, dem ist's Torheit und Schande. (18,13)
Wenn du einen siehst, der sich weise dünkt – da ist für einen Toren mehr Hoffnung als für ihn. (26,12)
Siehst du einen, der schnell ist zu reden, da ist für einen Toren mehr Hoffnung als für ihn. (29,20)

Na, wer ist Ihnen da alles eingefallen? Ich vermute: Mehr Toren als Weise. Das ist nicht verwunderlich: Es ist ja geradezu typisch für die *Toren*, dass sie ganz ungemein auffällig sind, nicht zu überhören, nicht zu übersehen. Sie reden dauernd, können nicht schweigen, nicht zuhören. Der Mund ist schneller als das Denken. Toren sind erstaunlich selbstsicher in ihrem Tun, Auftreten und ihren Entscheidungen. Sie halten sich für weise und brauchen keinen Rat. Alle Gefühle brechen sofort und ungefiltert heraus, Geduld ist ein Fremdwort.

Die *Weisen* dagegen sind bedächtig, geduldig, zurückhaltend. Sie sprechen weniger, aber mit Verstand. Sie sind lernwillig und bilden sich nicht ein, alles schon zu können und zu wissen. Sie sind nicht sofort gekränkt, nicht leicht auf die Palme zu bringen. Und: Weise Leute halten sich selbst *nicht* für weise. Das zu tun, ist nämlich das Privileg der Toren.

Übrigens: Weisheit oder Torheit, das ist keine Frage der Intelligenz, des Schulabschlusses oder von Spezialfertigkeiten. Nein, der schulisch Erfolglose kann weise sein und der exponierte Wissenschaftler der größte Tor. Ein Beispiel ist Herr Whang aus Südkorea mit seinen Forschungs-Fälschungen zum menschlichen Klonen: großes Fachwissen, viel Ansehen – aber menschlich ein Desaster, selbst wenn die Schummeleien nicht aufgeflogen wären.

Verrückte Welt: Heutzutage gilt oft genau das als erstrebenswert, was unsere Sprüche als Torheit enttarnen. So gibt es Menschen, die darunter leiden, in Gesprächen oder in Gruppen nicht dauernd etwas Geistreiches oder Interessantes beitragen zu können. – Es geht ihnen da gar nicht um die Schwierigkeit, wichtige Dinge und Anliegen herüberzubringen, sondern einfach um das Reden an sich. Darum, so von den anderen geachtet und interessant gefunden zu werden. – Im Licht unserer Sprüche: Sie leiden darunter, eine bestimmte Torheit *nicht* auszuüben.

Oder: Viele Menschen möchten ihre Gefühle ganz unmittelbar zeigen und ausleben. Gut so! Gut besonders für Leute, die bisher gehemmt waren, *nie* etwas herausschreien, herausweinen oder auch nur aussprechen konnten. Aber: Muss das wirklich *immer* und *jedem* gegenüber sein, *sofort* und *ohne Bedacht*, ohne hinzuhören und nachzufragen? Manchmal sind da die alten Hausmittel besser: Erstmal durchatmen, bis 10 zählen, eine Nacht drüber schlafen. Wer dauernd unbedacht und überstürzt Porzellan zerschlägt, muss sich danach nicht über den Scherbenhaufen wundern. – Und darüber, nicht mehr alle Tassen im Schrank zu haben …

Oder: Das Reden über persönliche Dinge. Gut, das zu können! Gut, das regelmäßig zu tun! Aber: Muss ich denn wirklich immer und mit allen x-beliebigen Menschen so sprechen? Muss man z.B. wirklich die neuesten Neuigkeiten aus dem eigenen Liebesleben am Handy im vollbesetzten Bus diskutieren? Oder Leute zum Sich-Ausheulen wählen, die erfahrungsgemäß nicht den Mund halten können, sich ungefragt einmischen – und nicht mal richtig zuhören?

So viel zu den Weisen und den Toren im Allgemeinen. Und was sind *Sie?* Weise oder töricht? – Jetzt stecken Sie in einem *Dilemma:* Töricht wollen Sie ja wohl nicht sein. Aber wenn Sie „weise" sagen, dann gilt – siehe oben (26,12) – der Satz, dass die Selbsteinschätzung als „weise" die schlimmste Torheit ist. Also irgendwo dazwischen, teils weise, teils töricht? – Ja, das ist wohl eine *gute* Antwort. Nicht überheblich und nicht selbstzermarternd. Und eine Ermunterung, *genau* hinzusehen: *Wo* bin ich weise? Wo gehe ich achtsam und mit Bedacht mit mir um, mit meinen Gefühlen, meinen Worten, meiner Zeit, meinen Mit-Menschen? Und umgekehrt: Wo bin ich – vielleicht wieder mal – töricht gewesen? – Als Halb-Weiser kann ich es mir *leisten*, gelassen, sogar heiter auf meine eigenen Torheiten zu blicken, ohne mich gleich zu verdammen oder dazu verdammt zu fühlen, für alle Zukunft in diesen Torheiten stecken bleiben zu müssen.

Ich finde: Es ist weise, sich auf diese uralten Beobachtungen über Lebensklugheit und gelingendes Leben einzulassen. Es sich gefallen zu lassen, dass Gott selbst mir so den Spiegel vorhält, damit ich mich in rechtem Licht erkenne. Allemal weiser, als immer dem allerneuesten Glücksrezept rastlos hinterherzuhecheln, und weiser, als den „Zeitgeist" zu meinem faktischen Gott zu küren und ihm zu dienen. Auch die Weisheiten der „Sprüche" sollten uns hier und da Gottes Wort werden.

Gebet (Lied aus dem Evangelischen Gesangbuch Baden, Nr. 662):

Schenk uns Weisheit, schenk uns Mut,
für die Ängste, für die Sorgen,
für das Leben heut und morgen:
Schenk uns Weisheit, schenk uns Mut.

Schenk uns Weisheit, schenk uns Mut,
für die Wahrheit einzustehen
und die Not um uns zu sehen.
Schenk uns Weisheit, schenk uns Mut.

Schenk uns Weisheit, schenk uns Mut
für die Zeit, in der wir leben,
für die Liebe, die wir geben.
Schenk uns Weisheit, schenk uns Mut.

Schenk uns Weisheit, schenk uns Mut
für die vielen kleinen Schritte.
Gott, bleib Du in unsrer Mitte.
Schenk uns Weisheit, schenk uns Mut.

(Irmgard Spiecker 1970. © Weltgebetstag der Frauen,
Deutsches Komitee e.V., Stein)

Vom tobenden Herzen

Es geht heute um einen Satz aus dem Sprüche-Buch, den ich Ihnen in zwei Portionen serviere: zuerst den Hauptgang, dann erst die Vorspeise:

(Der Hauptgang:) Des Menschen Herz tobt wider den Herrn.

Ein tobendes Herz. Um es geschönt zu sagen: „Toben" deutet auf eine ziemlich „lebendige" Gottesbeziehung hin. So wie eine Ehe in gewisser Weise ziemlich „lebendig" ist, wenn die Tassen fliegen.

Aber: Wenn das Herz in Ihrer Brust tobt, dann fühlen Sie sich nicht gut damit. Im Gegenteil: Enttäuschung, Spannung, Zorn, Streit klingen da mit, und wohl auch große Hilflosigkeit. Trotzdem: Besser, das Herz tobt, als wenn Sie alles runterschlucken und alle Enttäuschungen mit dem Mantel falsch verstandener Liebe zudecken. Denn wenn der Kloß mit all dem Runtergeschluckten und Unverdauten zu groß ist, kann die Seele daran ersticken. Deswegen *kann* ein tobendes Herz dabei helfen, dass die Seele nicht kaputtgeht, und die Beziehung zu meinem Mitmenschen auch nicht.

Dasselbe gilt für die Beziehung zu Gott. Man nennt diese Beziehung „Glauben": Ein tobendes Herz *kann* Glauben retten. – Eine „lebendige" Gottesbeziehung ist besser als keine, auch wenn sie angespannt ist.

„Des Menschen Herz (…) tobt" besonders dann „wider den Herrn", wenn unsere Vorstellungen von einem lieben oder wenigstens gerechten, fairen Gott an der harten Realität zerschmettern. Wenn uns selbst, unsere Lieben oder hilflose und unschuldige Menschen oder Tiere Fürchterliches trifft. Wenn wir oder die anderen Schlimmes zu erleiden haben. – „Womit hab' ich das verdient?" „Wie kann Gott das zulassen?" Das sind dann die Fragen. Sie und ich, wir haben dann meistens keine gute Antwort, wenn wir ehrlich sind.
Nun aber zum eigentlich ersten Teil unseres Verses, zur „Vorspeise":

Des Menschen Torheit führt ihn in die Irre (…)

Natürlich. Stimmt. Da fallen uns Beispiele ein, wie die Torheit Leute an einen Punkt bringt, wo sie eigentlich gar nicht hin wollten. *Andere* Leute fallen uns vielleicht eher ein als wir uns selbst, ist doch klar. Toren sind *wir* ja nicht. Sondern Toren, das sind Leute, die sich ziemlich dumm anstellen – und es dann vermasseln. Die sich verrennen, die auf gute Ratschläge nicht hören, die es selbst immer besser wissen wollen. Und die dann irgendwann schon sehen, was sie davon haben.

Wenn wir nun Vorspeise und Hauptspeise zusammenfügen, dann klingt das Menü so:

Des Menschen Torheit führt ihn in die Irre, und doch tobt sein Herz wider den Herrn.
Sprüche 19,3

Die Behauptung dieses Verses lautet: Für einen *Teil* des Unglücks in der Welt tragen die Betroffenen selbst die Verantwortung – aber sie schieben sie trotzdem Gott zu! Wohlgemerkt: Das gilt nur für einen *Teil* des Unglücks, auch wenn manch einer sich das gern für *alles* Unglück so zurechtlegt, damit der Glaube an eine gerechte Welt ja keinen Knacks bekommt. Die Welt ist so lange in Ordnung, wie ich mir einreden kann: Alle, denen es schlecht geht, sind selbst schuld.

Aber es gibt wirklich auch selbst verantwortetes Unglück. Beispiel: Vor einiger Zeit hatte ich einen Fahrradunfall. Ich bin dabei mit einem Salto über den Lenker geflogen und mit dem Kopf aufgekommen. Ein Wunder, dass ich mir nicht den Schädel gebrochen habe. Aber mal angenommen, ich hätte mir tatsächlich den Schädel gebrochen. – Die Frage: „Warum hast Du, Gott, das zugelassen?" hätte da *nicht* gut gepasst. Denn es war *meine* Torheit, die mich ohne Helm radeln ließ, und es war *meine* Torheit, dass ich so mit dem Fahrrad rasen „musste". Man kann natürlich fragen, ob es „gerecht" ist, wegen solcher kleiner Nachlässigkeiten einen gebrochenen Schädel zu bekommen. Trotzdem: *Meine* Torheit wäre es gewesen, und sonst nichts und niemandes.

Sie können sicher einige Beispiele ergänzen. Es passt z.B. nicht, bei *bestimmten* gesundheitlichen Problemen *Gott* Vorwürfe zu machen, wenn *ich* vorher munter geraucht, mich falsch ernährt, mich wenig bewegt und mir nie Ruhe gegönnt habe. Oder: Wenn mir Menschen übel mitspielen, die ich mir selbst als Freunde, Kumpanen, Partner ausgesucht habe, und die ich von vornherein besser hätte kennen können, dann passt es ebenfalls nicht, es *Gott* anzuhängen, dass es mir schlecht mit ihnen geht. Oder: Wenn mir meine Torheit einredet, dass alles Glück der Erde *allein* an meiner Arbeit, an meiner Fitness, an meinen tollen Kindern, an meinem super Ruf, am Ersparten oder, oder hängt, und wenn ich dann damit scheitere oder wenn ich *trotz* Erfolg innerlich leer bin und mein Leben als sinnlos empfinde – ja, ist denn dann *Gott* daran schuld? Oder: Wenn ich meine, ich müsste eine berufliche Prüfung schon deswegen bestehen, weil ich so ein lieber Kerl bin oder ein Naturtalent, ist dann wirklich *Gott* daran schuld, wenn ich durchfalle? Nicht eher meine Faulheit beim Üben?

Nun könnten Sie allerdings sagen: „Meine Torheit – schön und gut. Aber da kann ich doch nichts für! Gott hat mich schließlich so gemacht, mein Elternhaus hat mich so geformt, meine Jugendfreunde haben mich auf falsche Bahnen gelockt, meine Erfolge sind mir zu Kopf gestiegen ..."

Klar, so könnten Sie sprechen. Es ist da ja auch an all dem etwas dran. Und trotzdem: Sie schieben die Verantwortung ab. Nicht einmal für Ihre eigene Torheit tragen Sie dann die Verantwortung. Das ist eben so verführerisch praktisch am tobenden Herzen: Wenn das Herz *ausschließlich* gegen Gott, gegen die Gesellschaft, gegen die bösen Mitmenschen, gegen die Erbanlagen, gegen die Rechten, die Linken oder sonst wen tobt, *dann sind Sie selbst nie verantwortlich!*

Ihr Preis für diese so praktische, so entlastende Verantwortungs-Losigkeit ist allerdings: Sie übernehmen dann auch für Ihre *Zukunft* keine Verantwortung! Sie oder ich könnten also weiter ohne Helm radeln, rauchen, uns nicht bewegen, schlechte Gesellschaft pflegen, einseitigen Lebenszielen hinterherlaufen und vor Prüfungen schicksalergeben die Hände in den Schoß legen. Schließlich können wir ja nichts dafür, dass wir so sind, und dann können wir auch nichts für die Folgen ...

Nun ist unser Vers aber mehr als eine Schelte an die Adresse der Toren, also an uns. Wir dürfen ihn auch als Aufforderung lesen, *nicht* mehr so töricht zu sein, alle Verantwortung überall zu sehen, nur eben nicht bei uns selbst. Und das kann sehr konstruktiv sein. Etwas, was uns hilft, besser mit dem Leben zurechtzukommen:

- Verantwortung zu übernehmen, das heißt dann, manchmal anzuerkennen: *Ich* habe die Sache in den Sand gesetzt. Und *ich* habe nun auch die Verantwortung, das unter diesen Umständen Beste daraus zu machen.
- Ich muss meine Beziehung zu meinen Mitmenschen oder zu Gott nicht mehr durch falsche, überzogene oder an den Haaren herbeigezogene Vorwürfe belasten. Stattdessen kann ich manches wieder in Ordnung bringen, wenn ich sage, was *ich* falsch gemacht habe. Und um Entschuldigung bitten, wo ich andere mit hineingezogen habe in die Folgen meiner Torheit.
- Auch das Unglück, das ich selbst verursacht habe, darf ich immer noch Gott klagen. Ich darf ihn auch um seine Hilfe bitten, da wieder herauszukommen. Mein Herz muss dann allerdings nicht mehr gegen ihn toben, zumindest in dieser speziellen Angelegenheit ...

- Bei eigenem und bei fremdem Leid sollten außer der Frage „Warum lässt Gott das zu?" auch die Fragen gestattet sein: „Warum lasse *ich* das zu?" „Warum passiert *mir* das immer wieder?" „Warum habe *ich* dabei mitgemacht?" – Machen Sie aus diesen Fragen aber *nicht* eine Selbst-Anklage, lassen Sie Ihr Herz *nicht* endlos gegen sich selbst toben, sondern sorgen Sie dafür, dass es demnächst anders läuft, sofern irgend möglich!
- Bitten Sie Gott, dass er Ihnen Ihre Torheit nimmt! Bitten Sie ihn um *Weisheit!*
- Und wenn das, wofür ich die Verantwortung trage, einfach zu schlimm ist? Wenn ich meine Schuld nie wieder gutmachen kann? – Christen glauben an einen Gott, der mir auch das vergeben kann, was ich selbst unverzeihlich finde. Darum darf ich Gott bitten. Und diese Vergebung darf ich mir zusprechen lassen. Darum: Wer auf Gott baut, kann besser in den Spiegel gucken – und kann es sich leisten, Selbst-Verantwortung zu übernehmen!

Übrigens habe ich mir dann *doch* einen Fahrradhelm gekauft …

Gebet:

Gott, ich möchte von Deiner Liebe leben. Ich möchte ehrlich sein zu mir selbst und ehrlicher zu anderen. Ich möchte nicht alle Verantwortung abwälzen. Schenke mir die Weisheit, meine Verantwortung für mich, für meine Mitmenschen, für Deine Welt wahrzunehmen. Und die Gewissheit, dass Deine Liebe größer ist als meine Torheit und meine Schuld! Amen.

„Iss dein Brot mit Freuden!"

Manchmal rate ich Leuten von der Bibel ab. Jedenfalls von *Teilen* der Bibel. Einem depressiven Menschen z.B empfehle ich nicht, das Buch „Prediger" (oder: Kohelet) von vorn bis hinten zu lesen. Denn der Weisheitslehrer, der dort (vielleicht im 3. oder 4. Jahrhundert vor Christus) schreibt, ist *Skeptiker:* Er stellt die optimistische, positive Sicht auf das Leben und auf die Welt gründlich in Frage. Alles ist der Vergänglichkeit unterworfen, alles ist nichtig, eitel, sinnlos. Gott ist allmächtig – ja. Aber seine Ordnung und den guten Sinn hinter allem, die kann der Mensch nicht erkennen. Gott, er erscheint sowieso weit weg und unnahbar, die Menschen hat er irgendwie alleingelassen.

Wahrscheinlich haben Sie irgendwann mal genauso empfunden. Oder Sie tun das gerade jetzt: Die Welt, das Leben, die Zukunft – alles schwarz in schwarz. Und Gott scheint ganz weit weg zu sein. Der unruhige Geist kann nichts anderes mehr denken, und er redet sich dann noch ein, man könne doch generell redlicherweise gar nicht anders denken und empfinden.

Und doch: Bei unserem Weisheitslehrer bricht das Positive immer wieder durch, und zwar in dem Rat: „Erfreue Dich *heute* an dem, was Gott Dir Gutes gegeben hat!" Ein Beispiel:

> Geh hin und iss dein Brot mit Freuden, trink deinen Wein mit gutem Mut; denn dies dein Tun hat Gott schon längst gefallen. Lass deine Kleider immer weiß sein und lass deinem Haupte Salbe nicht mangeln. Genieße das Leben mit deiner Frau, die du lieb hast, solange du das eitle Leben hast, das dir Gott unter der Sonne gegeben hat; denn das ist dein Teil am Leben und bei deiner Mühe, mit der du dich mühst unter der Sonne. Alles, was dir vor die Hände kommt, es zu tun mit deiner Kraft, das tu!
> Prediger 9,7–10a

Solche Worte können vielleicht *gerade* in Verzweiflung und Depression helfen – wenn sie denn ankommen. Um die Spirale des zermürbenden Grübelns abzubrechen, die sowieso nichts besser macht, sondern alles nur noch schlimmer. Solche Worte können helfen, die großen Welt-, Zukunfts- und Lebensfragen ganz außen vor zu lassen, sie sich zu verbieten und sich ganz auf das „Heute" zu konzentrieren. Bewusst zu erleben, was Gott mir *heute* schenkt. Übrigens: Manche Therapie-Schule tut es heute unserem Weisheitslehrer gleich und lenkt die Aufmerksamkeit weg von der unabänderlichen Vergangenheit und der finster erscheinenden Zukunft, ganz auf das „jetzt und hier". Oder die Achtsamkeits- und Genuss-Gruppen, die es zunehmend in psychiatrischen Kliniken gibt und die dabei helfen, überhaupt mal wieder mit allen Sinnen positiv zu *spüren* und zu *erleben.*

„Mit Freude essen, vergnügt Wein trinken, schöne Sachen tragen, duftende Körperpflege, lustvolle Partnerschaft, kraftvolles Anpacken – warum muss einem der Weisheitslehrer das eigentlich noch sagen, wo es doch auf der Hand liegt, dass das gut ist und guttut?" – Wenn Sie so fragen, brauchen Sie an dieser Stelle gar nicht mehr weiterzulesen, denn Sie haben es begriffen. Aber viele Leute tun sich schwer damit – Sie vielleicht auch. Hier ein paar *Einwände gegen solchen Lebens-Frohsinn.* Überlegen Sie doch beim Lesen mal: „Wo ist was dran? Und welchen Einwand könnte *ich* am ehesten unterschreiben?"

1. „Nein, sondern Bescheidenheit ist angesagt! Sonst endet das in Fress-Sucht, Alkoholismus, Konsumzwang, Modewahn, Eitelkeit, Sex-Sucht und purem Aktionismus!"
2. „Alles, was schön ist und Spaß macht, kostet immer gleich Geld. Und das habe ich nicht!"
3. „Ich möchte mal auf meinem Grabstein den Spruch haben: ‚Nur Müh' und Arbeit war dein Leben, / du dachtest nie an dich. / Nur für die Deinen streben, / hieltst du für deine Pflicht …' – Da kann es doch nicht sein, dass ich es mir einfach nur gutgehen lasse!"
4. „Solange es Menschen oder Tiere auf der Welt gibt, die unter erbärmlichen Bedingungen vegetieren müssen, darf ich doch nicht einfach so unbekümmert genießen!"
5. „Das habe ich doch alles gar nicht verdient! Um so zu leben, dazu bin ich doch viel zu schlecht / zu schuldig / zu faul / zu unfähig / zu minderwertig – oder was auch immer!"

Und? Haben Sie die ein oder zwei Punkte gefunden, die am ehesten „Ihre" sind? Wenn nein, schauen Sie die Liste ruhig noch mal durch – oder ergänzen Sie *Ihren* fehlenden Punkt!
Nun meine *Entgegnungen:*
1. *Genießen oder Bescheidenheit?* – Das ist die *falsche* Alternative. *Natürlich* kann man alles übertreiben, und ich glaube auch: Unsere Gesellschaft krankt daran, dass man *„intensiv* erleben" durch *„maßlos viel und oft"* ersetzt, dabei tausend Süchte entwickelt und innerlich leer und unausgefüllt bleibt. Aber andererseits: Was für ein riesiger Lebenshunger muss dahinterstehen, dass

man selbst bei kleinen Freuden und „ganz normalem Genuss" die Sorge hat, dass das gleich in Maßlosigkeit und Exzesse umschlagen muss!?

2. *Das Kosten-Argument:* Es stimmt: Viele schöne Dinge kosten Geld. Und wer z.B. Hartz IV bekommt, hat es nicht. Aber: Lassen Sie sich nicht vom Zeitgeist erzählen, dass *alles* Schöne viel kostet. Man kann auch außerhalb des Fitness-Studios Sport treiben, es gibt auch schöne Kleidung ohne kostenträchtige Markensymbole, einen netten Kino-Abend können Sie sich – näherungsweise – auch zu Hause „in der ersten Reihe" machen, und eine Partnerschaft, die sich vor allem durch Kostspieligkeit auszeichnet, ist sowieso nicht das Wahre. Übrigens spricht unser Weisheitslehrer vom *Brot,* das man mit Freude essen soll, nicht von Kaviar. Manchmal kommt es nicht darauf an, *was* man genießt, sondern *wie* man es genießt.

3. *Der Grabstein mit „nur Müh' und Arbeit …":* Wer in dieser Weise „nur für die Seinen strebt", verfehlt nicht nur sein von Gott geschenktes Leben, sondern der verzieht und verdirbt auch „die Seinen". Der erzieht „die Seinen" nämlich zu undankbaren Paschas ohne Verantwortungsgefühl für das eigene Leben oder gar für andere. Und wer sich für so viel falscher Aufopferungsbereitschaft und falscher Demut Dankbarkeit oder gar Folgsamkeit erhofft, wird sowieso enttäuscht und endet verbittert, verbiestert und gekränkt. Schon lange bevor der Grabstein kommt mit seiner schönen Aufschrift.

4. *Das Argument, dass es allen anderen erst gutgehen muss:* Diesem Einwand sah sich schon Jesus ausgesetzt, als ihm eine Frau das Haupt mit kostbarem Öl salbte – kurz vor seiner Gefangennahme, Folter und Hinrichtung. Der Vorwurf: Man hätte das schöne Geld auch den Armen spenden können. Aber Jesus nimmt die „Verschwenderin" ausdrücklich in Schutz. Ich will damit überhaupt nicht der Prasserei das Wort reden. Aber man kann es auch mit dem rigorosen Verzicht übertreiben. – Erst recht, wenn Notleidende anderswo von meinem Verzicht, meinem Trübsinn und meiner Selbstkasteiung null komma nichts profitieren. Dann vergrößere ich nämlich nur das Leid in der Welt, statt es zu verkleinern.

5. *Das „Ich-hab's-nicht-verdient"-Argument:* Das ist nun ein zutiefst unchristliches Argument, selbst wenn es in frommem Gewand daherkommt. Denn bei Gott können Sie sowieso nichts verdienen, da können Sie nur dankbar in Empfang nehmen. Und weil Gott von Herzen liebevoll und barmherzig ist, zählen vor ihm *nicht* Ihre Defizite und die vermeintlichen oder tatsächlichen Schlechtigkeiten, sondern einzig und allein seine Liebe. Also warten Sie nicht mit dem Das-Leben-Genießen, bis Sie meinen, vor Gott oder den Menschen groß etwas vorweisen zu können!

Es kann Zeiten geben, da erscheint Gott *nicht* liebend-nah, sondern weit weg. Da ist er Ihnen nicht mehr als der Vater Jesu Christi spürbar, sondern da ist Gott Ihnen in seiner Unendlichkeit fremd und fern. Aber auch dann, so lernen wir beim „Prediger", gilt: Es ist Gottes ausdrücklicher Wille, dass Sie *Freude empfinden* und *genießen* – und zwar die „ganz weltlichen" Dinge. *Heute.* „Denn das ist dein Teil am Leben und bei deiner Mühe, mit der du dich mühst unter der Sonne."

Gebet (ein „Kindergebet" aus dem Evangelischen Gesangbuch Baden, Nr. 820):

Lieber Gott, ich danke Dir, dass ich leben darf,
dass ich Augen zum Sehen und Ohren zum Hören habe,
dass ich sprechen kann und nachdenken,
dass ich Hände und Füße habe
und dass ich nicht allein bin.
Du hast mir alles gegeben. Ich danke Dir und freue mich.
Amen.

Liebe und Leidenschaft

Liebe ist stark wie der Tod
und Leidenschaft unwiderstehlich wie das Totenreich.
Ihre Glut ist feurig und eine Flamme des Herrn,
so dass auch viele Wasser die Liebe nicht auslöschen
und Ströme sie nicht ertränken können.
Wenn einer alles Gut in seinem Hause um die Liebe geben wollte,
so könnte das alles nicht genügen.
Hohelied 8,6–7

Zwei Verse aus dem „Hohenlied", oder, besser übersetzt, aus dem „Lied der Lieder". In diesem Buch der Bibel finden Sie etwa zweieinhalb Jahrtausende alte *Liebeslieder*. Sie strotzen vor Liebe, Leidenschaft, erotischen Vergleichen und Szenen. Und zwar pur. Keine Spur von Belehrung, Reglementierung, erhobenem Zeigefinger.

Dass Sie diese lustvollen Liebeslieder in der Bibel finden, beweist unwiderleglich: Es gibt Wunder Gottes. Denn das „Lied der Lieder" hat es nur *deswegen* in die jüdische und dann in die christliche Bibel geschafft, weil man über Jahrhunderte hinweg meinte: Diese Lieder sind „nur" ein *Bild*. Ein Bild für die Beziehung Gottes zu seinem Volk oder die Beziehung Christi zu seiner Gemeinde oder zur einzelnen Seele. Klar, so darf man das sehen. Aber *eigentlich* geht es um das, was da schwarz auf weiß steht: die Liebe zwischen Mann und Frau. Und *eigentlich* muss das auch jeder unvoreingenommene Leser und jede Leserin merken. Gut, dass Gott diese Erkenntnis bestimmten klugen Leuten vorenthalten hat, sonst wäre die Bibel um dieses Buch ärmer.

Nur einmal kommt im „Lieder der Lieder" Gott ausdrücklich vor – in unserem Abschnitt nämlich: Die „Glut" der „Leidenschaft" ist „feurig und eine Flamme des Herrn". Mit dem „Herrn" ist Gott gemeint. Die Bilder von Glut und Flamme verstehen wir auch heute: „Für etwas glühen", für jemanden „Feuer und Flamme sein", „sich nach jemandem verzehren". Wo es so brennt und so heiß hergeht, kann man natürlich „dahinschmelzen". Früher sagte man auch: „In Liebe entflammt sein". Und wer die Nähe zu jemandem sucht, von dem er sich besser fernhalten sollte, „spielt mit dem Feuer" – und verbrennt sich schlussendlich den Pelz.

Mit der *anderen* Seite dieses Feuerwerks von Liebe und Leidenschaft werden Sie vermutlich auch schon Erfahrung haben: Sich den Mund oder die Finger verbrennen, ausgebrannt sein, sich wie Asche fühlen, innerlich erloschen sein. Liebe als Flächenbrand oder als Strohfeuer.

Aber ist denn Liebe wirklich „stark wie der Tod", ist „Leidenschaft unwiderstehlich wie das Totenreich"? Um diese *Unausweichlichkeit* geht es ja in diesen Bildern, denn um den Tod komme ich ja auf Dauer nicht herum, das Totenreich kann ich nicht überspringen. Sind Liebe und Leidenschaft wirklich so unvermeidlich wie der Tod? Sind Sie da genauso ausgeliefert? Einerseits: *Ja.* Wenn Sie sozusagen mittendrin stecken, wenn Sie Feuer und Flamme sind. Das wird besonders deutlich, wenn es eine Liebesflamme ist, von der Sie eigentlich finden: „Die passt jetzt nicht, die sollte nicht sein, da kommt nichts Gutes dabei heraus!" Trotzdem: Mensch steht da nicht einfach drüber, es ist schwer, mit den Gefühlen, mit den Gedanken und mit den Füßen auf Abstand zu gehen. Manche kriegen das gar nicht hin oder *wollen* es erst gar nicht hinkriegen.

Andererseits: *Nein.* Liebe und Leidenschaft *sind* vermeidbar, und für viele Menschen ist diese Vermeidung geradezu ein trauriges Lebensprogramm: Lieblos und leidenschaftslos, ohne innere Beteiligung durch das Leben zu stolpern. Gerade, wo es um Kontakt, Vertrauen, Sich-Öffnen, Freundschaft zu anderen Menschen geht.

Freundschaft im Allgemeinen und Liebe im Speziellen vermeidet man da am ehesten, wo die *Angst* größer ist, wo die *Angst* den Rückzug verordnet: Angst vor Enttäuschung, vor Ablehnung, vor Zurückweisung. Angst vor schnöder Normalität. Dass das Feuer *doch* erlischt. Angst vor Leistungsdruck und Streit. Angst, dass ein Freund oder geliebter Mensch irgendwann auch wieder geht, und sei es durch den Tod. Kurz gesagt: *Vermeidung* von wirklichem Leben aus Angst *vor* dem Leben.

Und was hat *Gott* mit dieser Glut der Leidenschaft zu tun? Unser „Lied der Lieder" nimmt den Mund sehr voll: Diese Leidenschaft *ist* eine Flamme Gottes!

Ich glaube, das dürfen wir über die erotische Liebe hinaus auf fast alles beziehen, was Menschen mit Lust und Leidenschaft tun: Sport treiben, singen, musizieren, lesen, sich für andere Menschen in nah oder auch fern einsetzen, Politik betreiben, lecker essen und trinken, spielen, arbeiten, Briefmarken sortieren, mit dem Hund spazieren gehen, einen spannenden Krimi gucken, feiern, alte Fotos anschauen, im Garten die Beete fertig machen, mit den Kindern auf den Spielplatz gehen, bügeln, aufräumen … Alles Dinge, die mit Liebe, Lust, Leidenschaft und ganz viel Hingabe getan werden – *können*. Zugleich sind das aber auch Dinge, die ich als lästige Pflicht, als zusätzliche Belastung betrachten *kann*. Dann passiert das eben lustlos, ich quäle mich durch und frage mich am Ende des Tages, wo ich *selbst* bei all dem geblieben bin. Dann ist nichts mehr mit „Liebe stark wie der Tod", dann ist die Leidenschaft als „Flamme des Herrn" eben doch erloschen.

Liebe – stark wie der Tod, Leidenschaft – eine Flamme des Herrn. So viel Leben ist in Gott und alles Leben gründet in Gott. Natürlich: Nicht alles, was ich mit Liebe, Leidenschaft und Hingabe tue, ist deswegen göttlich, und auch der Teufel nutzt gelegentlich die Begeisterungsfähigkeit des Menschen für seine Zwecke. Leidenschaft *kann* auch mal verkehrt sein – wenn ihr Ziel dem Leben schadet. Aber: *Keine* Leidenschaft, das ist *immer* verkehrt. Auch wenn ich den Begriff der „Sieben Todsünden" nicht mag – eine davon ist die *„Acedia"*, die Trägheit des Herzens und des Geistes, Faulheit, Überdruss, Feigheit und Trübsinn. All das bringt es auf den Punkt, was „Leidenschaftslosigkeit" bedeutet.

Aber was, wenn Sie in der Acedia gefangen sind? Da ist guter Rat teuer, mit aufmunternden Appellen ist es nicht getan. Es können auch sehr unterschiedliche Dinge dahinterstecken. Mal einfach nur Bequemlichkeit, mal große Enttäuschungen, mal Einschränkungen der körperlichen oder geistigen Möglichkeiten, mal eine handfeste Depression.

Also: Die Flamme der Leidenschaft zum Leben können Sie nicht „machen". Und in der Pfingstgeschichte haben sich die zunächst so stillen, verängstigen Jünger die Flamme des Heiligen Geistes auch nicht selbst aufgesetzt. Aber zumindest eines sollten Sie *nicht:* sich Ihre Acedia im stillen Kämmerlein bei geschlossenen Vorhängen schönreden, sich die gefühlte Sinnlosigkeit des Lebens zu einer göttlichen Erkenntnis verklären und Ihre Teilnahmslosigkeit zu einer Tugend machen. Und: Wenn Sie Feuer fangen wollen an der göttlichen Flamme der Leidenschaft, dann müssen Sie sich schon auf den Weg machen zu Stellen, wo diese Flamme lodert, wo das Leben ist und sein Schöpfer. Und dieses „Sich auf den Weg machen" fängt meistens ganz praktisch damit an, sich die Schuhe anzuziehen und die Haustür zu schließen. Von außen.

Gebet (aus dem Evangelischen Gesangbuch, Nr. 495, 2):

Gib, dass ich tu mit Fleiß, was mir zu tun gebühret,
wozu mich Dein Befehl in meinem Stande führet.
Gib, dass ich's tue bald, zu der Zeit, da ich's soll,
und wenn ich's tu, so gib, dass es gerate wohl! Amen.
(Johannes Heermann 1630)

Die Wahrheit und die verdrehenden Wörter

Wenn Sie Nachrichten hören oder lesen, begegnen Sie ihm schon seit längerem: dem *„Klimawandel"*. Es geht um die von Menschen gemachte weltweite Erhöhung der Temperatur, und als Folge davon: Abschmelzen der Polkappen, Ansteigen des Meeresspiegels, Stürme, Unwetter, Trockenperioden und Dürren, krasse Folgen für Flora und Fauna. Da gibt es ja nun schon genug Anschauungsmaterial. Vielen Experten und interessierten Laien ist das schon seit Jahrzehnten klar. Aber jetzt *merkt* man es eben auch allmählich …

Mir ist dabei ein winziges Detail aufgefallen: Was heute „Klimawandel" heißt, hieß früher in den Prognosen noch *„Klimakatastrophe"*. Von der „Katastrophe" zum „Wandel" – wunderbar! „Wandel" klingt so schön positiv: Früher in der Ostpolitik der Slogan „Wandel durch Annäherung". Ein altertümliches Wort für „Spazieren" war „Lustwandeln". Und in der katholischen Kirche ist die „Wandlung" geradezu etwas Heiliges! – Nun haben wir also den „Klima-*Wandel"*. Man kann eben durch Worte ganz schön viel ganz schön schönreden – oder jedenfalls nicht so schlimm.

Das Schönreden ist uralt und üblich. Die Nazis haben verlorene Schlachten mit „Frontbegradigung" betitelt – bis es nichts mehr zu begradigen gab. Oder vergleichen Sie mal, wie unterschiedlich heutzutage die Regierungsparteien und die Oppositionsparteien neue Pläne oder neue Gesetze *benennen* und charakterisieren! Ganz ähnlich auch vor Gericht: Wenn Sie als Angeklagter oder Ihr Anwalt überzeugend „schöne" Worte für einen schlimmen Sachverhalt finden, kommen Sie mit Freispruch oder Bewährung davon. Und wenn Ihnen die Sprechstundenhilfe sagt, dass es „einen Moment dauern kann", wissen Sie: Unter einer Stunde kommen Sie nicht weg.

Der Haken ist nur: Eine schlechte Sache bleibt nicht nur schlecht, wenn man sie schönredet, sie wird sogar noch schlechter, weil keiner was dagegen unternimmt. Ein paar uralte Sätze des Propheten Jesaja holen uns da zurück zur – manchmal unbequemen – Wahrheit:

Weh denen, die das Unrecht herbeiziehen mit Stricken der Lüge und die Sünde mit Wagenseilen (…) Weh denen, die Böses gut und Gutes böse nennen, die aus Finsternis Licht und aus Licht Finsternis machen, die aus sauer süß und aus süß sauer machen! Weh denen, die weise sind in ihren eigenen Augen und halten sich selbst für klug! Weh denen, die den Schuldigen gerecht sprechen für Ge-

schenke und das Recht nehmen denen, die im Recht sind! Darum, wie des Feuers Flamme Stroh verzehrt und Stoppeln vergehen in der Flamme, so wird ihre Wurzel verfaulen und ihre Blüte auffliegen wie Staub. Denn sie verachten die Weisung des Herrn Zebaoth und lästern die Rede des Heiligen Israels.
Jesaja 5,18–25

Wahre, harte, mutige Worte gegen die Schönredner und verbalen Wirklichkeitsverkehrer. Irgendwann fliegt der Zauber auf. Deswegen: Wer so die Dinge auf den Kopf stellt, wendet sich gegen Gott selbst. Der sägt die Wurzel des Lebens selbst an: „Sie verachten die Weisung des Herrn Zebaoth und lästern die Rede des Heiligen Israels." Das kann nicht gutgehen.

Die Weisung Gottes durch geschickte Formulierungen missachten – ich möchte das an ein paar Beispielen aus den Zehn Geboten deutlich machen, die ja im Kern über die Christen und Juden hinaus eine Art moralischen Grundkonsens darstellen. Also: Wie kann man durch geschickte Formulierungen die Zehn Gebote aushebeln?

- *„Du sollst den Feiertag heiligen":* Der „Feiertag" wie der „Feierabend" werden immer weiter aufgeweicht – durch geänderte Ladenöffnungszeiten, Ausnahmen für Sonn- und Feiertage, häufige Ausnahmen für Sonntagsfahrverbote der LKW usw. Das schöne Wort dazu ist die *„Freiheit"* – der freie Bürger, der freie Konsument und Verbraucher. Die Folge: Das Bewusstsein eines deutlichen Wechsels zwischen Arbeit und Muße, zwischen All-Tag und Feier-Tag schwindet. Und in Familien wie unter Freunden gibt es immer weniger *gemeinsame* freie Zeit. Der Mensch, einst nach Gottes Bild geschaffen, wird immer mehr auf einen Wirtschaftsfaktor reduziert. – Ist das „Freiheit"?

- *„Du sollst deinen Vater und deine Mutter ehren!":* Alte Menschen brauchen bei Krankheit und Gebrechlichkeit Unterstützung. – Wie dankt unsere „Leistungsgesellschaft" der älteren Generation ihre Vorarbeit? Man spricht von „Versorgung" – und meint Verwahrung. Und die persönliche Ebene? Da gibt es ja nicht nur die – oftmals gebotene – Abgrenzung oder Verweigerung der Jüngeren. Da gibt es auch – unter den Stichwörtern „Selbstverwirklichung" und „mein eigenes Leben leben" – Leute, die pauschal und ohne Not *jedes* persönliche Engagement, *jede* Unterstützung, *jeden* Respekt verweigern.

- *„Du sollst nicht töten!"* – Hitler schrieb in seinem „Euthanasie"-Erlass von „Gnadentod". Schon das Wort „Euthanasie" selbst ist geschönt: Es bedeutet „guter Tod". Im Krieg werden Gegner „neutralisiert", der Tod von Zivilisten heißt „Kollateralschaden". Wie schön!

- *„Du sollst nicht ehebrechen!":* Gemeint ist das Fremdgehen. Jesus hat dazu feinsinnig bemerkt, dass das Fremdgehen nicht im Bett, sondern im Kopf anfängt. Fremdgehen kann gleichermaßer Ausdruck wie Ursache einer Beziehungsstörung sein. Fremdgehen schafft Leid – und zwar früher oder später oft für *alle* drei bis vier Beteiligten, Kinder noch gar nicht mitgerechnet. Das geschönte Wort lautet: „Seitensprung". – Klingt sogar noch schwungvoll und dynamisch. Noch schöner geredet: „Ich habe meine Bedürfnisse!" oder „Wir lassen uns da unsere Freiheit!" – Schon wieder „Freiheit". Die „Freiheit" des einen ist dann die Verpflichtung des anderen, nicht mal verletzt und gekränkt sein zu dürfen, weil man ja sonst als spießig gilt.

- *„Du sollst nicht stehlen!":* Verbale Verschönerungen sind: „mitgehen lassen", „klauen", „es trifft ja keinen Armen!". Und im Zeitalter der Globalisierung: Wenn Waren so günstig sind, weil andernorts die Arbeiterinnen und Arbeiter ausgepresst werden, heißt dieser Diebstahl an der Leistung anderer „ein Schnäppchen machen".

- *„Du sollst nicht falsch Zeugnis reden wider deinen Nächsten!":* Es geht darum, dass andere durch meine Aussagen an Leib oder Seele, an Hab und Gut geschädigt werden. Geschönt sagt man: „tratschen"; „ein bisschen ablästern"; „Dampf ablassen"; „etwas anvertrauen"; „mal ganz offen sein", „einfach mal darüber reden müssen".

- *„Du sollst nicht begehren deines Nächsten Haus, Weib, Knecht, Magd, Vieh noch alles, was sein ist!"* Es geht um Neid. Der Begriff, der hier gern missbraucht wird, ist die „Gerechtigkeit": Ein neidischer Mensch vergleicht sich grundsätzlich nur mit solchen Leuten, denen es (äußerlich und in einzelnen Punkten) besser geht. Er findet es *ungerecht*, dass die anderen unverdient mehr haben oder mehr sind, während man *selbst* es doch verdient hätte, mehr zu haben oder zu sein. Dem Neider kommt es nicht in den Sinn, selbst unverdient manches zu haben oder zu sein oder sich an Erfolgen anderer mitzufreuen. Man selbst wird ungerecht von den Menschen, vom Leben, vom Schicksal, von Gott behandelt. Immer. So eine böse Welt!

Schlimme Dinge werden nicht besser durch schöne Worte. Im Gegenteil: Schöne Worte manchen schlimme Dinge nur noch schlimmer, weil niemand dem Schlimmen Einhalt gebietet. Gott will, dass wir uns nicht einlullen lassen. Er will, dass wir klar sehen und Klartext reden. Und ehrlich sind. *Vor allem:* uns selbst gegenüber. Nur so gehen Umkehr und Neuanfang.

Gebet (nach dem Evangelischen Gesangbuch, Nr. 473, 3):

Dein Wort ist wahr und trüget nicht
und hält gewiss, was es verspricht,
im Tod und auch im Leben.
Du bist nun mein
und ich bin Dein,
Dir hab ich mich ergeben.
Amen.
(Johannes Eccard 1598)

Im Dunkel der Angst

Der heutige Bibeltext führt uns in eine Situation, in der es für die Menschen eines ganzen Landes verflixt eng wird: Der Staat Juda mit seiner Hauptstadt Jerusalem ist bedroht. Einerseits ist da die Großmacht Assyrien. Die Assyrer fordern Unterwerfung und Tributzahlungen. Andererseits sind da mehrere benachbarte Staaten, die den Aufstand gegen die Assyrer proben. Diese Nachbarstaaten wollen Juda mit in ihr Bündnis gegen die Assyrer zwingen – und zwar mit Krieg.

Da sitzen sie nun in der Zwickmühle, befinden sich im Krieg. Was tun? Die Assyrer zu Hilfe holen? Oder sich doch noch auf die Koalition gegen die Assyrer einlassen? Die einen reden so, die anderen so. König Ahas zittert um seine Macht – und um sein Leben. Er will die Assyrer um Hilfe rufen – auch um den Preis der völligen Unterwerfung.

Einer wählt von den zwei Möglichkeiten die *dritte*: der Prophet Jesaja. Er ruft die Leute auf, still zu halten und nicht nachzugeben. Nicht in die eine *noch* in die andere Richtung. Denn die feurigen Angreifer sind eigentlich nur noch rauchende Brandscheite. Stattdessen schreibt Jesaja speziell König Ahas ins Stammbuch: Du sollst dich nicht von deiner Angst leiten lassen, nicht von dem offensichtlichen Schreckensszenario. Du sollst *Gott* vertrauen, nicht den Assyrern. „Glaubt ihr nicht, so bleibt ihr nicht!" Übrigens wird König Ahas *nicht* auf Jesaja hören. Nicht jede Geschichte hat eben ein Happy End.

Gerade in Zeiten der Bedrohung stehen Gottes Propheten nicht besonders hoch im Kurs. Man sucht sich andere, verlässlichere Informationsquellen und Ratgeber; Zeichen; Großredner, die so etwas wie ein letzter Strohhalm sind, an dem man sich festhalten kann. Not lehrt eben *nicht* immer Beten und die Augen aufzumachen. Not lehrt auch Fluchen, und die Augen lassen sich leicht von Mummenschanz bannen und blenden. Oder sie lassen sich einfach verschließen. Davon handelt unser Text, in dem Jesaja zu den wenigen Menschen spricht, die auf ihn hören:

> Wenn die Leute aber zu euch sagen: Ihr müsst die Totengeister und Beschwörer befragen, die da flüstern und murmeln, so sprecht: Soll nicht ein Volk seinen Gott befragen? Oder soll man für Lebendige die Toten befragen?
> Hin zur Weisung und hin zur Offenbarung! Werden sie das nicht sagen, so wird ihnen kein Morgenrot scheinen, sondern sie werden

im Lande umhergehen, hart geschlagen und hungrig. Und wenn sie Hunger leiden, werden sie zürnen und fluchen ihrem König und ihrem Gott, und sie werden über sich blicken und unter sich die Erde ansehen und nichts finden als Trübsal und Finsternis. Denn sie sind im Dunkel der Angst und gehen irre im Finstern.
Jesaja 8,19–22

Wen fragen in der Not? Jesaja hat mit okkulten Mächten, Totenbeschwörung und Wahrsagerei nichts am Hut. Er interessiert sich nicht für Sternkreiszeichen und Horoskope. Wir könnten ergänzen: Er würde wohl auch nicht ausschließlich den Jerusalemer Anzeiger lesen – mit den regierungsamtlichen Verlautbarungen. Er würde sein Herz nicht nur an die Arbeitsmarktzahlen aus Nürnberg und an die Prognose der fünf Wirtschaftsweisen hängen. Er würde seine Zukunftserwartungen nicht an den internationalen Terrorismus heften. Er würde seinen einzigen Trost im Leben und im Sterben sicher nicht von der Diagnose und den Schlussfolgerungen eines Arztes abhängig machen.

„Soll nicht ein Volk seinen Gott befragen?" Jesaja ist Beter. Er sieht seine eigene Zukunft, die seines Volkes und seiner Welt bei Gott. Und er hat für sich nicht den Anspruch, alles zu wissen. Nur so kann ihm von zwei Möglichkeiten die dritte, einzig richtige, aufgehen. Die, die Gott ihm zeigt.

„Hin zur Weisung, hin zur Offenbarung!" Der Gott Jesajas ist keiner, der sich dauerhaft versteckt. Sein Gott zeigt sich. Und er gibt Weisung. Jedenfalls denen, die ihn suchen, die ernsthaft nach ihm fragen. Die bereit sind, sich verunsichern zu lassen. Sich womöglich auf neue, ganz andere Fährten setzen zu lassen.

Und die anderen? Die ihre Zukunfts- und Lebensperspektiven lieber aus anderen Quellen beziehen? Oder die sich darin ergehen, ihr persönliches Schreckensszenario selbst zu entwerfen? Jesaja hat da keine tröstenden Worte: Er sieht vor sich Menschen, die umherirren. Die kein Licht am Ende des Tunnels sehen. Die nach Leben hungern, aber es nicht finden. Die mit ihrem Gott hadern, der das ja schließlich alles verursacht hat. Wo sie auch hinsehen: Trübsal und Finsternis. Das Dunkel ist ihre *Angst*. Und in dieser Dunkelheit haben sie sich verirrt und verrannt. Sie denken, das Dunkel ist um sie herum, aber es ist in ihnen drin.

Mal Hand auf's Herz: Zu dieser Sorte trostloser Mensch gehören Sie und ich doch auch gelegentlich, oder? Wie die Menschen damals nehmen wir dann unsere Angst-Szenerie für bare Münze. Vor allem: Wir sind dann so überzeugt: Dieses finstere Leben und diese finstere Zukunft, das ist dann das letzte Wort, das Endgültige, was „das Schicksal", „die Mitmenschen", „die Welt" über uns zu sagen hat.

Jesaja sagt: „Soll nicht ein Volk seinen Gott befragen?" Er ruft zum Beten. Und er redet vom „Volk", also von *mehreren* Menschen, die zusammen nach Gott fragen. Nicht vom Einzel-Menschen, der sich im persönlichen Wolkenkuckucksheim in seinen religiösen Wunschphantasien oder Angstvorstellungen ergeht. – „Hin zur Weisung! Hin zur Offenbarung!" Wenn Jesaja hier „Weisung" – hebräisch: Tora – sagt, dann würde er wohl heute sagen: „Hin zur Bibel!"

Dieses Gott-*Suchen*, dafür sind wir selbst zuständig, das fällt in *unseren* Verantwortungsbereich. Das Finden *nicht* unbedingt, denn das ist Gottes Sache. Manchmal zeigt Gott Menschen aber auch Entscheidendes, ohne dass sie gesucht haben. Wenn sich das Dunkel der Angst lichtet, dann ist und bleibt das ein Geschenk. Dazu passt folgende Begegnung von heute (Tag der Niederschrift; die beteiligte Frau hat mir erlaubt, Ihnen davon zu erzählen):

Beim Tagesgebet in der Klinik-Kirche sitzt mir eine unbekannte junge Frau gegenüber. Wir singen gemeinsam, sprechen den Psalm im Wechsel, halten Gebetsstille. Später gehen wir gemeinsam hinaus. Sie zu mir: „Wie kann das eigentlich sein, dass erst 19 Jahre vergehen mussten, damit ich merke, dass das Leben ein Geschenk ist?" Ich frage sie, wie es denn dazu gekommen ist, dass sie das erkannt hat. Sie berichtet von einem Friedhofsbesuch vor drei Wochen. Da ist ihr ein Grabstein ins Auge gefallen, auf dem sinngemäß steht: Das Leben ist ein Geschenk. Seitdem ist bei ihr vieles anders: Das Leben war bisher voller tiefer Dunkelheiten. Nun sieht sie es – nicht rosarot, aber: – mit anderen Augen. Sie entdeckt nun die großen und kleinen Kostbarkeiten des Lebens, von denen sie sagt: Sie sind ganz unverdient. Zum Beispiel ihre Freunde. Ihre Quintessenz: „Nur wer die Augen verschließt, sieht nur noch Dunkelheit." Bis vor drei Wochen hatte sie die Augen verschlossen. Für diese junge Frau bleibt es ein Rätsel: Warum brauchen andere Menschen viel länger oder begreifen es womöglich nie, was für ein Geschenk das Leben ist?

Ihnen und mir wünsche ich: dass uns Gottes Offenbarung und Weisung immer wieder wie das Morgenrot aufgeht; dass uns – auch mit Wunden und Narben auf der Seele – der Lebenshunger gestillt wird; dass Gottes Licht in unsere Verirrungen fällt und das Dunkel unserer Angst erhellt!

Gebet:

Christus, Du sagst: „Ich bin das Licht der Welt. Wer zu mir gehört, der wird nicht in der Finsternis umherirren, sondern wird das Licht des Lebens haben." Ich sitze aber – mal mehr, mal weniger – im Dunkeln. Hilf mir, dass ich die Augen öffne für Dich, Du Licht der Welt. Zeige mir, wie ich mich, mein Leben, meine Welt in Deinem Licht sehen, verstehen und lieben kann!
Amen.

Nur Geduld?

Heute geht es um die Landwirtschaft: Wie bearbeitet ein eisenzeitlicher Bauer den Acker? – Sie denken, das müssen Sie nicht wissen? Stimmt. Aber Sie sollten schon wissen, wie Sie den Acker *Ihres Lebens* bearbeiten. Es gibt da Gemeinsamkeiten ...

> Hört mir gut zu, achtet auf das, was ich euch sage! Wenn ein Bauer die Aussaat vorbereitet, pflügt er dann jeden Tag seinen Acker? Zieht er immer wieder dieselben Furchen und hört nicht auf, die Schollen zu ebnen? Nicht wahr, wenn er sie geebnet hat, streut er Schwarzkümmel und Kreuzkümmel aus, sät Weizen, Hirse und Gerste auf sein Feld und Dinkel an die Ränder. Sein Wissen hat er von Gott, der ihn unterwiesen hat, wie er vorgehen soll.
> Jesaja 28,23–26

Ein Prophet, der diesmal in *eigener* Sache spricht. Wenn Propheten sich sonst öffentlich äußern, dann beginnen sie z.B. so: „So spricht der Herr (...)" oder „Hört des Herrn Wort". Aber *nun* sagt Jesaja: „Hört *mir* gut zu, achtet auf das, was *ich* euch sage!" So beginnen *Weisheitslehrer*, wenn sie mitteilen, was sie beobachtet und dabei erkannt haben. Genau das tut Jesaja hier: Er ist jetzt nicht Überbringer einer Botschaft, er schildert *seine* Betrachtungen.

Was betrachtet Jesaja? Einen Bauern, der seinen Acker pflügt und ebnet. Dann bringt der Bauer die Saat aus: Schwarzkümmel, Kreuzkümmel, Weizen, Hirse, Gerste. Und an den Rändern Dinkel. Warum der Bauer das genau so macht, weiß ich nicht. Ich könnte seine Pflanzen nicht mal erkennen, geschweige denn die Saat unterscheiden, aber der Bauer weiß das. „Sein Wissen hat er von Gott, der ihn unterwiesen hat, wie er vorgehen soll." Ein Wissen, das genau passt zu den natürlichen Eigenschaften der Pflanzen, des Bodens, des Wetters, der Umgebung. Dass das alles so funktioniert: einfach göttlich!

Ich stelle mir vor, Jesaja guckt sich all das in Ruhe an. Er rennt nicht mal eben durch die Felder. Nein, in meiner Phantasie sitzt er einen ganzen Tag lang am Rand des Feldes – und guckt. Schaut genau hin. Und in der Folgezeit kommt er alle paar Tage wieder und verfolgt, wie allmählich etwas aufkeimt und dann wächst. Bis schließlich die Pflanzen in voller Reife stehen und geerntet werden. Jesaja macht nichts außer Zuschauen. Und ihm fällt auf: Der Bauer macht die meiste Zeit auch nichts anderes.

Da kommt Jesaja eine Idee: All diese Pflanzen können nur deswegen wachsen, weil der Bauer zwar zuschaut, aber sonst eben *nichts* macht. Er zupft nicht an den Pflanzen herum, sondern er *lässt* wachsen. Er pflügt nicht täglich das Feld um, ebnet nicht dauernd neu irgendwelche Verwerfungen ein, sondern er lässt das Feld so in Ruhe, wie er es vorbereitet und eingesät hat.

Es geht um *Geduld.* Ohne Geduld könnte der Bauer dichtmachen. Er würde durch seine Ungeduld immer wieder neu die Saat ruinieren, er würde es verhindern, dass etwas wächst.

Die Parallelen beim Beackern Ihres Lebens-Feldes liegen auf der Hand. Gefragt ist ein Balance-Akt: „Anpacken" einerseits und geduldiges „Wachsen-Lassen" andererseits.

- *Anpacken:* Klar, ich muss in meinem Alltag Dinge anpacken, erledigen, kultivieren, verändern. Ich muss etwas auf Zukunft hin tun und Vorstellungen haben, wann ich denn was ernten will, was dabei herauskommen soll. Wenn ich das nämlich *nicht* tue, immer nur alles auf mich zukommen lasse, mich selbst *immer* treiben lasse, dann habe ich nachher auf dem Feld nicht mal das sprichwörtliche „Kraut und Rüben", sondern eben *Un*-Kraut. Da präsentiert sich das Leben als ein einziges großes Durcheinander, bei dem man gar nicht weiß, wo man zuerst anfangen soll – und schon gar nicht weiß, *wie* man denn jetzt z.B. durchjätet oder welche Pflanzen drin leiben sollen und welche rausmüssen.

- *Wachsen-Lassen:* Dahinter steht die Erkenntnis, dass die guten und die schönen Dinge *fast immer Zeit brauchen,* um sich zu entwickeln, um zu wachsen, um zu ihrer vollen Schönheit heranzureifen und Früchte zu bringen. „Gut Ding will Weile haben", sagt der Volksmund. Mit Recht. Es geht nicht ohne Pflügen. Aber immer wieder neu zu pflügen, das würde alles kaputt machen.

Um den zweiten Punkt, dieses „Wachsen-Lassen", geht es Jesaja hier besonders. Die göttliche Weisheit des Bauern liegt nicht zuletzt in seinem Wissen, wann man besser geduldig die Hände in den Schoß legt.

Also: *Geduld und Ungeduld.* Klingt fast wie „Ruhe und Unruhe". Hat auch miteinander zu tun: Wer ungeduldig ist, strahlt Unruhe aus, sitzt „wie auf heißen Kohlen", dem kribbelt es in den Fingern, der kann nicht stillsitzen, nichts kann einfach mal so bleiben. Wer ungeduldig ist, kann es nicht aushalten, dass etwas für den Moment erst mal so unfertig ist, wie es ist: dass auf dem Feld noch keine Pflänzchen zu sehen sind, dass das Zeitungsrätsel nach fünf Minuten noch nicht gelöst ist, dass der Besuch um Punkt 20.00 Uhr noch nicht da ist.

Ungeduldige Menschen tun sich schwer mit *Spannungszuständen*. Spannungen müssen *sofort* weg: Wenn man Durst hat, muss man *sofort* etwas trinken; einen Konflikt muss man *sofort* lösen – notfalls durch Unterwürfigkeit oder Herumbrüllen; etwas zu reparieren, das muss *sofort* und beim ersten Versuch klappen, sonst schmeiße ich den ganzen Krempel hin. Ungeduldige Menschen haben immer etwas Neues im Leben zu bieten, aber es gibt wenig von Bestand. *Not* ist eine besondere Gedulds-Probe. Not schreit danach, schnell abgestellt zu werden. Das ist auch richtig so, denn wozu Schlimmes länger als nötig aushalten? Aber es gibt eben auch schlimme Lagen, da muss ich durch, ohne Tricks, Abkürzungen, Flucht. Da hilft es nichts, wenn ich ausraste, die Brocken hinschmeiße, mir einen trinke, von morgens bis abends hektisch telefoniere oder dauernd eine neue Sau durch's Dorf jage.

„Sie müssen Geduld haben!" – Schön gesagt! So ein Satz wie „Sie müssen 100.000 Euro haben." – Ja, woher denn, bitteschön? Was muss ich da tun? – Antwort: Vor allem: Nichts! Denn das ist ja gerade der Unterschied: Ein Ungeduldiger „muss" immerzu etwas tun und „kann" nichts aushalten. Und wenn es nichts Sinnvolles zu tun gibt, dann wische ich eben zum dritten Mal diese Woche die Küche oder nehme den Glimmstängel zwischen die Finger.

Geduld ist wie ein *Geschenk*. Ein Geschenk kann ich nur annehmen und auspacken, wenn ich aufhöre herumzurennen und die Finger frei habe. Von einem Geschenk, das nur eingepackt im Flur steht und an dem ich dauernd vorbeirenne, habe ich nichts.

Man kann sich dem Geschenk „Geduld" aber nähern, man kann Ruhe einüben: wie Jesaja mit den Händen im Schoß „in Ruhe" etwas betrachten; „in Ruhe" ein Kreidebild malen, ein 500-Teile-Puzzle in Angriff nehmen, den Fernseher ausmachen, allein einen Spaziergang machen, beten (ohne viele Worte, aber mit viel Ruhe), meditieren … – An dieser Stelle sollten Sie mal kurz notieren: „Was sind *meine* erfolgreichen Wege, zu mehr Ruhe zu kommen?"

Soweit die etwas erweiterten Gedanken Jesajas. Lebens-Philosophie. Und was hat *Gott* damit zu tun? Jesaja sagt: Der Bauer hat sein Wissen von Gott. – Und wir? Ich glaube: *Im Prinzip* haben wir für unser Lebens-Feld ein ähnliches Wissen. *Eigentlich* wissen wir: Es kommt nichts Gutes dabei heraus, wenn wir *nur* einfach wachsen lassen oder wenn wir *nur* dauernd am ackern sind. Es mangelt aber gelegentlich daran, dass wir uns auch danach richten.

Und noch ein Gottes-Bezug: Geduld hat etwas mit *Vertrauen auf Gott* zu tun. Mit der Zuversicht: „Ich bin im Leben und im Tod ganz in Gott geborgen, in seiner Liebe gut aufgehoben. Was *Gott* für mich getan hat und für mich tut, *das* zählt!"

Wer so glaubt, nimmt das eigene Machen und Tun nicht mehr gar so wichtig und kann auch mal die Hände in den Schoß legen. Und wer die Hände in den Schoß legt, der kann leichter und vielleicht endlich mal wieder so glauben.

Gebet (aus dem Evangelischen Gesangbuch Baden, Nr. 644):

Meine Zeit steht in Deinen Händen.
Nun kann ich ruhig sein, ruhig sein in Dir.
Du gibst Geborgenheit, Du kannst alles wenden.
Gib mir ein festes Herz, mach es fest in Dir!
Amen.

(Meine Zeit steht in deinen Händen. Text & Melodie: Peter Strauch.
© 1981 SCM Hänssler, 71087 Holzgerlingen)

Vom Übel der fliegenden Pferde

Drehen Sie manchmal am Rad? Vermutlich ja, wer denn schon nicht, wenigstens gelegentlich. „Am Rad drehen", das tut ja eigentlich der Hamster in seinem Laufrad. Er rennt und rennt, aber er kommt nicht wirklich von der Stelle. Da sind die Menschen nicht anders. Wenn es irgendwo nicht läuft – auf der Arbeit, mit den Nachbarn, in der Partnerschaft, sogar im Umgang mit einer Krankheit, vor allem wohl mit sich selbst, dann denken wir leicht: „Ich habe mich wohl noch nicht genug bemüht!" Und dann legen wir noch einen Zahn zu: Hier und da noch mehr machen, noch mehr auf andere einreden, sich immer noch mehr dieselben Gedanken machen, möglichst alle anderen Dinge im Leben schleifen lassen, um sich mehr und mehr um das Problem zu drehen. Und das Hamsterrad wird schneller und schneller.

Ein besonderer Freund dieser „Mehr-desselben"-Strategie ist der *Perfektionismus:* Der Perfektionismus redet uns ein, es müsste alles 110-prozentig sein. Sonst dürften wir nicht mit uns zufrieden sein, und erst recht: Was sollen denn die anderen von uns denken? Und weil es nie 110-prozentig ist, legen die Perfektionisten *noch* einen Zahn zu ...

Wer dauernd am Rad dreht, wird *unruhig.* Selbstverständlich kenne ich Unruhe aus dem eigenen Leben. Ich kenne sie auch aus „meiner" Klinik: Ich habe mir eine Zeit lang immer notiert, wenn ich Menschen über ihre Unruhe sprechen hörte. – Ich hatte sehr, sehr viel zu schreiben. Eine generelle, sozusagen „chronische" Unruhe scheint mir dort zu herrschen, wo Menschen aus ihren Kreisen, ihrem Machen und Tun an ihren Problemen eine *Lebenshaltung* machen. Wo sie grübeln ohne Ende, nicht mehr schlafen können, von nichts anderem mehr reden können. Immer dieselbe Platte, kein einziger Blick mehr für etwas anderes. Eine Unruhe, die sich bis in die Bewegungsabläufe hineinzieht. Eine Unruhe, die man vergeblich zu betäuben versucht durch dauerndes Fernsehen, dauernde Musik, dauernden Kaffee, dauerndes Rauchen, maßloses Trinken und, und, und.

Sie und ich, wir werden wohl mehr oder weniger davon betroffen sein. Und darum ist der folgende Jesajatext etwas für uns:

> So spricht Gott der Herr, der Heilige Israels: „Wenn ihr umkehrtet und stille bliebet, so würde euch geholfen; durch Stillesein und Hoffen würdet ihr stark sein. Aber ihr wollt nicht und sprecht: ‚Nein, sondern auf Rossen wollen wir dahinfliehen', – darum werdet ihr

dahinfliehen, ‚und auf Rennern wollen wir reiten', – darum werden euch eure Verfolger überrennen. Denn euer tausend werden fliehen vor eines einzigen Drohen; ja vor fünfen werdet ihr alle fliehen (...)"
Darum harrt der Herr darauf, dass er euch gnädig sei, und er macht sich auf, dass er sich euer erbarme; denn der Herr ist ein Gott des Rechts. Wohl allen, die auf ihn harren! Du Volk Zions, das in Jerusalem wohnt, du wirst nicht weinen! Er wird dir gnädig sein, wenn du rufst. Er wird dir antworten, sobald er's hört. Und der Herr wird euch in Trübsal Brot und in Ängsten Wasser geben (...) Deine Ohren werden hinter dir das Wort hören: „Dies ist der Weg; den geht! Sonst weder zur Rechten noch zur Linken!"
Jesaja 30,15–21

Hintergrund unserer Jesaja-Worte waren die politischen Verhältnisse vor über 2.700 Jahren. Man saß im Staate Juda zwischen Ägypten und Assyrien, zwei potenziellen Bündnispartnern, oder anders: zwischen zwei möglichen Feinden. Die Politiker gackerten wie aufgeregte Hühner, mit wem man denn nun ein Bündnis gegen wen eingehen solle. Vor allem war eines klar: Man musste gut gerüstet sein. Und Pferde, von denen in unserem Text die Rede ist, gehörten zu den modernsten Waffen in der Eisenzeit. *„Fliegende Pferde"* sind natürlich der Gipfel des „Mehr-desselben". Jesaja legt uns im Namen Gottes schonungslos die Motivation offen: Wer immer und mehr am Rad dreht, hat *Angst:* Da reichen trotz aller Pferde ein paar Leutchen oder ein paar unbedeutende Ereignisse, um Tausende in die Flucht zu schlagen, wie der Prophet sagt.

Der Rat, den Gott den Leuten damals und uns durch Jesaja sagt, ist einer, auf den niemand von allein kommt: *Stille sein, hoffen!* Damit ist bereits die entscheidende Umkehr beschrieben, ein radikaler Richtungswechsel. Das Rad wird nicht länger beschleunigt, sondern es wird „entschleunigt". Bis es stillsteht, bis Ruhe da ist. „Still sein" – die Alternative zum „Am Rad drehen". Und „Hoffen" – die Alternative zu den schnellen, dahinfliegenden Pferden. Die Alternative dazu, alles und jeden und vor allem sich selbst in der Hand haben zu müssen, die Zügel niemals locker oder gar loslassen zu dürfen.

Können Sie das? Die Zügel *loslassen,* sie aus der Hand legen? Sie in *Gottes* Hand legen? Vielleicht ist dieses Loslassen das Schwerste, was uns dieser Text abverlangt. Seine Alternative zum „Am Rad drehen" lautet: zu Gott *rufen,* auf seine Weg-Weisung *hören,* und dann, nach dem Rufen und Hören, den gewiesenen Weg *gehen.* – Statt schon wieder auf den eigenen Gäulen fliegen zu wollen und die Zügel nicht aus der Hand zu geben.

Und Gott? Seine Verheißung lautet: Ich erbarme mich, ich bin gnädig, ich antworte. – *Nicht* immer so, wie wir uns das wünschen. *Nicht* so, wie wir uns denken, dass er alle Not und Probleme wegfegen sollte. Sondern, dass er *in* der Trübsal, *in* den Ängsten Wasser und Brot gibt – das, was wir zum Überleben brauchen und für die nächsten Schritte.

Also: Wenn Sie das nächste Mal bemerken, dass Sie wieder „am Rad drehen", dass Sie machen und tun, dass die Termine Ihnen über den Kopf wachsen, dass die Gedanken festklemmen und rotieren, dass Sie ständig nur noch andere Menschen um sich haben, dann: Versuchen Sie einmal, *nicht* das Nächstliegende zu tun, nämlich mehr und mehr am Rad zu drehen, sondern: Halten Sie das Rad an! Legen Sie die Hände in den Schoß! Lassen Sie Stille wachsen und Sie umgeben. Rufen Sie zu Gott. Seien Sie still, um seine Antwort zu hören. Es kann sein, dass die Antwort länger auf sich warten lässt, als es der eigene enge Zeitplan und die begrenzte Geduld erlauben wollen. Das gehört zum Still-Sein und zum Hoffen dazu. Aber die Antwort bleibt nicht so oft aus, wie Sie es vielleicht im Vorhinein befürchten.

Gebet:

Himmlischer Vater, Du weißt, wie sehr und wie leicht ich mich verrenne, verbeiße, um meine Probleme und mich selbst rotiere. Du weißt, wie die Unruhe manchmal nach mir greift und mich beherrscht. Ich bitte Dich: Hilf mir dabei, still zu werden. Mich zu Dir hin zu öffnen. Zu Dir zu rufen, auf Dich zu vertrauen, auf Dich zu hören!
Amen.

In der Wüste den Weg_bereiten

Advent – *Gottes* Ankunft. Muss Gott denn überhaupt noch irgendwo ankommen, wenn er sowieso schon das Universum erfüllt? Wenn alles, was es gibt, nur durch Gottes „Es werde!" gehalten wird? Wenn alles *Lebendige* nur dadurch lebt, dass es Gottes Lebensatem in sich trägt? Nein, Gott muss nicht „ankommen". Aber: *Bei mir* muss er ankommen. Zu mir kommen als der, der ich nun mal bin. Gott als der Schöpfer: Geschöpf werden wie ich; als der Gerechte: meine Schuld tragen; als der Allmächtige: ohnmächtig werden; als die Liebe in Person: das Böse auf sich nehmen. Um *diese* Ankunft geht es. Gott wird Mensch. Jesus Christus.

Vor über 2500 Jahren gab es einen Propheten, den wir heute, weil wir es nicht besser wissen, „Deuterojesaja" nennen, den „zweiten Jesaja". Auch er spricht von Gottes Kommen:

> Tröstet, tröstet mein Volk!, spricht euer Gott. Redet zum Herzen Jerusalems, und ruft ihm zu, dass sein Frondienst vollendet, dass seine Schuld abgetragen ist! Denn es hat von der Hand des Herrn das Doppelte empfangen für all seine Sünden.
>
> Eine Stimme ruft: In der Wüste bahnt den Weg des Herrn! Ebnet in der Steppe eine Straße für unseren Gott! Jedes Tal soll erhöht und jeder Berg und Hügel erniedrigt werden! Und das Unebene soll zur Ebene werden und das Hügelige zur Tal-Ebene! Und die Herrlichkeit des Herrn wird sich offenbaren, und alles Fleisch miteinander wird es sehen. Denn der Mund des Herrn hat geredet.
>
> Jesaja 40,1–5

Wovon spricht der Prophet? Jahrzehnte zuvor war Juda von der Großmacht Babylon besiegt worden. Viele Menschen waren deportiert worden in das Gebiet des heutigen Irak.

Aber nun, nach langer Zeit in der Fremde, verkündet der Prophet das Ende der Babylonier-Herrschaft: Ihr werdet zurückkehren! Jerusalem wird neu aufleben, Gott selbst wird zurückkommen in die verwaiste Stadt. Gott kommt und ihm sollt ihr nun den Weg bereiten!

Später hat man übrigens diesen Text auf Johannes den Täufer bezogen, und zwar wegen der fehlenden Satzzeichen: Aus „Eine Stimme ruft: In der Wüste bahnt den Weg …!" wurde „Eine Stimme ruft in der Wüste: Bahnt den Weg …!"

Diese „Stimme in der Wüste", das war dann der Täufer, Jesu Wegbereiter. Trotz dieser Sinn-Verschiebung: Es geht so um Gottes Kommen.

Ich bleibe bei der Lesart „In der Wüste bahnt den Weg des Herrn!" *Für mich* heute geht es da nicht mehr um wüste Gegenden zwischen Babylonien und Jerusalem. Es geht mir um *Wüsten meines Lebens:* Zeiten und Orte, wo alles so dürr und vertrocknet, so lebensfeindlich und tot ist. Und: Kein Weg ist in Sicht. Kein Rückweg und kein Ausweg, nicht einmal eine Oase, in der wenigstens für ein Weilchen „alles wieder gut" ist. Sondern: Berge und Hügel, die den Horizont verstellen, unüberwindlich. Berge, die es auch *anderen* schwer machen, *mich* in meiner Lebenswüste überhaupt zu *erkennen,* geschweige denn zu erreichen. Berge, die sogar *Gott* den Weg zu meinem Herzen blockieren.

„In der Wüste bahnt den Weg des Herrn!" – Das heißt doch wohl: Gott steht nicht bloß für glückliche Stunden oder ihre fromme Verzierung. Gott will mein *ganzes* Leben durchdringen. *Gerade* in meine Wüste hinein will Gott kommen und mein Herz erreichen! Meine gottverlassene Wüste soll nicht gottlos bleiben. – „Und die Herrlichkeit des Herrn wird sich offenbaren ..."

„Bahnt den Weg!"; „Ebnet die Steppe!"; „Jedes Tal soll erhöht und jeder Berg und Hügel erniedrigt werden! Und das Unebene soll zur Ebene werden und das Hügelige zur Tal-Ebene!" – Das klingt nach „Ärmel aufkrempeln und Plattschüppe nehmen!" Also *nicht* nach: „Bleib mal schön hinter Deinen sieben Bergen sitzen, dreh' Däumchen oder falte fromm die Hände, bis um Gottes willen irgendetwas passiert!"

Aber wie denn? Berge mit der Plattschüppe abtragen? Das geht doch gar nicht! – Stimmt, nicht immer geht das, und schon gar nicht so einfach, wie es klingt. *Manchmal* aber doch! Auch Sie werden im Rückblick wahrscheinlich Berge auf Ihrem Lebensweg benennen können, die Sie abgetragen haben. Oder die Sie anders überwunden oder umgangen haben.

Berge abtragen, das geht meist nicht allein. Deswegen heißt es: „Bahnt!" und „Ebnet!" – Das ist die *Mehrzahl!* Sie sollen also ausdrücklich *nicht* so allein vor Ihren Bergen stehen wie der sprichwörtliche Ochs vor'm Berg. Wer alles allein schaffen will, ist meist schlecht dran. Eine *Gemeinschaft* ist da angeredet.

Und wenn genau das fehlt? Die Gemeinschaft? Manche Berge stehen nicht nur zwischen mir und einem erfüllten Leben oder zwischen Gott und mir, sondern auch zwischen mir und *den anderen.* Ich denke da speziell an die drei Berge mit dem „S" vorn: *Stolz, Scham, Schuld.*

- Der Berg *Stolz:* „Mir braucht keiner zu helfen! Ich komme mit allem allein klar! Ich habe niemanden nötig und mache mich auch nicht abhängig von anderen!" Ich rede *nicht* von dem guten Gefühl des Stolzes, wenn Ihnen etwas richtig gut gelungen ist und Sie zufrieden mit sich und der Welt sind. *Sondern* ich rede von dem Stolz, der Ihnen einredet, Sie seien etwas Besseres – und schon gar nicht auf andere angewiesen. *Dieser* Stolz hält Sie fern von Gott und den Menschen und lässt Sie isoliert in der Wüste sitzen. Also weg mit diesem Berg!

- Der Berg *Scham:* „So wie ich bin – mit *dem* Leben, *den* Angewohnheiten, *den* Misserfolgen, *den* Umgangsweisen, *dem* Aussehen, mit *der* Stimme, … so kann ich doch keinem Menschen und keinem Gott unter die Augen treten!" – So denkt allerdings nur jemand, der vor allem *sich selbst* furchtbar peinlich ist. Ich möchte damit nicht der „Schamlosigkeit" oder der „Unverschämtheit" das Wort reden. Längst nicht jede/r darf alles von mir wissen. Aber der Gott, der mich bedingungslos liebt, der darf. Und einzelne Menschen meines Vertrauens dürfen auch. Und wenn ich will, finde ich solche Menschen. Also weg mit diesem Berg!

- Der Berg *Schuld:* Eigentlich sind das *zwei* Berge: Erstens der Berg meiner Schuld an anderen. Zweitens der Schuld-Berg der anderen an mir. „*Meine* Schuld", das ist eine Variante der Scham. Manche Schuld mag tatsächlich so sein, dass ich bestimmten Menschen nicht unter die Augen treten kann. Aber oft kann mein ernsthaftes Schuld-Eingeständnis und meine Bitte um Vergebung einen wirklichen Neu-Anfang möglich machen.

- Und die „Schuld *der anderen*" an mir: Es gibt vielleicht Menschen, die sich so massiv an Ihnen vergangen und versündigt haben, dass Sie sich fern von Ihnen halten *müssen* – aus Selbstschutz, und auch bei leicht hingesagten Entschuldigungen. Aber manchmal gibt es auch das andere: Dass Sie allzu nachtragend sind, alles auf die Goldwaage legen und sich von Ihrer einmal getroffenen Abneigung auf alle Zeiten festlegen lassen. – Vielleicht eine Spielart von Stolz? Oder Angst? Jedenfalls: Auch dieser Berg muss weg.

Berge, die Sie in der Wüste halten. Berge, die Sie von anderen Menschen trennen. Berge, die Gottes Weg zu Ihnen blockieren. „Bahnt den Weg!", „Ebnet!" Vielleicht können Ihnen andere dabei helfen. Sicher will Gott Ihnen helfen, denn er will ja zu Ihnen. Aber bei diesen Bergen geht es nicht ohne Ihren Willen und nicht ohne Ihr Anpacken!

Gebet:

Gott, Du weißt, was mich blockiert. Was mir den Zugang versperrt. Zum Leben. Zu den Menschen. Und was Deinen Weg zu mir versperrt. Ich bitte Dich: Sei Du selbst mir Wille, Kraft und Ausdauer! Dein Sohn Jesus Christus hat gesagt: Der Glaube eines Senfkorns reicht, damit man Berge versetzen kann. Schenke mir den Glauben eines Senfkorns!
Amen.

Wo ist Gott?

Wenn Sie Kinder fragen: „Wo ist Gott?", dann könnte die Antwort lauten: „Im Himmel!" Das Gerücht hält sich auch bei Erwachsenen. Viele sprechen, wenn es um Gott geht, von „dem da oben". Positiv: „Irgendwie glaube ich ja auch an den da oben." Oder kritisch: „An den da oben glaube ich nicht mehr. Sonst wäre mir das alles nicht passiert!"

Allerdings: Muss man sich wundern, wenn es einem, der nur „da oben" ist, entgeht, was dem Menschen „da unten" passiert? Menschen, die einen Selbsttötungsversuch überlebt haben, sagen manchmal: „Der da oben wollte mich noch nicht haben!" – Aha! „Da oben", das ist also erst nach dem *Tod*, und „das *Leben*" ist dann jedenfalls der Bereich, wo Gott *nicht* ist. Oder noch zugespitzter: Wo Gott bitteschön nicht sein soll. „Der da oben wollte mich noch nicht haben!" – Und: Will *ich* denn „den da oben" ernsthaft „bei mir unten" haben?

„Der da oben" – Der erste Raumfahrer der Menschheit, Juri Gagarin, hatte in gut atheistischer Manier erklärt, er habe „da oben" niemanden angetroffen. Alles klar, also ist Gott nirgendwo! – Fragen Sie mal einen sprechenden Fisch, wo denn das Wasser ist. Er wird Ihnen antworten: „Wasser? Nie gehört, nie gesehen! Was soll das sein?" Wie soll er denn auch wissen: Es ist das *Wasser*, in dem er sich bewegt, das ihn trägt, das ihn umströmt und durchströmt. Das Wasser, es ist sein ureigenstes Element. – Das zu erkennen, dazu braucht der Fisch die *Kontrast-Erfahrung*, nämlich: als Fisch auf dem Trockenen zu sitzen. Dann wüsste er für ein paar Momente vor seinem Ende, was Wasser wirklich für ihn ist …

Einzelnen Menschen geht das ähnlich: Sie beginnen etwas von Gott zu begreifen, wenn sie „auf dem Trocknen sitzen". Bei anderen reicht es dann allerdings nur dazu, Gott zu verfluchen – oder die „Hypothese Gott" trotzig als erledigt zu betrachten.

Wo ist Gott? Der folgende Text aus dem Buch Jesaja, ca. 2½ tausend Jahre alt, gibt uns gleich *eine Reihe* von Antworten:

> So spricht der Hohe und Erhabene, der ewig wohnt, dessen Name heilig ist: Ich wohne in der Höhe und im Heiligtum – und bei denen, die zerschlagenen und gedemütigten Geistes sind, auf dass ich erquicke den Geist der Gedemütigten und das Herz der Zerschlagenen. Denn ich will nicht für immer hadern und nicht ewig zürnen;

sonst würde ihr Geist vor mir verschmachten und der Lebensodem, den ich geschaffen habe.

Ich war zornig über die Sünde ihrer Habgier und schlug sie, verbarg mich und zürnte. Aber sie gingen treulos die Wege ihres Herzens. Ihre Wege habe ich gesehen, aber ich will sie heilen und sie leiten und ihnen wieder Trost geben; und denen, die da Leid tragen, will ich Frucht der Lippen schaffen. Friede, Friede denen in der Ferne und denen in der Nähe, spricht der Herr; ich will sie heilen.

Jesaja 57,15–20 (Luther-Text mit kleiner Korrektur)

Wo ist Gott? – Hier die Antworten aus dem Text:

- *„Ich wohne in der Höhe"* – Also tatsächlich „der da oben". Der, der *meinen* Horizont sprengt. Der weiter sieht und weiter weiß, der meinen Weg sieht und mich leiten will.
- *„(…) und im Heiligtum"* – Damit ist der Tempel in Jerusalem gemeint. Passt Gott da hinein? Passt Gott in eine Kirche? Passt er womöglich in ein Menschenherz? Oder auf unseren blauen Planeten? Nein, niemals, und in demselben Jesaja-Buch wundert sich der Prophet im Namen Gottes, dass die Menschen allen Ernstes dem Gott ein Haus bauen wollen, für den doch die Erde nur ein Fußschemel ist. *Aber trotzdem:* Dort, im Tempel, in der Kirche, im Herzen und in der Schönheit des blauen Planeten haben Menschen aller Zeiten Gott *gesucht –* und *gefunden.* Darum: Gott ist (auch) „im Heiligtum". Dort, wo Menschen Gott suchen. Und wo sie *nichts als ihn* suchen.
- *„(…) bei denen, die zerschlagenen und gedemütigten Geistes sind, auf dass ich erquicke den Geist der Gedemütigten und das Herz der Zerschlagenen".* – Ist Gott *da?* Ja, jedenfalls sind geschlagene und gedemütigte Menschen immer wieder auf Gott gestoßen. Wer allerdings bei Gott an so eine Gestalt wie Ludwig XIV. denkt, den „Sonnenkönig" in Glanz und Glimmer, kann an den Tiefpunkten des Lebens lange vergebens nach Gott Ausschau halten. Anders die, die an *Jesus Christus* glauben und Gott ausgerechnet an der Hinrichtungsstelle Golgatha suchen und finden, in einem verendenden Menschen, der seine Gottverlassenheit diesem Gott entgegenschreit. – Gott als „der da oben"? Von wegen! *Da* ist er nämlich unten, aber *ganz* unten. Und ganz bei den Gedemütigten und Zerschlagenen. Näher kann nicht mal Gott uns Menschen kommen.
- Der Satz über die Gedemütigten und Zerschlagenen sagt uns auch, wo Gott evtl. *nicht* ist: bei den Hochmütigen, Super-Heilen, Tollen, Strahlenden, den „Schönen und Reichen" …

- *„Ich (…) verbarg mich und zürnte".* – Ein Gott, der sich versteckt! Einer, der sich entzieht und die Menschen nach ihm schmachten lässt. Aber bevor wir uns darüber beschweren: Wir Menschen waren und sind die ersten, die sich verstecken, sich Gott entziehen. Das erzählt schon die Geschichte „von der ersten Sünde": Adam und Eva *verstecken* sich vor Gott mit ihrer Schuld, meiden die Begegnung wie der Teufel das Weihwasser. Und wir mit ihnen: Wir gehen auf Distanz und stilisieren Gott zu einer *Bedrohung.* – Allerdings – die *ist* er auch: Wenn Gott uns begegnet, riskieren wir *Veränderung.* Wer der Frischkäsewerbung „Ich will so bleiben, wie ich bin!" folgt, *muss* Gott geradezu meiden. Nur: Wenn wir dauernd mit Gott Verstecken spielen, müssen wir uns da wundern, wenn Gott plötzlich mitspielt? Wenn Gott sich selbst versteckt? – Der Enkel des Rabbis spielte mit ein paar anderen Kindern Verstecken. Er versteckte sich besonders gut – bis die anderen Kinder aufgaben und einfach weggingen, ohne dass er das sofort merkte. Aber dann rannte er weinend zum Opa und erzählte ihm, was passiert war. Darauf begann auch der alte Rabbi zu weinen: „Genau so geht es Gott: ‚Ich verstecke mich, aber keiner sucht mich!'" – *Keine* Frage: Manchmal versteckt Gott sich. Sondern die *Frage* lautet: Ignorieren wir das? Beklagen wir das? Oder *suchen* wir ihn?
- *„(…) spricht der Herr"*, heißt es fast zum Schluss des Prophetenwortes, fast wie am Anfang. Gott *spricht!* – Wo ist Gott? Im *Wort!* Nicht unbedingt sichtbar oder spürbar. Aber hörbar, lesbar. Menschenwort, das mir zu Gottes Wort wird. So kommt Gott bei mir an. – *Lasse* ich ihn ankommen? Kann und will ich hören? Wirklich hinhören?

Wo ist Gott? – Gott ist „oben" und er ist „ganz unten". Für Gott-Sucher ist er sogar in Kirchen und Tempeln, er ist am Kreuz auf Golgatha und *nicht* bei den Hochmütigen. Gott ist im Versteck und will gesucht werden. Und Gott ist im Menschenwort.

Da überall ist Gott. Aber: Wo sind *wir?* Ich stelle mir jetzt *doch* nochmal Gott „da oben" vor, wie er in seinem himmlischen Rat sitzt und an der Existenz des Menschen zweifelt: „Wenn es ‚den da unten' wirklich gäbe, dann müsste er sich mir doch zu erkennen geben, sich zeigen!" Und dann stelle ich mir vor, wie Gott sich auf die Suche macht. Ob er uns findet? Lasse ich es zu, mit meinen Gedanken, mit meinen Gefühlen, auch räumlich nahe bei dem zu sein, der mich da sucht? Oder verstecke ich mich in meinen gott-freien Gedanken- und Gefühlswelten, in meinen Welt-Anschauungen und Welt-Verzweiflungen, in einem gottfernen Alltag?

Ich wünsche Ihnen und mir, dass Gott uns auch in unseren raffiniertesten Verstecken findet. Denn wenn ich *das* erlebe, dass Gott mich findet, habe ich die beste Antwort auf die Frage „Wo ist Gott?" – nämlich: „ganz bei mir, ganz in mir, ganz unter uns!" Und Gott, Gott müsste dann nicht mehr an der Existenz des Menschen zweifeln und verzweifeln.

Gebet (aus dem Evangelischen Gesangbuch Bayern, S. 908):

In den Tiefen, die kein Trost erreicht,
lass doch Deine Treue mich erreichen.
In den Nächten, wo der Glaube weicht,
lass nicht Deine Gnade von mir weichen.
Auf dem Weg, den keiner mit mir geht,
wenn zum Beten die Gedanken schwinden,
wenn mich kalt die Finsternis umweht,
wollest Du in meiner Not mich finden.
Wenn die Seele wie ein irres Licht
flackert zwischen Werden und Vergehen,
wenn es mir an Trost und Rat gebricht,
wollest Du an meiner Seite stehen.
Wenn ich Deine Hand nicht fassen kann,
nimm die meine Du in Deine Hände,
nimm Dich meiner Seele gnädig an,
führe mich zu einem guten Ende.
Amen.

(J. Delbrück, aus einem sowjetischen Gefangenenlager)

Die Frage nach dem richtigen Weg

Wenn Sie zu den Autofahrern gehören, haben Sie vermutlich schon mal nach dem Weg gefragt. Zum Beispiel: „Entschuldigen Sie, wo geht's hier zum Bahnhof?" *Oder:* Sie haben *noch nie* gefragt. Es sprechen nämlich viele Gründe *gegen* die Frage nach dem richtigen Weg:

- Sie müssen sich eingestehen, nicht mehr allein weiter zu wissen.
- Sie müssen Ihre Fahrt unterbrechen und anhalten.
- Sie stören vielleicht all die Autofahrer hinter Ihnen, die sehr genau zu wissen scheinen, wo es für sie langgeht.
- Sie müssen einen Unbekannten ansprechen.
- Sie müssen sich trauen, die Hilfe eines fremden Menschen in Anspruch zu nehmen und ihm Mühe zu machen, ohne dass der auch noch etwas dafür bekommt.
- Sie müssen fürchten, eine Erklärung zu bekommen, die Sie nicht verstehen, oder Sie müssten fürchten, auf einen falschen Weg geschickt zu werden.
- Wenn Sie sich dann *für* einen empfohlenen Weg entscheiden, bedeutet das zugleich eine Entscheidung *gegen* alle anderen Wege. Wo man sich doch gern möglichst lange möglichst viele Wege offenhält …

„Im richtigen Leben" ist es manchmal nicht anders: Auch *da* kommen wir manchmal an Punkte, wo wir uns nicht mehr gut auskennen und eigentlich nicht so richtig weiterwissen. Zum Beispiel so klassische Entscheidungssituationen wie Berufswahl, Partnerwahl, Wahl des Wohnortes, Wahl des Hausarztes, Vorruhestand oder nicht usw. Öfter noch ist es dieser unbestimmte Eindruck: „Irgendwie bin ich nicht auf dem richtigen Weg!" oder „Wo soll das bloß noch enden?" oder „Es geht nicht mehr weiter, ich bin mit meinem Leben in einer Sackgasse gelandet!" *Und* es gibt natürlich noch folgenden Fall: Ich bin mit meinem Leben auf der falschen Fährte, aber ich *meine*, dass ich auf einer guten Spur bin und nur stur geradeaus weiter muss, um dann schon richtig anzukommen.

Auch beim *Lebens*-Weg gibt es viele gute Gründe, *nicht* nach dem richtigen Weg zu fragen – nicht Gott, nicht einen anderen Menschen, nicht mal sich selbst:

- *Sie müssten sich eingestehen, nicht mehr allein weiter zu wissen:* Sie wären nicht mehr derjenige, der sein Leben im Griff hat. Sie müssten in den Spiegel gucken und sagen: „Du hast Dich verrannt! Du hast Dich vergeblich bemüht, bist einer Illusion aufgesessen, bist – ja, gescheitert!" – Haben Sie die Größe, sich so vor sich selbst hinzustellen?

- *Sie müssten Ihre Fahrt unterbrechen und anhalten.* Das ist nicht üblich in einer schnell-lebigen Zeit, wo doch alles auf das Tempo ankommt. Immer in Bewegung bleiben, nur keine Aus-Zeit, nur nicht in Ruhe nachdenken. Man könnte ja was verpassen. Man ließe es zu, dass nichts mehr „läuft". Stillstand. Wie schrecklich!
- *Sie würden all die anderen stören, die sehr genau zu wissen scheinen, wo es für sie langgeht.* Und ein Bremsklotz für andere wollen Sie ja nicht sein, oder? Also müssen Sie reibungslos funktionieren, immer schön weiter. Außerdem gibt es einem ja Sicherheit, wenn alle dieselbe Richtung einschlagen, getreu dem Motto: „Mist ist lecker. Millionen Stubenfliegen können schließlich nicht irren!"
- *Sie müssten sich trauen, die Hilfe in Anspruch zu nehmen und anderen Mühe zu machen.* – Wie peinlich! Mit dem eigenen Scheitern nicht nur dem Spiegelbild in die Augen blicken, sondern einem anderen Menschen oder Gott! Sie wären nicht der oder die Starke und stets für andere da, sondern Sie wären schwach, hilfebedürftig, womöglich schuldbeladen. Können Sie sich so vor andere hinstellen?
- *Sie müssten fürchten, eine Weg-Weisung zu bekommen, die Sie nicht verstehen, oder Sie müssten fürchten, auf einen falschen Weg geschickt zu werden.* Kurz: Auf den anderen ist kein Verlass. Man kann niemandem trauen. Also sich besser niemandem an-vertrauen, sich nie einem anderen und seinen Worten ausliefern!
- *Wenn Sie sich für einen empfohlenen Weg entscheiden, ist das zugleich eine Entscheidung gegen alle anderen möglichen Wege.* Es gibt Menschen, die Jahrzehnte an Abzweigungen ihres Lebensweges einfach stehen bleiben, die sich nicht bewegen, nichts wagen, nichts verändern. Denn eine Entscheidung *könnte* ja die eigene Freiheit beeinträchtigen. Sie *könnte* einen festlegen und binden. Also keinen Weg einschlagen, schön stehen bleiben, abwarten – und sich mit der vermeintlichen Freiheit belügen.

Auch die Zeitgenossen des Propheten *Jeremia* hatten Probleme mit ihrem Lebensweg. *Und* sie hatten Probleme damit, diese Probleme überhaupt zu *sehen*, zur Kenntnis zu nehmen. Das galt für die *persönlichen* Lebenswege, das galt aber auch für das Gemeinwesen, die Gesellschaft. Als *Einzelne:* So, wie sie ihre Lebensschwerpunkte setzen, wie sie ihr Zusammenleben gestalten, woran sie ihr Herz hängen – kurz: Wen sie zu ihrem Gott machen. Als *Gemeinwesen:*

Ihre machtorientierte Staatsreligion, die Verschärfung der sozialen Gegensätze, die internationale Bündnispolitik. – Jeremia war es klar: Die Menschen rennen in ihr Verderben. Es braut sich was zusammen. Im Namen Gottes erhebt er das Wort:

> So spricht der Herr: Tretet hin an die Wege und schaut und fragt nach den Wegen der Vorzeit, welches der gute Weg sei, und wandelt darin, so werdet ihr Ruhe finden für eure Seele! Aber sie sprechen: Wir wollen's nicht tun!
> Jeremia 6,16

„Tretet hin – schaut – fragt – wandelt!" *Hintreten* – statt immer nur auf der Stelle zu treten oder die Beine hochzulegen und abzuwarten. *Schauen* – und nicht die Augen verschließen. Auch wenn es unbequem wird. Genau hinschauen, wo ich gerade bin, wohin ich mit mir will. *Fragen* – statt alles besser zu wissen. Es gibt Zeiten im Leben, da ist *nicht* der richtige Moment, sich in Selbstbehauptung zu erproben, alles abzuwehren und sich von niemandem etwas sagen zu lassen. *Wandeln* – eine neue Richtung einschlagen und sich dann auch wirklich in Bewegung setzen. Mit dem dauernden Betrachten und Fragen und Erörtern ist es nicht getan – im Gegenteil: Manchmal tun Leute das, um *wirkliche* Veränderung zu verhindern. Reflektierter Stillstand.

Und dabei mutet Gott den Zeitgenossen Jeremias noch nicht einmal zu, völliges Neuland zu betreten, das Rad neu zu erfinden, den Sprung ins kalte und unbekannte Gewässer zu wagen. „Fragt nach den *Wegen der Vorzeit*, welches der gute Weg sei!" Wir müssen nicht so tun, als seien wir die ersten Menschen auf der Welt. Es gab *vor* uns viele, die ihren Lebens- und Glaubensweg gegangen sind. Wir sollen an ihnen lernen. Von guten und von schlechten Beispielen. Es bedeutet nicht gleich Verzicht auf die eigene Einmaligkeit, sich das eine oder andere Vorbild zu wählen. Wir müssen auch nicht jedes Fettnäpfchen neu entdecken, wenn andere vor uns hineingetreten sind. *Hinschauen*, wie andere vor mir geglaubt und gelebt haben, wie andere um mich herum glauben und leben. Sich eine Meinung bilden, was ein guter Weg ist und was nicht. Zum Beispiel mit einem guten Buch.

Für *Christen* kann ich das noch viel konkreter sagen: Da ist Jesus Christus selbst *das* Vorbild. Wir brauchen nicht zu predigen wie er, nicht Wunder zu wirken wie er, nicht gekreuzigt zu werden wie er. Aber wir dürfen uns abschauen, wie er aus dem Vertrauen zu seinem himmlischen Vater heraus lebte, den Leuten begegnete, sich nicht an falsche Sicherheiten band, sein ganzes

Leben einsetzte. Und – Christen glauben: Jesus *zeigte* nicht nur „den guten Weg", sondern er selbst *ist* der Weg. Gottes Weg zu uns, unser Weg zu Gott. Wer diesen Weg geht, ist auf gutem Weg.

Hintreten, schauen, fragen, wandeln – das war nichts für die Zeitgenossen Jeremias. „Wir wollen's nicht tun!", sagen sie. Ob *wir* es wollen und tun, zeigt sich vielleicht heute.

Gebet (aus dem Evangelischen Gesangbuch Bayern, S. 785):

Ich bitte Dich, Herr, um die große Kraft,
diesen kleinen Tag zu bestehen,
um auf dem großen Wege zu Dir
einen kleinen Schritt weiterzugehen.
Amen.

(Ernst Ginsberg)

Gegen „hoffnungslose Fälle"

Sind Sie ein „hoffnungsloser Fall"? Es gibt Menschen, die haben sich mit dieser Frage noch nie beschäftigt – *noch* nie. Andere tragen diesen Gedanken ständig mit sich herum. Eine jahrelange Leidensgeschichte zum Beispiel kann einen dahin bringen. Aber oft sind es eher die aktuellen Geschehnisse, die einen manchmal so etwas denken lassen: Ein anderer Mensch, der geht. Die Arbeit, die plötzlich weg ist. Die unerwartete und unberechenbare Krankheit. Oder einfach das falsche, kränkende Wort eines Freundes. Eine Welt bricht zusammen – „keine Hoffnung".

Ein „hoffnungsloser Fall" war der Prophet Jeremia: Er war wegen „Wehrkraftzersetzung" Gefangener des Königs: Draußen vor den Toren Jerusalems waren die feindlichen Truppen der Großmacht Babylon. Jeremia hatte nämlich die Menschen aufgefordert, sich den Babyloniern zu ergeben. Seine Zukunft war düster: Ob ihn der König und seine Berater mit ihrer Wagenburg-Mentalität leben ließen? Und wenn ja, würde er bei der Einnahme Jerusalems durch die Baylonier wirklich ungeschoren davonkommen? Da plötzlich bekommt es Jeremia mit der Hoffnung zu tun:

Im zehnten Regierungsjahr von Zidkija, dem König von Juda (...) erging das Wort des Herrn an Jeremia. Das Heer Nebukadnezars belagerte damals Jerusalem, der Prophet aber befand sich als Gefangener im Wachthof am Königspalast. Der König hielt ihn dort gefangen, weil Jeremia verkündet hatte: „So spricht der Herr: ‚Ich gebe diese Stadt in die Gewalt des Königs von Babylonien; er wird sie erobern (...) Das sage ich, der Herr. Euer Kampf gegen die Babylonier ist sinnlos!'"

Dort im Wachthof also erging das Wort des Herrn an Jeremia. Er selbst berichtet darüber: „(...) Mein Vetter Hanamel kam zu mir in den Wachthof (...) und sagte: ‚Kauf mir doch meinen Acker in Anatot (...) ab! Dir als meinem nächsten Verwandten steht das Besitzrecht zu, und nach dem Gesetz musst du dafür sorgen, dass er im Besitz der Sippe bleibt. Bitte, kauf ihn!' Ich begriff, dass dies ein Befehl des Herrn war. Ich kaufte den Acker und gab meinem Vetter das Geld: siebzehn Silberstücke. Der Kaufvertrag wurde ausgefertigt. Vor Zeugen wurde das Original versiegelt und das Silber abgewogen. Den Kaufvertrag – und zwar das vorschriftsmäßig versiegelte Original zusammen mit der Abschrift – gab ich [meinem Gehilfen] Baruch (...) Ich tat das in Gegenwart meines Vetters und der Zeugen, die den Vertrag unterschrieben hatten, und vor den Augen aller Männer aus Juda, die sich im Wachthof aufhielten. Dann sagte ich zu Baruch vor ihnen allen: ‚So spricht der Herr, der Herrscher der Welt, der Gott Israels: Nimm diesen Kaufvertrag, das versiegelte Original zusammen mit der Abschrift, und leg ihn in ein Tongefäß, damit er lange unversehrt erhalten bleibt. Denn – so sagt der Herr, der Herrscher der Welt, der Gott Israels: Eines Tages wird man wieder Häuser und Äcker und Weinberge kaufen in diesem Land.'"

aus Jeremia 32

Wenn Sie Jeremia wären, würden Sie dann einen Acker kaufen? Einen Acker, den Sie gar nicht erreichen können, weil Sie Gefangener sind, vielleicht ein Todeskandidat? Und dann wären da ja noch die Truppen der Babylonier zwischen Ihnen und dem Acker! Was für ein Unsinn! „Hoffnungslose Fälle" sollten wirklich alle Hoffnung fahren lassen; eher sich vom Acker machen als einen Acker kaufen, oder?

Aber: Jeremia macht das Geschäft. Vor aller Augen, jeder soll es sehen und wissen. Warum? Weil er in diesem Kaufgebot nichts anderes als Gottes Wort erblickt. Ein Zeichen der Hoffnung.

Was ist das für eine Hoffnung? Keine besonders spektakuläre. Nicht „ich komme demnächst frei". Nicht „die Babylonier ziehen bald ab und werden auf ewig wegbleiben". Kein Schlaraffenland, kein ewiges Glück schon hier auf der Erde. Nein, ganz einfach: „Eines Tages wird man wieder Häuser und Äcker und Weinberge kaufen in diesem Land". Jeremia legt den Kaufvertrag in ein tönernes Gefäß, er soll lange, lange halten. Es wird nämlich dauern, bis es soweit ist. Und es ist auch „nur" eine Hoffnung für Jeremias *Volk*. – Ob er selbst „eines Tages" noch leben wird, ist offen.

Luther hat einmal das berühmte Wort gesagt: „Und wenn morgen die Welt unterginge, würde ich heute noch mein Äpfelbäumchen pflanzen." Ein kleines Zeichen der Hoffnung in düsterer, aussichtsloser Zeit, hier ein Apelbäumchen, dort ein Kaufvertrag in einem tönernen Gefäß. Was können wir daraus lernen, gerade in Zeiten, in denen wir uns selbst für „hoffnungslose Fälle" halten?

1. „Ein „hoffnungsloser Fall" zu sein, heißt nur, dass Sie im Moment keine Hoffnung im Herzen tragen. Es heißt *nicht*, dass es keine Hoffnung für Sie *gibt*. Das ist etwas völlig anderes.

2. Unsere Zukunft liegt in *Gottes* Hand. *Gott* spricht das entscheidende, das letzte Wort über unserem Leben. Wir dürfen ihm da nicht durch unsere Hoffnungslosigkeit vorgreifen.

3. Legen Sie Ihre Hoffnung in ein *tönernes Gefäß*: Erwarten Sie nicht, dass alles sofort passiert. Hoffnung und Geduld, das sind zwei innig verbundene Zwillingsschwestern. Man sollte sie nicht voneinander trennen.

4. Schießen Sie sich nicht allzu sehr auf *Ihre* Hoffnungsziele ein! Es muss eben nicht unbedingt *der* Beruf, *der* Partner, *der* Heimplatz, *die* Karriere, *die* Wohnung sein. Schon gar nicht muss, darf es das Schlaraffenland sein. Wenn ich mich allzu sehr an dem Bild festbeiße, dass ich mir für mein Leben einmal zurechtgelegt habe, bin ich völlig dicht und verschlossen für *Gottes* Weg mit mir. Dann könnte die Rede vom „hoffnungslosen Fall" wohl noch am ehesten passen.

5. Halten Sie Ausschau nach *Zeichen* der Hoffnung! Mehr noch: *Setzen* Sie Zeichen der Hoffnung – für sich und andere! Vielleicht ein Zweig oder eine Blume mit einer Knospe auf den Tisch. Vielleicht, dass Sie sich an einer Stelle aufraffen, wo Sie es gestern nicht getan hätten. Oder dass Sie Dinge tun und unternehmen, die Sie schon so lange nicht mehr getan haben. Oder Menschen anrufen oder besuchen, zu denen es schon länger keinen Kontakt mehr gab. Oder, oder, oder …

6. Konzentrieren Sie wie Jeremia Ihre Hoffnung nicht ausschließlich auf sich selbst. Halten Sie Ihre Augen und Ohren für Ihre Mitmenschen nah und fern auf, und seien so gut, auch für *andere* Apfelbäumchen zu pflanzen!

7. Für Christinnen und Christen ist *Gott* der Grund aller Hoffnung. Unsere Zukunft liegt in *seiner* Hand. Selbst da, wo unser Leben zu Ende geht, ist Gott noch lange nicht mit uns am Ende. Viel, viel Raum für Hoffnung. – Der Volksmund sagt: „Die Hoffnung stirbt zuletzt." Das ist falsch. *Wenn* die Hoffnung stirbt, dann stirbt sie *immer zu früh*. Geb's Gott, dass er unserer Hoffnung auch heute neues Leben einhaucht!

Gebet:

Gott, erfülle uns mit Deinem Geist, setze uns in Bewegung. Hilf uns heraus aus unsrer Ich-Befangenheit, enttäusche unsere falschen oder überspannten Hoffnungen, Du Gott der Hoffnung! Komm Du hinein in unsere Hoffnungslosigkeit und Mutlosigkeit! Lass uns Deine Lebensabsicht für uns neu erkennen! Danke, dass Du der Quell der Hoffnung bist. Amen.

Warum es beim Gemüse um die Wurst geht

Wir befinden uns in Babylonien. Nach einem verlorenen Krieg sind viele Juden dorthin durch den Babylonier-König deportiert worden …

(König) Nebukadnezar befahl seinem Palastvorsteher (...), junge Israeliten (...) auszusuchen. „Sie müssen gesund sein und gut aussehen", sagte er. „Außerdem müssen sie klug und verständig sein und eine umfassende Bildung haben, damit sie zum Dienst in meinem Palast geeignet sind. Und dann sollen sie auch unsere Sprache und Schrift lernen." Drei Jahre lang sollten die jungen Leute ausgebildet werden (...) Der König ordnete an, dass sie jeden Tag Speisen und Wein von seiner eigenen Tafel bekamen. Unter den ausgesuchten jungen Männern aus Juda waren auch Daniel, Hananja, Mischaël und Asarja (...)

Daniel war fest entschlossen, kein Essen und Trinken von der Tafel des Königs anzurühren, um nicht (kultisch) unrein zu werden. Deshalb bat er den Palastvorsteher, nicht von den Speisen des Königs essen zu müssen. Gott half ihm, so dass der Palastvorsteher ihn wohlwollend anhörte. Allerdings sagte er zu Daniel: „Ich habe Angst vor (...) dem König. Er hat selbst bestimmt, was ihr essen und trinken sollt. Wenn er feststellt, dass du und deine drei Freunde schlechter aussehen als die anderen jungen Leute, lässt er mir den Kopf abschlagen."

Daniel wandte sich an den Aufseher, den der Palastvorsteher für ihn und seine drei Freunde bestimmt hatte. „Mach doch einmal zehn Tage lang einen Versuch mit uns", bat er ihn. „Lass uns Gemüse essen und Wasser trinken! Danach vergleichst du unser Aussehen mit dem der andern jungen Leute, die ihr Essen von der Tafel des Königs bekommen. Und dann entscheidest du, was weiter geschehen soll!" Der Aufseher war einverstanden und ging auf den Versuch ein. Nach Ablauf der zehn Tage zeigte es sich, dass Daniel und seine Freunde sogar besser und kräftiger aussahen als die andern jungen Leute (...) Da ließ er ihnen weiterhin Gemüse geben (...)

Am Ende der Zeit, die König Nebukadnezar festgesetzt hatte, sollten ihm alle jungen Leute zur Prüfung vorgeführt werden. Als der Palastvorsteher sie zu ihm brachte und er sich mit ihnen un-

terhielt, zeigte es sich, dass Daniel, Hananja, Mischaël und Asarja allen anderen überlegen waren. Sie wurden in den königlichen Dienst aufgenommen, und sooft der König in schwierigen Fragen ihren Rat suchte, merkte er, dass sie zehnmal klüger waren als alle Gelehrten und Magier in seinem ganzen Königreich.
Daniel 1,3–20 (in Auszügen)

„Wie hältst Du's mit dem Gemüse?" – Diese Gretchenfrage ist hier die Gretchenfrage aus Goethes Faust: „Wie hältst Du's mit der Religion?" – Eine total moderne Bibel-Geschichte ist das: Gerade heute ist für manche Leute die richtige Ernährung nämlich auch eine Glaubensfrage, ein Thema, das man mit religiösem Eifer diskutiert, und wie für den Palastvorsteher ist es eine Frage über Leben und Tod. Heute wundert es uns allerdings gar nicht, dass Daniel und seine Freunde mit einer ausgewogenen pflanzlichen Ernährung besser aussehen als die, die sich Fleisch und Wein von der königlichen Tafel kommen lassen. Nein, die Wunder in dieser Geschichte sind ganz andere:

1. Daniel und seine Freunde sind völlig fremd am Hof, sie sprechen die Sprache dort nicht, und wenn sie es täten, hätten sie trotzdem nichts zu sagen. Dennoch: Wo es ums Ganze geht, um ihren Glauben und ihren Gott, da machen sie den Mund auf, bitten, verhandeln und – überzeugen.

2. Der Palastvorsteher und sein Aufseher spielen mit. Obwohl sie doch keine Ahnung von den jüdischen Lebens- und Glaubensgewohnheiten ihrer Lehrlinge hatten. Und sie riskieren auch noch ihr eigenes Leben. – Leute von diesem Schlage hätten wir uns auch in der jüngeren Geschichte mehr gewünscht ...

Natürlich ging es Daniel und seinen Freunden nicht um gesunde Ernährung. Er wollte auch nicht auf Fleisch verzichten, um quälerische Massentierhaltung zu boykottieren, denn da waren die Babylonier wohl zivilisierter als wir. Nein, sondern: Das Essen vom Königstisch war nicht „koscher", nicht kultisch rein. Es war von „unreinen" Tieren (z.B. Schweinen), und es war nicht nach jüdischem Brauch zubereitet. In Daniels Augen konnte das aber unmöglich Gottes Wille sein, und darum sagte er: „Nein!"

Lohnt es sich, ausgerechnet die Gemüse-Frage zur Glaubensfrage, zur Frage über Sein oder Nicht-Sein zu erheben? Ja! Zumindest für die Juden in Babylon – und bis auf den heutigen Tag in aller Welt. Denn: Wenn man als kleine Gemeinschaft in der Fremde lebt, sichern solche „Äußerlichkeiten" das Überleben als Gemeinschaft. Ohne diese Besonderheiten hätte sich diese Gruppen aufgelöst wie ein Zuckerwürfel in einer Tasse Tee. Erst recht, wenn sich darin die Treue der Menschen zu Gott ausdrückt – in einer Umwelt, die – bewusst oder unbewusst – *anderen* Göttern und Werten hinterherläuft.

Knapp 700 Jahre später hat der Apostel Paulus die Gemüse-Frage *etwas* anders beantwortet. In den frühen christlichen Gemeinden fragte man nämlich: „Wie sollen wir's als Christen mit jüdischen Speisevorschriften halten? Und: Dürfen wir beim Metzger auf dem Markt Fleisch kaufen, wenn der das Tier womöglich einem heidnischen Gott geopfert hat?" – Paulus sagt (sinngemäß): „Gott hat *alles* gemacht, und alles ist rein. Du kannst es mit Freude und Dankbarkeit essen. *Aber*: Wenn Du noch nicht soweit bist, sondern denkst, es gäbe da nach Gottes Willen Beschränkungen, dann *musst* Du verzichten. Und wenn Dein Gewissen Dir das Fleisch erlaubt, aber Dein Steak Deinen Mitchristen neben Dir mit seinem engeren Gewissen in Versuchung führt, dann musst Du es aus Liebe und Rücksichtnahme eben lassen!" – Kurz und knapp: „Handle konsequent nach dem, was Du für Dich als Gottes Willen erkennst – aber nimm Rücksicht auf die anderen!"

Da schreibt uns Paulus etwas ins Stammbuch, was uns atemberaubend viel *zutraut* und ebenso viel *zumutet*: Paulus *traut* uns *zu*, *selbst* nach Gottes Willen zu fragen und zu unseren *eigenen* Ergebnissen zu kommen, sie *selbst* immer wieder zu bedenken und zu ändern – auch wenn die Mitchristen zu ganz anderen Ergebnissen kommen!

Und: Paulus *mutet* uns *zu*: „Das, was *Du* als Gottes Willen erkannt hast, das musst Du tun!" Die Frage, wie „eng" ich es in diesem Frühjahr beim Ausfüllen der Steuererklärung sehen muss, entscheidet sich *nicht* daran, wie es die anderen machen, sondern wie *ich* es als richtig oder falsch vor Gott erkenne. Was ich alles besitzen „muss", orientiert sich *nicht* ungeprüft am Konsum-Ideal meiner Nachbarn oder am Armutsideal von Franz von Assisi, sondern daran, was *ich* beim Abwägen, Beten, und im Blick auf Jesus als richtig erkenne. Was *ich* für eine schöne und verantwortungsvolle Gestaltung von Liebe und Partnerschaft halte, das darf sich weder ungeprüft am Leistungs- und Erlebnisdruck einer grenzenlosen Spaßgesellschaft orientieren noch unreflektiert an den Vorschriften einer konservativen und formalistischen Glaubensgemeinschaft ausrichten.

Wohlgemerkt: Ich plädiere damit *nicht* dafür, Werte und Regeln anderer immer über Bord zu werfen. *Aber*: Ich bin *gegen* Gehorsam und Autoritätshörigkeit gegenüber *Menschen* – wenn ich dabei vorher Herz und Kopf ausschalten muss. Im Gegenteil: Mir bleibt es nicht erspart, *selbst* nachzudenken, abzuwägen, meine Fragen mit ins Gebet zu nehmen und mich auf Jesus auszurichten. – Denn Jesus hat uns die *Liebe* als Kriterium ans Herz gelegt: die zu Gott, zu unseren Nächsten, zu uns selbst. Und dann: Mut haben, alte Grenzen zu überschreiten – oder neu zu achten, je nachdem. „Man muss Gott mehr gehorchen als den Menschen!" Was ich als Gottes Willen erkenne, *das* soll gelten. Und wenn ich meine, ich müsste um Gottes Willen Gemüse essen, dann soll das eben so sein, auch wenn alle anderen das schräg finden.

Daniel ist ein gutes Beispiel für diese unmittelbare Rückbindung an Gott, für diese *Freiheit* gegenüber den Menschen und diesen Mut. Paulus auch. Der eine hat nur Gemüse gegessen, und der andere heidnisches Fleisch. Beide haben so und nicht anders recht gehandelt. Tun wir es ihnen gleich, nicht nur beim Essen!

Gebet:

Gott, Du bist der Herr. Aber ich, ich gehorche oft anderen Herren: den anderen Menschen mit ihren Vorstellungen von richtig und falsch, gut und böse. Oder meinem eigenen, kleinlichen oder laxen Gewissen. Und dabei schulde ich doch Dir und nur Dir Gehorsam. Ich bitte Dich: Lass mich Deinen Willen erkennen und ihn dann auch leben!
Amen.

Gottes Geist stört die Ordnung

Sie erinnern sich: In der Andacht „Geistvolles Chaos" über Genesis 1,1–3 (siehe Seite 9) ging es darum, wie Gott aus Tohuwabohu Schöpfung macht, wie er Ordnung ins Ur-Chaos bringt. Es ging aber vor allem um den „Geistwind", der schon vorher über der Urflut flattert – will sagen: Auch kein noch so großes Chaos muss gott-los sein.

Wenn aus Chaos Ordnung entsteht, ist das meist gut. Aber wenn nur noch die *eine* Ordnung herrscht, ist das gefährlich: Dann erstickt das persönliche Leben unter Regeln und Zwängen. Dann werden die Beziehungen unter Partnern, in Familien und freundschaftlichen Kontakten nicht mehr von Liebe, Zuneigung, Vergnügen, Spontaneität bestimmt, sondern von Verpflichtungen, Verbindlichkeiten, Gehorsam und einem fest gefügten Oben-und-Unten beherrscht. Dann wird die Gesellschaft gleichförmig und starr in ihren Anschauungen und Konsumgewohnheiten, in ihren Werten, Normen, erwünschten Lebensentwürfen, in ihren Machthierachien, und alles „Andersartige" wird ausgegrenzt. Wo nur die *eine* Ordnung herrscht, wird der Staat totalitär.

Damit aus guten Ordnun*gen* nicht die *eine*, lebensfeindliche, absolute Ordnung wird, hat Gott bei der Schöpfung das Chaos *nicht* abgeschafft: Von der Chaos-Macht Ur-Flut bleibt das Meer, von der Chaos-Macht Finsternis bleibt die wiederkehrende Nacht. Wie das Chaos durch Ordnung begrenzt werden muss, so muss eben auch Ordnung durch Chaos begrenzt werden. Durch das schöpferische Chaos, über dem Gottes Geistwind flattert.

Um diesen Geistwind, der die Ordnung durcheinander pustet und ein kreatives Chaos anrichtet, darum geht es bei der Pfingst-Verheißung des Propheten Joel:

> Dann werde ich meinen Geist ausschütten auf alles Fleisch. Eure Söhne und Töchter werden Prophetinnen und Propheten sein. Eure Alten werden Träume haben. Eure jungen Männer werden Visionen haben. Auch über Knechte und Mägde werde ich in jenen Tagen meinen Geist ausschütten.
> Joel 3,1–2 (übersetzt nach J. Ebach)

Träume und Visionen? – Die bedrohen doch das Bestehende, das Althergebrachte, das, wie es immer schon war, wie man immer schon gedacht und geglaubt hat! Wo bleibt denn da die Ordnung?

Und schlimmer noch für „die" althergebrachte Ordnung ist, *wer* da auf einmal etwas zu sagen hat, *wer* da *Gottes Wort* zu sagen hat! Joels Zuhörern werden die Ohren geklungen haben! Nicht etwa nur Israel als Volk Gottes kennt Gott und kann von ihm sprechen, sondern „alles Fleisch"! Diese Wendung überschreitet Grenzen der Völker, Kulturen, Sprachen. Mehr noch: „Alles Fleisch", das umfasst an anderen Stellen der Bibel auch die *Tiere!* Wo bleibt denn da die gute Ordnung, dass der Mensch die Krone der Schöpfung ist und nach Belieben über seine Untertanen verfügen kann?

Und weiter: „Söhne und Töchter" als Propheten und Prophetinnen! Das mit den „Töchtern", wie hat man das bei uns wohl vor 100 Jahren gelesen, als es weder Frauenwahlrecht noch Studentinnen gab? Oder lassen Sie mal heute „Prophetinnen" in Pakistan oder Saudiarabien auftreten, und Sie (und vor allem die „Prophetinnen") merken ganz schnell, wie das „die Ordnung" stört!

Außerdem: Wenn „Söhne und Töchter" durch Gottes Geist autorisiert sind, wo bleibt denn da die gute Ordnung der Generationen? Wo bleibt der Wert der langen Ausbildung, der Lebenserfahrung, die Autorität eines Amtes, das Gewicht der Altersweisheit? Verkehrte Welt!

Und dann: Die „Alten", die „Träume haben" werden! Wie unwürdig! Genau das erwartet man gerade von Alten *nicht*, dass sie noch großartig Träume haben – geschweige denn, dass sie die auch noch umsetzen! Was man von den Alten erwartet, ist: den Jüngeren den Platz frei machen, bescheiden sein, die Folgegenerationen unterstützen, sich unauffällig versorgen lassen und pflegeleicht sein. Alte Leute mit Träumen – das ist ja wohl ungeheuerlich!

Dann die „jungen Männer", die Visionen haben werden! Diese Visionen, die versucht man den jungen Leuten eigentlich eher auszutreiben. Um Helmut Schmidt zu zitieren: „Wer Visionen hat, soll zum Arzt gehen!" Oder denken Sie an das Lied „Father & Son" von Cat Stevens. Da sagt der Vater sinngemäß: „Füg' dich in das, was ist, heirate, gründe eine Existenz, sei still und zufrieden!" Aber der Sohn in dem Lied *hat* Visionen, und darum hält er es bei seinem Vater und auf dem vorgebahnten Lebensweg nicht mehr aus, er muss da raus.

Dass die Jugend Visionen hat, hat *nicht* speziell und nur mit Gottes Geist zu tun. Das war schon fast immer so. Aber mir scheint, man hat „der Jugend" noch nie so gut ihre Visionen gleich im Keim so gründlich ausgetrieben. Oder kennen *Sie* mehr als eine Handvoll Leute unter 25 mit Idealen und Utopien für Gesellschaft und Globus? Die sich mehr für globale Gerechtigkeit, Schutz von Verfolgten oder Schöpfungsbewahrung interessieren als für das persönliche Fortkommen oder das private Wochenend-Vergnügen? Und: Sind Sie und ich denn da als Visionäre wirklich Vorbilder? Na ja …

Schließlich: die Knechte und Mägde, die Sklavinnen und Sklaven als Leute, über die Gott seinen Geist ausschüttet. Das stellt die Welt nun vollends auf den Kopf. Dass diejenigen, die nichts zu sagen haben, auf einmal das Sagen bekommen. Das klingt nach Revolution!

Die Geist-Verheißung des Joel ist mit dem Pfingstwunder vor knapp 2000 Jahre in Jerusalem erfüllt worden, so steht es ausdrücklich in Apostelgeschichte 2. In der Tat: Dieses lebendige Durcheinander der Jüngerschar, das alle Sprach- und Kulturgrenzen sprengte, das konnten einige Vertreter „der Ordnung" nur als das Ergebnis eines Trink-Gelages interpretieren.

Ordnung – ja. Ordnung im persönlichen Leben, in Familien und Partnerschaften, in der Gesellschaft, in Wirtschaft und Politik, im Miteinander der Völker und Kulturen. Ordnung auch in den Gemeinden und Kirchen. *Aber:* Wehe, wenn eine Ordnung absolut gelten soll, wenn ihre Vertreter alle Macht beanspruchen, wenn ein einziges Ordnungsprinzip, z.B. das Geld, *alle* Lebensbereiche regiert! Gottes Geist steht *gegen totale Ordnungen.* Und *gegen* Machtverhältnisse, in denen „die da oben" alles Sagen haben und „die da unten" nichts zu melden haben. Solche Machtverhältnisse sind nämlich nichts anderes als Götzendienst.

Also: Sollten Sie zu Hause, auf der Arbeit, in der Kirchengemeinde, im Verein, in der Politik das Sagen haben, dann achten Sie darauf, dass nicht plötzlich Gottes Geist gegen Ihre Ordnung steht! Geben Sie auch den „Söhnen", „Töchtern", den „Alten", den jungen oder jung gebliebenen Visionären, den „Knechten" und „Mägden" Stimme und Raum! Pflegen Sie immer mal wieder das Nachgeben!

Wenn Sie aber selbst zu denen gehören, die nichts zu sagen haben oder nichts zu sagen wissen: Haben Sie Mut! Vielleicht schüttet Gott seinen Geist gerade über *Sie* aus und will durch Sie das sagen und tun, was dran ist! Lassen Sie sich durch keine Familienoberhäupter, Wirtschaftslenker, Fachleute, Theologen und schlechten Erfahrungen über den Mund fahren!

Ordnung ist das halbe Leben. Um Gottes willen *nur* das halbe Leben!

Gebet (aus dem Evangelischen Gesangbuch, Nr. 136, 1+3):

O komm, Du Geist der Wahrheit,
und kehre bei uns ein,
verbreite Licht und Klarheit,
verbanne Trug und Schein.

Gieß aus Dein heilig Feuer,
rühr Herz und Lippen an,
dass jeglicher getreuer
den Herrn bekennen kann.

Unglaub'und Torheit brüsten
sich frecher jetzt als je;
darum musst Du uns rüsten
mit Waffen aus der Höh.
Du musst uns Kraft verleihen,
Geduld und Glaubenstreu
und musst uns ganz befreien
von aller Menschenscheu.
Amen.
(Philipp Spitta [1827] 1833)

Kehrtwendung

Der Herr befahl dem Fisch, ans Ufer zu schwimmen und Jona wieder auszuspucken.

Zum zweiten Mal erging das Wort des Herrn an Jona, er sagte zu ihm: „Geh nach Ninive, der großen Stadt, und rufe dort aus, was ich dir auftrage!" Diesmal gehorchte Jona dem Herrn und ging nach Ninive. Die Stadt war ungeheuer groß; man brauchte drei Tage, um vom einen Ende zum andern zu kommen. Jona ging eine Tagesreise weit in die Stadt hinein, dann stellte er sich hin und rief: „Noch vierzig Tage, und Ninive ist ein Trümmerhaufen!"

Die Leute von Ninive setzten ihre Hoffnung auf Gott. Sie beschlossen zu fasten; und alle, Reiche wie Arme, legten zum Zeichen der Reue den Sack an. Jonas Botschaft war nämlich dem König von Ninive gemeldet worden. Der stieg von seinem Thron, legte den Königsmantel ab, zog den Sack an und setzte sich in die Asche. Er ließ in der ganzen Stadt ausrufen: „Hört den Befehl des Königs und seiner Minister: ,Niemand darf etwas essen oder trinken, weder Mensch noch Rind noch Schaf! Menschen und Vieh sollen den Sack anlegen und laut zu Gott rufen. Alle sollen von ihrem bösen Weg umkehren und aufhören, Unrecht zu tun. Vielleicht lässt Gott sich umstimmen. Vielleicht können wir seinen schweren Zorn besänftigen und er lässt uns am Leben.'"

Gott sah, dass sie sich von ihrem bösen Treiben abwandten. Da tat es ihm leid, sie zu vernichten, und er führte seine Drohung nicht aus.
Jona 2,11–3,10

Lauter Kehrtwendungen. Alle kehren um: Der Fisch kehrt um in Richtung Festland; Jona kehrt um von seiner Flucht vor Gott und geht nach Ninive; die Leute in Ninive kehren um von ihren bösen Wegen; und schließlich: *Gott* kehrt um! Lesen Sie selbst: „Da tat es ihm leid, sie zu vernichten, und er führte seine Drohung nicht aus." Aber der Reihe nach …

Die Kehrtwendung des *Fisches* überliest man schnell. Und trotzdem können Jona, Sie und ich eine Menge vom Fisch lernen: „Der Herr befahl dem Fisch, ans Ufer zu schwimmen und Jona wieder auszuspucken." So einfach ist das. Die *Ausführung* des Befehls wird uns gar nicht zusätzlich berichtet, es ist selbstverständlich, dass der Fisch all das genau so tut. Sie erinnern sich: Jona war da anders. Gott hatte gesagt: „Geh nach Ninive!" – Und was tat er? Er lief in die entgegengesetzte Richtung. Und bei uns? Oft ist es ja schwer, Gottes Weg und Willen zu erkennen. Aber manchmal ist sein Wille sehr klar, sehr einfach – und wir laufen trotzdem in die andere Richtung. Finden im Kopf gute Gründe und Ausreden und – tun genau das Falsche. So wichtig es im Leben ist, einen eigenen Verstand, einen eigenen Willen und eine eigene Meinung zu haben, so hinderlich kann uns das hier und da Gott gegenüber sein. Aber vor allem hinderlich uns selbst gegenüber: Wie wir uns manchmal die Gründe für unser Tun und Lassen zurechtlegen, so betrügen wir uns selbst am meisten – anders als der Fisch …

Dann ist da *Jonas* Kehrtwende. Ist er nun nach Flucht und wunderbarer Rettung ein neuer Mensch geworden? Weit gefehlt! Gut, er begibt sich diesmal auf den richtigen Weg. Aber eilig hat er es nicht. Als er dann bei dieser Großstadt mit einem Durchmesser von drei Tagereisen ankommt, geht er nur einen einzigen Tag weit hinein. Nicht ins Zentrum, nur in die Vorstadt. Da kann er schneller wieder weg. Da hören auch keine wichtigen Leute zu. Seine Unheilsbotschaft sondert Jona in knappen, dürren Worten ab, und schon ist er fort. Er hält sich zwar wortgetreu an seine Anweisungen, aber er ändert nicht seine Einstellung, macht prophetischen „Dienst nach Vorschrift", mehr nicht. Sicherlich kein Vorbild für uns. Aber was wir an ihm lernen können, ist: Gott braucht viel Geduld mit seinem störrischen Jona – und Gott hat sie auch. Gut zu wissen – für uns mit unserem gelegentlichen Starrsinn, dem Trotz, der Rechthaberei, der Verbohrtheit.

Aber nun die *Leute in Ninive*. Wenn Sie mich fragen, wo der Schreiber oder die Schreiberin am dicksten aufgetragen hat, dann ist meine Antwort: Nicht bei den drei Tagen im Fisch, sondern bei dieser ehrlichen und durchgreifenden Kehrtwendung einer ganzen Gesellschaft – vom König bis hinunter zum Rindvieh im Stall. – „Die Leute von Ninive setzten ihre Hoffnung auf Gott", so fängt diese Kehrtwende an. Dabei hätten sie den ausländischen Propheten einfach überhören oder als Spinner abtun können. Oder sagen können: „Das alles geht mich gar nicht so direkt an, und es wird schon nicht so schlimm kommen …"

Aber nein, die Leute setzten ihre Hoffnung auf Gott, sogar auf einen fremden Gott. Da sind diese Heiden anders als der Gottesmann Jona – damals, als Gott sich zum ersten Mal an ihn wandte. Beide, Jona und nun die Leute aus Ninive, hören etwas von Gott, was ihnen nicht gefallen kann. Der Fromme geht daraufhin stiften, die Heiden setzen ihre Hoffnung auf Gott …

Und es geht wunderbar weiter in Ninive: Sogar der erste Mann im Staat geht in Sack und Asche, bekennt sich zu den Fehlern und Irrwegen der Vergangenheit. Ein echtes Vorbild für sein Volk – nicht in seiner Perfektion, sondern darin, Fehler einzugestehen und umzukehren. Solche Politiker gibt es nicht oft – fällt *Ihnen* einer ein?

Das große Fasten in Sack und Asche hat natürlich demonstrativen Charakter: Die Leute wollen Gott rumkriegen, ihn umstimmen. Aber es bleibt nicht beim Äußeren. Nein, sie hören auf, Unrecht zu tun, sie ändern ihre unheilbringenden Denk- und Lebensweisen. Kein Prophet musste ihnen da im Einzelnen erklären, was sie alles zu ändern hätten, im Grunde wussten sie es ganz gut selbst. Aber nun *wissen* sie es nicht nur, sie *tun* es auch.

Und dann ist da *Gottes* Umkehr: „Gott sah, dass sie sich von ihrem bösen Treiben abwandten. Da tat es ihm Leid, sie zu vernichten, und er führte seine Drohung nicht aus." – Kann man so von demjenigen reden, der von Ewigkeit zu Ewigkeit das All durchwaltet, der dem Raum und der Zeit enthoben ist, der über allem thront und alles hält? Gott – wie ein Mensch, der seine Meinung einfach ändert, der umkehrt? Wo ist denn da Gottes Treue zu sich selbst?

Ich meine: Diese Kehrt-Wendung, diese Hin-Kehr zu seinen Menschen und seiner Welt, genau die ist es, worin Gott sich treu bleibt! Kein Gott wie ein Felsblock, der unbeweglich und unverrückbar da steht, wo er immer schon gestanden hat – das wäre ein toter Gott. Sondern der *lebendige* Gott, der sich zu uns kehrt. Der nicht der Gefangene seiner höheren Werte und abstrakten Gerechtigkeit ist, sondern der sich durch seine Liebe leiten lässt, dazu verleiten lässt, es mit uns immer wieder zu probieren. Der uns sogar, um auf Jesus zu sprechen zu kommen, als Mensch begegnet und uns in keinem menschlichen und unmenschlichen Schicksal allein lässt. Gerade in seiner Kehrtwendung zu uns ist Gott sich treu. Und genau genommen durchzieht Gottes Hinwendung schon vorher die Jona-Geschichte: Gott läuft dem flüchtenden Jona hinterher. Gott bringt die fremden Seeleute auf dem Flucht-Schiff dazu, ihn zu bejubeln und zu preisen. Gott rettet Jona aus den Fluten. Gott wendet sich den Leuten aus Ninive sogar durch eine drohende Botschaft zu – um sie zu retten, um Stadt, Mensch und Tier einen Neuanfang erleben zu lassen.

Und da sind *wir* nun mit dieser Kehrtwende-Geschichte. Wir mit unserer Vorliebe, auf den alten Gleisen zu bleiben. Weil wir uns stur einreden, das sei schon der richtige Weg. Oder weil wir die Ungewissheiten neuer Wege fürchten. Oder weil es zu anstrengend ist, oder, oder, oder.

Jona selbst mit seiner halbherzigen Umkehr ist da wohl keine Ermutigung. Eher vielleicht der Fisch, der schlicht und einfach das tut, was er als Gottes

Wort vernommen hat. Und noch mehr die Ninive-Bewohner, die sich etwas sagen lassen, es sich zu Herzen nehmen – und tatsächlich und erkennbar manches ändern. Vor allem aber ist *Gott selbst* Grund und Ermutigung für unsere Kehrtwende. Weil er sich so beharrlich zu uns kehrt, uns in die Sackgassen unseres Lebens hinein nachgeht und partout nicht will, dass wir am Ende unserer Sackgassen verharren und erstarren. Sondern dass wir umkehren.

Gebet (nach dem Evangelischen Gesangbuch Rheinland-Westfalen-Lippe, Nr. 658):

Lass uns in Deinem Namen, Herr, die nötigen Schritte tun.
Gib uns den Mut, voll Glauben, Herr, heute und morgen zu handeln.
Gib uns den Mut, voll Liebe, Herr, heute die Wahrheit zu leben.
Gib uns den Mut, voll Hoffnung, Herr, heute von vorn zu beginnen.
Lass uns in Deinem Namen, Herr, die nötigen Schritte tun!
Amen.
(Kurt Rommel [1964] 1969. © Strube Verlag München)

Neues Testament

„Als sie den Stern sahen ..."

Als sie den Stern sahen, wurden sie hoch erfreut.
Matthäus 2,10

Sie lesen diesen einen Satz – und Sie wissen wahrscheinlich sofort, um welche Bibel-Geschichte es da geht: um die von den „heiligen drei Königen". Allerdings waren es laut biblischem Bericht weder „drei" (die Zahl wird nicht genannt), noch waren es „Könige" (sondern Magier), noch waren sie „heilig" (denn als heidnische Magier und Sterndeuter praktizierten sie Dinge, die dem Volk Gottes streng verboten sind).

Also dann eben: die Geschichte von den heidnischen Magiern, die zu den ersten Christus-Verehrern und -Anbetern werden. Dass es um *diese* Geschichte geht, erkennen Sie am *Stern*. Der Stern darf in der Weihnachtsgeschichte auf keinen Fall fehlen, und er fehlt bis heute nicht in der Weihnachtsdekoration und auf den Keks-Tellern.

In unserer Geschichte erscheint der Stern den Magiern im fernen Morgenland, so ungefähr im Irak, wo heutzutage, gut 2000 Jahre später, alles ziemlich dunkel ist und die Lichter der Hoffnung rar sind. Aber damals: dieser Stern! Sicher nicht für jeden zu erkennen. Aber unsere weisen Menschen waren es gewohnt, nicht nur auf die eigenen Füße zu blicken, nicht nur auf die eigenen vier Wände, die eigenen engsten Mitmenschen, nicht nur auf das, was sie selbst gerade in den Händen halten. Nein, ihr Blick geht weiter. Hinauf in den Himmel. Sie schauen auf das, was ihre eigene kleine Welt umwölbt, und sie setzen ihr eigenes kleines Licht in Beziehung zu den Lichtern am Firmament. Leute, die auch mal den Blick erheben und weiter sehen. Solche Menschen können Dinge entdecken, die anderen verborgen bleiben.

Vielleicht ist es Ihnen schon mal so ergangen: Ihnen geht plötzlich ein Licht auf, ein „Geistesblitz" lässt Sie schlagartig etwas anders und deutlicher sehen, Sie machen eine „himmlische" Erfahrung. Womöglich so ein spirituelles Erlebnis, das Ihnen die Nähe Gottes erschließt. – Und dann? Was passiert danach? Nichts da mit „danach". Es bleibt so, wie es immer war, Sie bleiben dort sitzen, wo Sie schon vorher saßen.

Nicht so unsere Magier. Sie bleiben *nicht* in ihren Gelehrten-Stühlen, um sich an ihren gebildeten Einsichten und spirituellen Erfahrungen zu ergötzen. Nein, sie brechen auf. Schnell die Satteltaschen auf die Kamele. Wäsche, Zahnbürste. Und: Gold, Weihrauch, Myrrhe. Sie ahnen schließlich etwas davon, *zu wem* sie aufbrechen. Zu einem, dem man all das vor die Füße legen kann, was einem bisher so wertvoll und wichtig war. Landkarten? Kompass? Nichts da! Der *Stern* zeigt die Richtung. Das neue Licht am eigenen Horizont weist den Weg. Das zumindest ist die Hoffnung. Unsere Magier verzichten darauf, sich an die Pfade und Routen zu halten, die andere schon vorgebahnt haben. Ein neues Licht verlangt nach neuen Wegen. Für Münsterländer: Der Weg zum neugeborenen König führt nicht über die A1. Eher schon über Kattenvenne. Aber auch das weiß man vorher nicht so genau. Es hängt nämlich davon ab, wo ich gerade stehe und wo mir dann das Licht des neugeborenen Königs aufgeht.

Beschreiten die Magier wirklich *neue* Wege? Vielleicht anfangs schon, aber dann sind es *doch* wieder die konventionellen Pfade. Denn sie landen nicht in den Hütten, sondern in den Palästen. Nicht in den bescheidenen Verhältnissen des Allerweltspaares Maria und Josef, sondern im Prunk von König Herodes. Dort löst die Nachricht vom neugeborenen König helle Aufregung aus, der große Herodes sieht schon seine Macht schwinden. Die Fachleute ziehen alte Schriften zu Rat: In *Bethlehem* muss es passiert sein. Unsere Magier, sie werden nun nichtsahnend zu Spionen des Diktators umfunktioniert.

Erst jetzt, auf dem Weg vom Palast weg, sehen sie den Stern wieder, den sie in ihrem Heimatland entdeckt hatten. Das kann doch nur heißen: Der Weg zum neugeborenen König war nicht „glatt": Zwischenzeitlich war das Licht von früher verschwunden, die Orientierung weg. Tiefe Nacht. Die irrige Hoffnung, ausgerechnet im Palast den zu finden, zu dem der Stern führt. Endlich ist der Stern wieder da. Selbst auf dem letzten Stück der Reise war er aber nicht durchgängig zu sehen, denn erst am Ziel der Reise heißt es:

Als sie den Stern sahen, wurden sie hoch erfreut.

Erfreut, weil das Licht wieder da ist. Erfreut, weil sie begreifen: Wir sind angekommen! Wir haben den „neugeborenen König" gefunden! Sie treten ein. Sie sehen Maria, sehen das Baby (von Josef ist nicht die Rede; Männer eben sind nicht immer da, wo sie eigentlich hingehören.) Die Magier knien nieder. Ein Baby, durch das hindurch ihnen Gott selbst aufgeht: Jesus, der Menschensohn. Und Gottessohn. Sie legen ihre Geschenke ab: Gold, Weihrauch, Myrrhe. Vom Kind her gedacht, wären Söckchen, Windeln, Wiege, Kuscheldecke passender gewesen. Männer halt. Aber unsere Magier drücken eben ihre Hingabe auf *ihre* Weise aus, so, wie sie es nun mal können, denken, empfinden. Das ist gut so.

Wenig später treten sie wieder die Heimreise an. Auf Umwegen. Den Palast meiden sie nun. Zurück an ihren vertrauten Ort, zurück in ihren Alltag. Aber ich bilde mir ein: Trotz der Erleichterung um die Geschenke kehren sie *reicher* zurück. Und verwandelt. Jetzt ohne Stern vor der Nase. Den brauchen sie nicht mehr. Aber mit dem menschlichen Gott im Herzen.

Wir können von diesen Magiern manches lernen:

- Schauen Sie in die Weite! Sie sollen zwar nicht übersehen und übergehen, was Ihnen heute vor den Füßen liegt, aber Sie sollen auch den Himmel sehen, der Ihren Alltag und Ihr kleines Leben umfängt!

- Seien Sie offen für Überraschendes, Unverhofftes, für Göttliches! Die Magier haben nicht *den* einen Stern gesucht. Aber *gesucht* haben sie, und *offen* waren sie. Nur so konnten sie das Licht bemerken, das sie dann zu Christus leitete.

- Sie können Gottes Stern *gerade* in der Nacht deutlicher sehen. Deswegen: So schlimm auch die Nacht der Seele, die Dunkelheit im Leben sein mag: Es *kann* sein, dass Sie ausgerechnet in solch einer Zeit Gottes Licht entdecken!

- Wenn Gott Ihnen ein Licht aufgehen lässt, dann bleiben Sie nicht sitzen! Belassen Sie es nicht bei der Freude an der Erfahrung! Dieses Licht will Ihnen *Orientierung* geben, Ihnen die Richtung zeigen, in die Sie sich bewegen sollen!

- Auch unter Gottes Stern gibt es Zeiten, in denen Sie dieses Licht nicht mehr erkennen. Sie glauben dann, Sie folgen einer Phantasterei. Sie meinen, Sie haben sich heillos verirrt und bleiben im Dunkeln. Diese Zeiten gibt es, das ist so. Sie müssen ausgehalten werden. Der Stern wird Ihnen schon wieder scheinen – aber zu *seiner* Zeit!

- Suchen Sie den menschenfreundlichen Gott nicht in Glanz und Glimmer! Wenn Gott sich zu den Menschen hinunterbeugt und einer von ihnen wird, dann mit Vorliebe *ganz* unten!

- Eine „Sternstunde" ist es, wenn Sie *finden* – wie die Magier. Wenn Ihnen Jesus so nahe kommt, dass Ihnen dabei Gott selbst aufleuchtet. Ich denke da gar nicht so sehr an ganz große Wendepunkte im (Glaubens-)Leben. Eher an Momente, die sich immer wieder einstellen können, wenn Sie so unterwegs sind wie unsere Weisen. Wo Christus Ihrem Herzen greifbar ist, und alles ist gut. Wo Sie „hoch erfreut" sind wie die Weisen. Solche Momente kann man nicht „machen". Aber *wenn* so ein Augenblick da ist, dann sollten Sie nicht gleich weiterziehen wollen. Unsere Weisen machen das so: Sie halten an. Sie beten an. Sie zeigen ihre Ehrerbietung, wie sie es eben können. So können Sie es ebenfalls tun.

Gebet:

Christus, ich habe nicht Gold, Weihrauch und Myrrhe. Ein Herz habe ich. Nicht lupenrein. Nicht glaubensstark. Manchmal verhärtet, verletzt und verletzend, manchmal unruhig, ängstlich, zitternd. Christus, es ist Weihnachten! Dieses Herz möchte ich Dir geben.
Amen.

Wie besessen

Sind Sie „besessen"? – Was für eine Frage! Böse Geister kommen heutzutage nicht mehr vor, jedenfalls in Westeuropa. Höchstens bei Kindern, da sitzen sie im Dunkeln unter dem Bett oder stehen hinter der Tür. Aber Erwachsene wissen es besser. Sie machen einfach das Licht an und sagen: „Sieh her! Da ist doch gar nichts!"

Die Austreibung der Geister aus dem heutigen Weltbild hat mit den *Naturwissenschaften* zu tun und dem „naturwissenschaftlichen Weltbild". Da hat nur Gewicht, was man wiegen kann; es zählt nur, was man zählen kann; als Maß gilt, was messbar ist. Manch guter Geist wird da in einem Abwasch gleich mit entsorgt: Gute Gedanken und kostbare Gefühle werden durch neurobiologische Prozesse im Gehirn weg-erklärt, sie sind dann „nichts als" – nichts als das nämlich, was man auch messen könnte.

Und: Man kann dann auch Gedanken und Gefühle neurobiologisch *verändern:* Für manches geistige oder seelische Problem (und wer hat so etwas *nicht?*) gibt es die passende Medizin. Das ist auch gut so – solange das nicht alles ist. Aber mir scheint: Manchmal wird Medizin *statt* eigentlicher geistiger und seelischer Hilfen eingesetzt, nicht nur ergänzend: Sie wirkt ja so schnell, so durchschlagend und ist so schön billig, verglichen mit den Personalkosten für Leute, die lange Gespräche führen. Schöne neue Welt: Die effektivsten Antworten auf die Sinnfrage, auf Sorgen und Ängste, auf existenzielle Leere gibt es in der Apotheke – oder im Supermarkt in der Spirituosenecke, wie eh und je schon.

Und weil das, was zum glücklichen Leben gehört, heutzutage *käuflich* ist, wird das *Geld* immer wichtiger – vor allem das Geld *im Kopf,* als Gegenstand unseres Denkens, unseres Wünschens, unseres Sorgens. Es zählt, was sich rechnet. In den Nachrichten ist von fast nichts anderem die Rede. Sozial- und Entwicklungspolitik? Kultur? Geisteswissenschaften? Menschliche Werte? Durch die Brille der Ökonomisierung gesehen, ist das eher Ballast, da muss man streichen. Oder wenn Sie die Bildungs-Debatte verfolgen: Was da „zählt", ist der internationale Vergleich – in Fächern, die den Wirtschaftsstandort sichern, die bei der Globalisierung konkurrenzfähig machen. *Konkurrenzfähigkeit* soll herangebildet werden. Will noch jemand *Menschen* „bilden" – freie, selbstbewusste, verantwortungs- und rücksichtsvolle Personen? Für Kant war „Aufklärung" noch „der Ausgang des Menschen aus seiner selbst verschuldeten Unmündigkeit". Solche Aufklärung ist heute Schnee von gestern …

Wenn Sie meinen plakativen Bemerkungen auch nur zu 10 % Recht geben, werden Sie mir zustimmen: Es gibt sie auch heute noch und mehr denn je, die Dämonen. Die mächtigsten Dämonen sind ausgerechnet jene, die die bösen Geister von früher ebenso wie manchen guten Geist so erfolgreich ausgetrieben haben. Unser „Zeitgeist" – ein Dämon, der täglich Menschenopfer fordert – weil die Menschen *innerlich* unter die Räder kommen und kaputtgehen, oder weil sie *äußerlich zugunde gehen,* als Folge von Hunger, Gewalt, Entrechtung.

Nun aber zu einer Geschichte von einem vergleichsweise harmlosen Dämon:

Jesus und seine Jünger gingen weiter und kamen miteinander nach Kafarnaum, und gleich am Sabbat ging Jesus in die Synagoge. Dort sprach er zu den Versammelten (...)

In ihrer Synagoge war ein Mann, der von einem bösen Geist besessen war. Er schrie: „Was haben wir mit dir zu schaffen, Jesus von Nazaret? Du bist doch nur gekommen, um uns zu vernichten! Ich weiß genau, wer du bist: Du bist der, der an Gottes Heiligkeit teilhat!" Drohend sagte Jesus zu dem bösen Geist: „Schweig und fahr aus von diesem Menschen!" Da zerrte der Geist den Mann hin und her und fuhr aus mit lautem Geschrei. Die Leute erschraken alle und fragten einander: „Was hat das zu bedeuten? (...) Er befiehlt sogar den bösen Geistern, und sie gehorchen ihm."
Markus 1,21–27

Wer sind die Handelnden in dieser Geschichte? Klar: Jesus und der Dämon. Und dann gibt es noch die Leute in der Zuschauer-Rolle. – Wer *nicht* wirklich vorkommt, ist der *besessene Mensch selbst.* Der Dämon spricht durch den Menschen, schreit durch ihn, wirft ihn hin und her. Der Mensch, er ist nicht er selbst, er ist eine Marionette, eine willenlose Puppe.

Mir scheint: Das ist geradezu das Kennzeichen eines bösen Geistes: Er macht mich zum *Objekt,* zur Marionette, zum Statisten. Als Mensch komme ich unter die Räder. Oder anders:

Alles, was mich daran hindert, ich selbst zu sein, alles, was meine Freiheit über Gebühr einschränkt, was mich zum bloßen Sprachrohr macht, was mich hindert zu vertreten, was ich *selbst* meine, denke, fühle – all das ist dann mein Dämon! – Auch wenn er „an sich" vielleicht ganz harmlos ist, wenn ich ihn erst zu meinem Dämon mache.

Ist dann ein Schild „Tempo 50" ein Dämon, weil es meine Freiheit einschränkt? Ist jemand, der sich an einem bösen Wort von mir stößt und mich in meine Grenzen weist, ein Dämon, der mich hindert, ich selbst zu sein? – *Nein*, und zwar aus zwei Gründen: Erstens geht es da nicht um so ganz wichtige Dinge, und zweitens sind Dämonen nie *nur* außen, sie sind vielmehr *vor allem innen drin.* Dämonen, das sind Gedanken, Impulse, Wünsche, Verlockungen, Ängste, Schreckensvorstellungen, die mir wie ein kleiner Mann im Ohr erzählen, was ich zu tun, zu sagen, zu lassen habe, wie ich mich geben muss, was ich zu leisten habe, damit ich gut bin und gut ankomme.

Oft *drohen* Dämonen: „Wenn Du das und das nicht tust oder nicht so und so bist, dann kannst Du nicht mehr in den Spiegel gucken, dann verachten Dich die anderen!" Oder: Dämonen *locken* – mit falschen Versprechen, wie bei Eva im Paradies: „Wenn Du von der Frucht isst, wirst Du klarer sehen, wirst Du sein wie Gott!" – „Wenn Du Dich auf Dein Idealgewicht runterhungerst, werden Dich alle lieben!" „Wenn Du immer ‚ja' sagst, lieb und freundlich bist, wirst Du als Mensch akzeptiert!" Dämonen, das sind auch übermächtige *Gefühle*, denen ich nichts entgegensetze. *Gedanken*, die mich völlig beherrschen, die mich nicht loslassen.

Nun nochmal: Sind Sie besessen? – In diesem Sinne sind wir's wohl. Das Tückische ist: Die Dämonen verstecken sich gut, geben sich als Teil von mir aus, umgeben sich mit guten, vernünftigen Gründen, warum sie eigentlich recht haben – und warum es sie gar nicht gibt.

Aber unsere Geschichte lehrt: Wo Jesus in die Nähe der Dämonen kommt, wo wir als Besessene in Berührung mit seiner heilsamen Kraft kommen, da fällt die Maskerade. Da bricht heraus, was vorher unter der Decke war, da erscheint etwas als fremd, besitzergreifend, übermächtig, womit wir nicht gerechnet hätten. Oder anders: Wenn unser Besessener nicht an jenem Tag die Synagoge in Kafarnaum besucht hätte, wäre sein Dämon „unsichtbar" geblieben, wäre dieser Mensch weiter als halbwegs normales Mitglied der Dorfgemeinschaft durchgegangen – vielleicht etwas sonderbar, vielleicht überangepasst oder gehemmt, vielleicht besonders lieb oder unleidlich und ziemlich geladen. Aber erst in der Nähe Jesu kommt zum Vorschein, was ihn da eigentlich beherrscht.

Aber das ist zugleich auch der Anfang vom Ende des Dämons. Er muss am Schluss weichen. Nicht gesittet verabschiedet er sich bei einem überzeugenden religiösen Gespräch, sondern in einer erschütternden Szene mit viel Geschrei. So ist das: Jesu heilsame Nähe und sein Herrschaftsanspruch sind eine Bedrohung für jeden Dämon, für alles, was uns von innen her gefangen nimmt.

Was können wir mit unseren erkannten oder unerkannten Besessenheiten von dem Befreiten aus dieser Geschichte lernen? Nicht viel: Das Entscheidende geht hier von Jesus aus. Eines aber doch: Wir sind gut beraten, Jesu heilsame Nähe zu suchen – in der Synagoge von Kafarnaum oder in der Kirche von Pusemuckel, in heilsamen Bibelgeschichten, in der Gegenwart von Menschen, die etwas von Christi Geist ausstrahlen und – vor allem – im *Gebet*. Denn: Wo es unsere Dämonen nicht nur äußerlich, sondern „innen drin" mit Christus zu tun bekommen, da vergeht ihnen das Lachen. Da können sie sich nicht mehr verstecken. Und vielleicht haben sie das Pech, weichen zu müssen – und wir sind frei!

Gebet:

Christus, Du weißt besser als ich selbst, was mich beherrscht, gefangen hält, sprachlos macht. Ich bitte Dich: Öffne mir die Augen! Gib mir die nötige Kraft! Lass mich frei werden!
Amen.

Verdorrte Hand – geheilte Hand

Was unterscheidet den Menschen von seinen Mitgeschöpfen? Erste Antwort: das Denken. Allerdings: Wenn wir etrachten, wohin der Mensch mit seinem Denken, mit all seinen Entdeckungen und Erfindungen sich und die Welt gebracht hat, können wir das nicht als besonders positive Eigenschaft werten. Zweite Antwort: die Sprache. Andererseits: Es gibt so viel Nicht-Verstehen, Aneinander-Vorbeireden, Herumschreien und Sprachlosigkeit zwischen den Menschen. Also ist es damit auch nicht weit her.

Ich möchte Sie statt dessen für die Dauer einer Andacht für eine dritte Antwort gewinnen: Die Hände machen den Menschen zum Menschen. Mit der Gabe des aufrechten Ganges hatte der Mensch zwei freie Hände bekommen. Damit kann er sich anders als fast alle Tiere am Rücken kratzen oder Werkzeug in die Hand nehmen. Sie meinen, das kann ein Schimpanse auch? Schon, aber haben Sie mal einen Schimpansen Geige spielen sehen? Mit den Händen können die Menschen Dinge bauen, konstruieren, aufschreiben, formen, die sie selbst überdauern. Der Beginn aller Zivilisation, Geschichte und Kultur …

In unserer biblischen Geschichte heute geht es um einen, der gerade in diesem Punkt behindert ist: Er hat eine verdorrte Hand. Also: Einer, der eingeschränkt ist in seiner Handlungsfähigkeit, der sein Leben nicht so ganz in die eigene Hand nehmen kann.

Jesus ging abermals in die Synagoge. Und es war dort ein Mensch, der hatte eine verdorrte Hand. Und sie lauerten darauf, ob er auch am Sabbat ihn heilen würde, damit sie ihn verklagen könnten. Und er sprach zu dem Menschen mit der verdorrten Hand: Tritt hervor! Und er sprach zu ihnen: Soll man am Sabbat Gutes tun oder Böses tun, Leben erhalten oder töten? Sie aber schwiegen still. Und er sah sie ringsum an mit Zorn und war betrübt über ihr verstocktes Herz und sprach zu dem Menschen: Strecke deine Hand aus! Und er streckte sie aus; und seine Hand wurde gesund.
Markus 3,1–5

In der Bibel steht diese Geschichte wohl, weil es um Jesu Verhältnis zur Sabbatruhe oder überhaupt um seine Auslegung religiöser Regeln geht. Aber die Sabbat-Frage kann nur deswegen hier zum Thema werden, weil es Jesus eben nicht um den Sabbat geht, sondern um diesen einen Menschen mit seinem Handproblem. Deswegen möchte ich Ihre Aufmerksamkeit auf Ihre Hand-Probleme lenken. Dazu ein paar Testfragen:

- Kann eine Ihrer Hände als geballte Faust so richtig auf den Tisch hauen?
- Können Ihre Hände streicheln – sich und auch andere Hände, andere Menschen?
- Können Ihre Hände klatschen – vor Begeisterung? Oder weil Sie anderen applaudieren?
- Können Ihre Hände richtig zupacken und etwas zu Wege bringen, oder sind sie immer wie gelähmt?
- Kann sich Ihre Hand anderen zur Versöhnung entgegen strecken?
- Können Ihre Hände Fesseln zerreißen und Knoten lösen?
- Können Ihre Hände anderen Abwehr zeigen und deutlich „Halt!" oder „Nein!" sagen?
- Kann Ihre Hand die Hände anderer schütteln?
- Können Sie Ihr Leben selbst in die Hand nehmen? Oder liegt Ihr Leben, Ihr Schicksal immer in den Händen Ihrer mehr oder weniger lieben Mitmenschen?
- Können Sie Ihre Hände öffnen, um sich ohne Gegenleistung beschenken zu lassen?
- Können Sie Ihre Hände öffnen, um selbst zu verschenken, oder auch, um Ballast loszuwerden – die Last der Vergangenheit oder falsche Ideale oder Besitz, den Sie bisher unnötig durch's Leben schleifen?

Ich vermute: Ein paar Handbehinderungen werden auch Sie bei sich entdeckt haben. Herzlichen Glückwunsch dazu! – Das ist ein wichtiger Schritt zur Heilung. „Na klasse", werden Sie aber nun mit wegwerfender Handbewegung sagen, „und wo ist jetzt Jesus, der meine Hände heilt? Der das in Ordnung bringt, was mein Menschsein so mindert?"

Wohl wahr: Ob, wie und wann Jesus Ihre Hände heilt, das haben Sie nicht in der Hand. Allerdings: Sie können die Heilung verhindern. Der Hand-Behinderte in unserer Geschichte hat sie nicht verhindert, nein, er hat sie gefördert. Da können wir viel von ihm lernen:

- Er hat nicht die Hände in den Schoß gelegt. Dabei ist das in der Not sehr reizvoll: Man kann sich ganz der Verzweiflung, dem Weltschmerz und der Klage über die ungerechte Welt hingeben. Aber vor allem: Man kann von seinen Mitmenschen erwarten, dass die einem alles abnehmen. Und wenn sie's tun, kann man sich daran gut gewöhnen …

- Der Hand-Behinderte hat sich unter die Menschen begeben. Und er hat seinen Makel nicht dezent in der Tasche versteckt und auf „normal" gemacht. Er hat die Hand wohl nicht demonstrativ in die Luft gehalten und „Seht her!" geschrien. Aber eben auch nicht versteckt. Weder Jesus noch seinen Gegnern ist diese Hand verborgen geblieben.
- Der Hand-Behinderte hört auf Jesus. Jesus ist nämlich nicht nur einfach anwesend, nein, er hat auch zwei konkrete Anweisungen: „Tritt hervor!" und „Strecke deine Hand aus!" Man hätte nun darüber diskutieren können, ob es wirklich Jesus war, der das gesagt hat, ob Jesus denn in solchen Dingen vertrauenswürdig ist, ob es nicht sinnvollere Alternativen gibt als Hervortreten und Hand-Ausstrecken, und ob Jesus nicht in Wirklichkeit den Widerspruch gegen solche Anordnungen provozieren wollte. Unsere Hauptperson diskutiert all das nicht. Er tut das, was Jesus ihm sagt.
- Der Hand-Behinderte tritt tatsächlich hervor. Da sind wir ja anders: Die einen verstecken sich lieber in der Masse und wollen bloß nicht auffallen. Man könnte sich ja blamieren. Die anderen stehen allzu gern ganz vorn – aber eben nicht mit Makel und Handicap, sondern um zu glänzen und in der Anerkennung möglichst aller zu baden. Unser Hand-Behinderter aber geht genau so, wie er nun mal ist, nach vorn. Nicht nur vor die Leute, sondern er geht so, wie er ist, speziell zu Jesus.
- Der Behinderte streckt seine Hand aus und hält sie Jesus hin. Er wagt das ihm Unmögliche, tut genau das, was er in der Spannung, Verkrampftheit und Vertrocknung seiner Hand eigentlich gar nicht kann. Es wird nichts darüber berichtet, dass Jesus nun noch irgendeinen Zauber veranstaltet. Nein, der Behinderte hat auf Jesu Wort hin das Unmögliche gewagt. Die Heilung, sie passiert beim Hören und Ausstrecken, nicht erst beim sichtbaren Heilungserfolg.

Ich weiß nicht, welches Hand-Problem Sie haben, was Ihr Mensch-Sein bremst und beschränkt. Sie selbst wissen es aber, oder Sie sollten es wissen. Vielleicht kommt es Ihrer Heilung durch Jesus entgegen, aus der Geschichte zu lernen:
- Ziehen Sie sich nicht dauerhaft zurück. Machen Sie es sich mit sich selbst nicht zu bequem, handeln Sie selbstverantwortlich! Was Sie für sich in die Hand nehmen können, das tun Sie auch! Lassen Sie sich gern mal etwas aus der Hand nehmen, aber nicht alles!
- Verstecken Sie sich nicht vor den Menschen, und auch nicht das, was Sie für Ihren Makel, Ihr Defizit halten. Sie sollen damit nicht kokettieren und

um Mitleid und Anerkennung betteln, aber Sie sollen sich damit auch nicht verbergen.

- Sehen Sie Jesus nicht einseitig: Nicht nur als den, der Ihnen Gutes tut. Er ist auch einer, der Ihnen bestimmte Dinge zumutet – „Tritt hervor!", „Streck deine Hand aus!". Hören Sie auf ihn, auch wenn es vielleicht unbequem ist!
- Haben Sie den Mut „hervorzutreten", ohne glänzen zu müssen. Haben Sie auch den Mut, ungeschminkt und ungeschönt vor Jesus zu treten. Denn: Wie soll er Sie sonst heilen?
- Tun Sie auf Jesu Wort hin das Unmögliche – das, was für Sie doch gar nicht mehr denkbar erschien, wozu Sie schon lange nicht mehr den Mut hatten!

Gebet:

Gott, ich habe meine Hände zusammengelegt zum Gebet. Sie dürfen jetzt ruhen. Aber in ihnen steckt so viel. So vieles kann ich in die Hand nehmen und gestalten, ich kann auch mit meinen Händen anderen begegnen. Ich danke Dir für diese Hände. Segne ihr Tun!
Amen.

Klarsicht

Sie brachten zu Jesus einen Blinden und baten ihn, dass er ihn an-
rühre. Und er nahm den Blinden bei der Hand und führte ihn hinaus
vor das Dorf, tat Speichel auf seine Augen, legte seine Hände auf ihn
und fragte ihn: „Siehst du etwas?" Und er sah auf und sprach: „Ich
sehe die Menschen, als sähe ich Bäume umhergehen." Danach legte
er abermals die Hände auf seine Augen. Da sah er deutlich und wurde wieder zurechtgebracht, sodass er alles scharf sehen konnte. Und
er schickte ihn heim und sprach: „Geh nicht hinein in das Dorf!"
Markus 8,22–26

Kennen Sie Blinde? Sie kennen wahrscheinlich mehr Blinde, als Ihnen beim
allerersten Nachdenken einfallen. Ein paar Beispiele:

- Die alte Frau Weiß ist auf der Demenzstation. Sie meint, sie sei zu Besuch,
  will unbedingt den nächsten Bus bekommen, um zu ihren Eltern zu fahren. Mich hält sie für ihren Bruder. Sie ist blind für ihre Lage. Schlimm,
  aber manchmal auch barmherzig.
- Herr Grau sieht sich am Ende. Seine Freundin, die große Liebe seines Lebens, hat ihn verlassen. Nun hat sein Leben keinen Sinn mehr, meint er. Er
  ist blind für die Möglichkeit, dass sein Leben und seine Lebensmöglichkei-
  ten mehr und andere sind als diese eine Frau.
- Frau Gelb ist in die Enge getrieben. Um sich herum sieht sie nur Menschen, die ihr misstrauisch begegnen, sie ausnutzen oder mobben wollen.
  Sie ist blind für die Möglichkeit, dass es auch Ehrliche gibt, die es womöglich sogar gut mit ihr meinen.
- Herr Rot arbeitet von früh bis spät an seinem beruflichen Erfolg. Denn
  dann, dann hat er Einfluss und Anerkennung, wird geachtet, dann erst
  kann er Frau und Kindern alles bieten. – *Alles?* Herr Rot ist blind dafür, was
  seine Familie und er selbst *wirklich* brauchen.
- Frau Braun grübelt Tag und Nacht darüber nach, was ihr in der Vergangenheit angetan worden ist und welche Chancen ihr verbaut worden sind. Sie
  ist blind für ihre Gegenwart und blind für ihre Zukunft.
- Herr Grün gönnt sich viel und reichlich, kostet die schönen und teuren
  Dinge in vollen Zügen aus. Das hat er sich selbst erarbeitet, ihm hat keiner
  was geschenkt. Und abgeben? Unsinn, er zahlt ja schon üppig Steuern.
  Herr Grün ist blind für die materielle Not anderer, blind für alle Kostbar-

keiten des Lebens, die man sich *nicht* kaufen kann, blind für alles, was ihm ganz unverdient eben doch „geschenkt" worden ist.

- Frau Blau hat früher einem anderen Menschen einen Schaden zugefügt, den sie nie wieder gutmachen kann. Trotz aller Ausreden und Fluchtversuche: Ihr schlechtes Gewissen sitzt ihr im Nacken, es macht sie kaputt. Sie ist blind für die Möglichkeit von Vergebung.
- Wie das Kaninchen auf die Schlange, so starrt Herr Schwarz auf die Tatsache, dass er eines Tages sterben wird. Kein Arztbesuch rettet ihn vor diesem Druck, jede vergehende Minute ist eine Qual, weil sein Tod immer näher rückt. Herr Schwarz ist blind für das Leben nach dem Tod *und* für das Leben vor dem Tod, er ist also gänzlich lebens-blind.
- Herr Pink ist seit Jahrzehnten alkoholkrank, immer wieder hat er schwere Rückfälle mit stationären Entgiftungen. Auf einem Kirchenfest hat er die Idee, er könnte jetzt doch mal „ganz normal" ein Bier trinken – mit dem gewohnten Ausgang. Herr Pink ist manchmal blind für die Realität seiner Sucht.

All diese Blinden meinen, sie sähen klar, bilden sich womöglich ein, dass ihnen gerade jetzt erst richtig die Augen aufgegangen sind, und all die anderen, die haben dann keine Ahnung, wissen nicht, wie der Hase läuft, sind blind …

Und *Sie*? Sind *Sie* blind? – Ach nein, *Sie* ja nicht! – Aber das sagen die Blinden ja auch! Also: Mit einer Spur Fähigkeit zur Selbstkritik müssen Sie und ich einräumen: Wir könnten selbst auch ganz schön blind sein. Unsere Sicht von uns selbst, vom Leben und von Gott, sie könnte riesige blinde Flecken aufweisen, und fast alle merken das, nur wir selbst nicht.

Der Blinde in unserer Geschichte „sah" wenigstens ein, dass er blind war. Und: Er wollte, dass ihm die Augen geöffnet werden. Von Jesus. Sonst wäre er wohl kaum mitgegangen mit ihm. Er wenigstens hatte den Mut, die eigene „Sicht" in Frage zu stellen. Und das macht Angst.

Der erste Schritt zum Sehen-Lernen: *Sich mit anderen Menschen auf den Weg machen.* Das ist ein Wagnis. Wer sich führen lässt, riskiert es, *ver*führt zu werden: Die anderen könnten einen ganz woandershin locken, denen geht es nur um Abzocke, um religiösen Fanatismus, oder sie sind genauso blind. *Unser* Blinder hatte es da besser getroffen. Vielleicht hatte er auch einen guten Instinkt dafür, wer *wirklich* mehr sieht als er selbst, wer es *wirklich* gut mit ihm meint. Er, der Orientierungslose, hat sich bei der Hand nehmen lassen und sich auf die Orientierung und Hinweise der anderen eingelassen. So kommt er schließlich zu Jesus.

Und Jesus? Er nimmt den Blinden bei der Hand und führt ihn aus dem Dorf heraus. Eine ganz konzentrierte, geradezu intime Szene ist das: Nur Jesus und der Blinde. Alle anderen haben keinen Zutritt mehr. Sie können hinführen, aber dann müssen sie loslassen. Jesus selbst nimmt nun die Sache in die Hand und den Blinden bei der Hand. Er führt ihn in die Abgeschiedenheit. Diese Jesus-Begegnung braucht keine Vermittlung und Stellvertretung durch andere, keine geistliche Autorität, die sich dazwischendrängt.

Was folgt, ist die *Berührung*, und zwar in ganz anstößiger Weise: Jesus streicht Speichel auf die Augen des Blinden und legt ihm die Hände auf. Das ist so anstößig, dass Matthäus und Lukas diese Geschichte nicht in ihren Evangelien von Markus übernommen haben.

Gerade der Speichel: Damit bekommen wir es ja nur bei größter Nähe in Liebe oder Hass zu tun: beim Kuss oder beim Anspucken. Aber hier: Auf den Augäpfeln fließt sozusagen etwas zusammen von dem, der das „Licht der Welt" ist, und dem, der bisher in völliger Finsternis lebte. Dieses Zusammenfließen ist geradezu ein mystisches Ereignis, es beschert dem Blinden die „Erleuchtung", er fängt an zu sehen.

Manche Menschen meinen, dass es da „etwas Höheres" gäbe, und sie wollen sich gern aus den bestehenden Religionen das Passende zusammenstellen. Abgesehen davon, dass es dann meistens beim „Wollen" bleibt: Was wäre so ein intellektuelles Religions-Baukastenspiel gegen diese innige Berührung Jesu, dieses Ineinanderfließen, diese Erleuchtung? Unser Blinder, er puzzelt nicht. Er lässt sich anrühren – und *dann* sieht er.

Und was ist das Erste, was er sieht? *Menschen!* Ziemlich weit weg zunächst. Und noch sehr „hölzern", nämlich „wie Bäume". Eher wie steife Puppen, nicht wie echte Mit-Menschen. Die Berührung Jesu braucht noch weitere Zeit, bis der ehemals Blinde sie klar und scharf sieht als lebendige, wirkliche Menschen wie er selbst.

Nun kommt ein ganz banaler Schluss: Jesus schickt den Sehenden nach Hause. Also *nicht:* Der Geheilte soll ab jetzt mit Jesus auf Wanderschaft gehen oder sonst eine besondere, abgehobene geistliche Existenz führen. Er soll dorthin, wo sein Platz schon vorher war. Aber als ein Verwandelter. Die Augen sind ihm geöffnet worden. Sein Platz ist derselbe, aber sein Horizont, die Größe und die Vielfalt seiner Welt, die hat sich gewandelt. Die Menschen sieht er nun auch, und zwar mit ganz offenen Augen, nicht nur hölzern und wie Puppen.

Aber warum soll der Geheilte nicht erst ins Dorf gehen? Jesus scheut die Wunder-Publicity, nicht nur in dieser Geschichte. Aber vielleicht auch wegen des Geheilten selbst: Wenn einem die Augen aufgehen und der Blick weit wird, dann ist das *auch* eine Mark-erschütternde Verunsicherung. Da ist es gut, sich daran erst einmal in Ruhe zu gewöhnen, sich darauf einzustellen, nun in dem neu gewonnenen Licht zu leben.

Was Sie aus dieser Andacht mitnehmen sollen?

- Die Einsicht in die Möglichkeit der eigenen Blindheit.
- Den Mut, gelegentlich vertrauenswürdigen Menschen auch wirklich zu vertrauen und sich von ihnen bei der Hand nehmen zu lassen.
- Die Begegnung mit Jesus nicht zu einem flüchtigen intellektuellen Geschehen umzubiegen, sondern den Mut zu haben, sich sehr persönlich berühren zu lassen.

Gebet (nach einem Taizé-Lied):

Christus, Du inneres Licht! Lass es nicht zu, dass meine Dunkelheiten zu mir sprechen! Christus, Du inneres Licht, lass mich Deine Liebe annehmen!
Amen.

Schreien, Aufbrechen, Sehen – Herr B.

Haben Sie Vorbilder? Welche? *Wenn* Sie welche haben, zeigt das, woran Ihnen etwas liegt. Je nachdem, worauf es Ihnen ankommt, sind Ihre Vorbilder vertrauenswürdig, gesellig, ruhig und gelassen, schön, mächtig, erfolgreich, witzig, liebevoll, durchsetzungsfähig, mächtig, reich, intelligent, selbstsicher, sportlich, redselig, schweigsam oder, oder.

Wie wäre es z.B. mit Herrn B. als Vorbild? – Herr B. ist behindert, täglich hilfebedürftig, finanziell abhängig, still und zurückhaltend, resignativ und ohne große Erwartungen an das Leben, er wird von den anderen nur geduldet, ist vom Schicksal geschlagen. – Na, wäre Herr B. was für Sie? Als Vorbild? Wohl kaum. Man kann Herrn B. bedauern, aber man kann sich nichts von ihm abschauen! Nichts Vorbildhaftes also. – Bis zu dem Tag, als er sich plötzlich von einer ganz anderen Seite zeigt:

(Jesus und seine Jünger) kamen nach Jericho. Als Jesus die Stadt wieder verließ, gefolgt von seinen Jüngern und einer großen Menschenmenge, saß da am Straßenrand ein Blinder und bettelte. Es war Bartimäus, der Sohn von Timäus. Als er hörte, dass es Jesus von Nazaret war, der da vorbeikam, fing er an, laut zu rufen: „Jesus, Sohn Davids! Hab Erbarmen mit mir!" Viele fuhren ihn an, er solle still sein; aber er schrie nur noch lauter: „Sohn Davids, hab Erbarmen mit mir!"

Da blieb Jesus stehen und sagte: „Ruft ihn her!" Einige liefen zu dem Blinden hin und sagten zu ihm: „Fasse Mut, steh auf! Jesus ruft dich!" Da warf der Blinde seinen Mantel ab, sprang auf und kam zu Jesus. „Was willst du?", fragte Jesus. „Was soll ich für dich tun?" Der Blinde sagte: „Rabbuni, ich möchte wieder sehen können!" Jesus antwortete: „Geh nur, dein Vertrauen hat dir geholfen!" Im gleichen Augenblick konnte er sehen und folgte Jesus auf seinem Weg.
Markus 10,46–52

Herr B., das ist Bartimäus aus Jericho. Der *blinde* Bartimäus. Vorbildhaft nicht in dem, wie er war und wozu er zunächst geworden war, sondern darin, dass er es nicht dabei belassen hat.

Aber mal ehrlich: Können *Sie* sich das von ihm abgucken? Können Sie die schlechte Gesundheit gut werden lassen? Die Behinderung wegbekommen? Eine erstarrte Lebenshaltung auf links kehren? Eine schlimme Ehe kitten (oder beenden)? Sich mit den Kindern versöhnen? Den Beruf zurückbekommen? Ihre verstorbenen Lieben aus dem Grab holen? Sich aus dem Staub erheben und große Sprünge machen? Nein, können Sie nicht! – Oder vielleicht doch? Schwierige Frage! Man kann sich nämlich eine blutige Seele dabei holen, dauernd etwas ändern zu wollen, was nicht zu ändern ist. Aber genauso schlimm ist es, etwas Untragbares als unabänderlich hinzunehmen, obwohl es zu verändern wäre, obwohl gerade dort *doch* Träume wahr werden könnten.

Bartimäus war sich längst über die „Unabänderlichkeit" seiner Blindheit im Klaren. Die frühere Rennerei von Pontius zu Pilatus, von Wunderheiler X zu Facharzt Y hatte er schon durch. Chancen und Enttäuschungen. Stationen einer sterbenden Hoffnung. Alles, was in der Macht von Bartimäus lag, war ausgeschöpft. Er konnte nichts mehr tun. Hilflosigkeit. Sich mit dem Unabänderlichen arrangieren, es ertragen bis zum Ende …

Nicht immer ist es *der rechte Zeitpunkt*, das „Unabänderliche" *doch* noch zu wenden. Hätte Bartimäus an einem x-beliebigen Tag davor angefangen, nach dem „Sohn Davids" zu schreien, es wäre einfach verpufft. Er wäre höchstens für verrückt erklärt worden, hätte als Bettler ein paar Mitleids-Cents mehr bekommen. Oder wenn er einen Tag später losgeschrien hätte? – Pech gehabt, Jesus wäre schon wieder weg gewesen, Chance vertan, weiter betteln …

Bartimäus hat den richtigen Zeitpunkt *nicht* geplant, *nicht* vorhergesehen. Der richtige Zeitpunkt war einfach über ihn gekommen, schlagartig. In Gestalt des Einzigen, der das Wunder wirken konnte, Licht in sein dunkles Leben zu bringen und ihm eine neue Richtung zu geben: Jesus.

Jesus handelt, Bartimäus kann nichts tun. Und doch: Eines *muss* Bartimäus tun: Die Gelegenheit beim Schopfe packen. Konkreter: Jesus beim Schopfe packen, ihn nicht vorüberziehen lassen. Mit allen Mitteln. Bartimäus schreit. Schreit aus Leibeskräften, schreit seine Not heraus. Der „gute Ton" ist ihm jetzt egal. Es geht um ihn selbst, um sein Leben. Nicht um den *guten* Ton, sondern um den *lauten* Ton, gegen alles gute Benehmen. Die Versuche der Leute, ihn zum Schweigen zu bringen, stacheln ihn nur noch mehr an. Er setzt alles auf die Karte Jesus. *Das* ist Glauben.

Und tatsächlich: Jesus steht still. Lässt Bartimäus zu sich rufen. Und da passiert schon das erste Wunder: Die Menschen, die Bartimäus vorher unauffällig und stumm bekommen wollten, die wenden sich ihm nun zu: „Fasse Mut, steh auf! Jesus ruft dich!" Sie helfen ihm zu Jesus hin. Die ersten „Verwandelten" in dieser Geschichte sind die Passanten …

Bartimäus springt auf, lässt den Mantel fallen und die Schale mit dem Bettelgeld liegen – all das, was bis eben gerade so unentbehrlich war, was sein Leben und Überleben ausmachte. Ohne langes Grübeln und ohne Rücksicht auf Verluste. Tollkühn, verantwortungslos, töricht. Glaube eben.

Dann steht der blinde Bartimäus vor Jesus. Bartimäus sieht ihn nicht, aber er hört ihn – und zwar fragen: „Was willst du? Was soll ich für dich tun?" – Dumme Frage! Schließlich sieht Jesus doch, was mit dem los ist, der da vor ihm steht. *Sehen* will Bartimäus! – Aber genau das ist auf den zweiten Blick gar nicht so selbstverständlich, bei Bartimäus nicht, und bei Ihnen und mir auch nicht. Vordergründig soll das, was unser Leben einengt und belastet, zwar weg. Aber hintergründig ist genau *das* manchmal unheimlich wichtig – wichtiger, als wir uns das vielleicht eingestehen mögen. Bei Bartimäus hatte sich doch sein ganzes Leben um seine Blindheit herum arrangiert: Darauf gründete sein Broterwerb, sein Bild in der Öffentlichkeit, die Zuwendung der anderen, die Art seiner sozialen Kontakte, seiner Freundschaften und Gegnerschaften (Bettel-Konkurrenz), sein ganzer Tageslauf.

Von operativ geheilten Blinden gibt es Berichte, dass ihr Leben nach vielen Jahren Blindheit plötzlich am Sehen geradezu zerbrach, weil das ein ungeübtes Gehirn überforderte. Im übertragenen Sinne: *Wollen* und können wir wirklich alles sehen, wie es ist? Wollen wir in unserem Leben und in unserer Welt die Dinge klar und deutlich sehen? Oder drehen wir uns lieber weg, machen die Augen zu, halten manches lieber im Halbdunkel? Geheilt werden, lieber Bartimäus, das *kann* bedeuten, sich auf ein unbekanntes Leben einzulassen. Und es *muss* bedeuten, die Augen aufzumachen! Also: Sagen Sie nicht *zu* schnell, dass Sie frei sein wollen von dem, was Sie am Leben hindert, was Sie belastet und einengt. – Vielleicht wollen Sie lieber *nicht* das Unbekannte wagen, das Sie erwartet, wenn Sie frei sind von dem, was Sie einschränkt, Ihnen den Blick nimmt und Sie innerlich zum Bettler macht? Überlegen Sie es sich gut!

Bartimäus allerdings „sieht" da für sich ganz klar: Er *will* sehen, unbedingt! Und Jesus sagt: „Geh nur, dein Vertrauen hat dir geholfen!" Vertrauen, das hilft, eigentlich schon geholfen *hat*: Vertrauen, dass Jesus ihm die Augen öffnet. Vertrauen, dass es mit dem gewandelten Leben danach schon gut werden wird, dass das *sein* Leben sein wird.

„Im gleichen Augenblick konnte er sehen und folgte Jesus auf seinem Weg." – Die Geschichte endet tatsächlich mit dem Anfang eines neuen Lebens: Es wird nicht hell um Bartimäus, auch Jericho kann ihn nicht mehr halten. Er geht von nun an Jesus hinterher – folgt *dem* Jesus, der von sich sagt: „Ich bin das Licht der Welt. Wer mir nachfolgt, der wird nicht wandeln in der Finsternis, sondern wird das Licht des Lebens haben." (Johannes 8,12)

Herr B. – ein Vorbild für uns? *Nicht* als blinder Bettler, da braucht er eher unsere Solidarität. Aber Vorbild trotzdem – darin, die Chance beim Schopf zu fassen, den richtigen Zeitpunkt zu ergreifen. Vorbild im Mut, aus der Menge herauszutreten. Mut, laut um Hilfe zu rufen und sich nicht zum Schweigen bringen zu lassen, das Wagnis eines neuen Lebens einzugehen. Mut zum Aufbruch, Mut, Jesus zu folgen. Mehr als nur ein Zwischenspiel im Leben des Bartimäus. Er wird noch in der ersten christlichen Gemeinde dabei gewesen sein, denn sonst wäre sein Name nicht bis zum Evangelisten Markus bekannt und erwähnenswert gewesen.

Übrigens: Der Evangelist *Matthäus* verändert diese Geschichte: Es sind plötzlich *zwei* Blinde. Eine Fälschung? Wer soll denn der zweite Blinde sein? Ich meine: Keine Fälschung, sondern eine *Richtig-Stellung:* Denn der zweite Blinde, das soll *ich* sein. Wenn ich mich dort an der Seite des Bartimäus wiederfinde, mit ihm schreie, aus der Menge heraustrete, sehen will, Mut zu Neuem habe und hinter Jesus hergehe, dann habe ich mich „richtig gestellt". Wenn ich aber sitzen bleibe in meiner Dunkelheit, schweige und alles so lasse, wie es ist, dann ist das *nicht* meine Geschichte.

Gebet:

Christus, Du siehst meine Blindheit. Du hörst mein resignatives Schweigen. Dich bewegt meine Erstarrung. Ich bitte Dich: Lass mich wieder sehen! Gib mir wieder eine Stimme! Schenke mir Mut zum Aufbruch – und lass mich Deinen Weg erkennen und gehen, und wenn es erst mal nur die nächsten zwei Schritte sind.
Amen.

Meine Geschichte und die Jesus-Geschichten

Wer sind Sie? – Wenn Sie am Telefon Ihren Namen sagen, weiß der andere, wer Sie sind – aber nur, wenn der Sie sowieso schon kennt. Der Name *an sich* ist Schall und Rauch.

Wer sind Sie? Es gibt den Fingerabdruck und den „genetischen Fingerabdruck". Damit kann die Polizei Sie nahezu eindeutig identifizieren, denn Sie sind einmalig. Die Polizei kann dann vielleicht sagen, was Sie getan haben. Aber wer Sie wirklich sind, weiß die Polizei nicht.

Besser, man begegnet Ihnen *persönlich*. Niemand sonst sieht exakt so aus wie Sie, und jeder aufmerksame Beobachter würde Ihr Passbild unter 100 anderen treffsicher wiedererkennen. Außerdem: Ihre Stimme, wie Sie sich geben, wie Sie sich kleiden, welche Meinungen Sie vertreten: Das alles sagt etwas darüber, *wie* Sie sind – oder besser, was Sie dem anderen vermitteln wollen, wie Sie seien.

Den ersten kleinen Schritt vom „*wie* bin ich" zum „*wer* bin ich" tun Sie, wenn Sie all das sagen, was in einen *Steckbrief* gehört: Alter, Größe, Geschlecht, Beruf, Familienstand, Lieblingsspeise und -getränke, Hobbys, bevorzugte Aufenthaltsorte, besondere Kennzeichen. Kinder haben für so etwas ein „Freundschaftsbuch". Es gibt aber Steckbriefe auch in Partnerschaftsanzeigen oder – wiederum – bei der Polizei.

Wenn jemand *wirklich* wissen soll, wer Sie sind, dann erzählen Sie ihm „*Ihre Geschichte*". Oder genauer: Ihre Geschichte*n* (Mehrzahl). *Welche* Geschichten Sie erzählen, *wie* Sie erzählen und was Sie verschweigen, das hängt davon ab, *wem* Sie es erzählen: dem zukünftigen Chef, der Psychotherapeutin, dem Bekannten von früher, der neuen großen Liebe, den Kindern und Enkeln, dem Hausarzt, der Pfarrerin. Es gibt auch Menschen, die erzählen allen anderen immer wieder *dieselben* Geschichten. *Auch* eine Aussage über sich selbst.

Kennen Sie sich selbst? Welche Geschichten würden Sie sich selbst „erzählen", um sich zu erkennen, um ganz „bei sich" zu sein? Welche Begebenheiten, welche Menschen, Dinge, Lebensphasen? Wer Sie heute sind, das bestimmt darüber, an welche Geschichten Sie sich erinnern. Und umgekehrt: An welche Geschichten Sie sich heute erinnern, das bestimmt mit darüber, wer Sie heute sind: Geschichten von Kraft oder Krankheit, von Wegbegleitern oder nur von sich selbst, von Erfolg oder Scheitern, von Liebe oder Karriere, von Urlaub oder Alltag, von Glück oder Leid, Liebe, Zorn oder Verzweiflung. Morgen sind es vielleicht wieder ganz andere Geschichten, die für Sie dran sind, je nachdem, wie Sie gestimmt sind.

Geschichten, die Auskunft geben, wer Sie heute sind: Das sind solche Geschichten, die Sie auf keinen Fall vergessen *wollen* – oder die Sie nicht vergessen *können*. Geschichten, die Sie noch heute berühren und starke Gefühle auslösen – Freude und Dankbarkeit, Angst, Sehnsucht, Zorn, Trauer, Ekel. Rufen *Sie* sich doch jetzt einmal *Ihre* Handvoll Geschichten ins Bewusstsein, die Sie begreifen lassen, wer Sie heute sind, geworden sind! …

Und wer ist *Gott?* – Auch da gibt es „Steckbriefe“: So und so ist Gott, und so und so ist er nicht. Solche Aussagen mögen stimmen – oder auch nicht. Allerdings: Auch von Gott können wir allein durch so einen Steckbrief kaum etwas begreifen.

Aber durch *Geschichten:* Die Bibel ist voll von Geschichten, in denen sich Erfahrungen mit Gott verdichten. Im Alten Testament ist das z.B. die Geschichte, wie Gott sein Volk aus der Sklaverei befreit; oder die Geschichten von der Schöpfung – wie alles, was ist, sich Gott verdankt; oder die Geschichten von Abraham, Isaak und Jakob – von Aufbruch, Begleitung, Verheißung. Diese Geschichten sind immer mehr als ihre Quintessenzen, ihre „Botschaft“ ist kein Ersatz dafür, sie zu lesen, erzählt zu bekommen und weiterzuerzählen.

Für *Christen* sind es die Geschichten von *Jesus,* die uns erzählen, wer und wie Gott ist – Gott, sozusagen durch Jesus hindurch betrachtet. Darum sind diese Geschichten erzählt, gesammelt und aufgeschrieben worden. Lukas, der sein Evangelium, seine Jesus-Geschichten, irgendwann im letzten Viertel des ersten Jahrhunderts zu Papyrus bringt, spricht davon in seinem Vorwort, das er an einen Christen namens Theophilus adressiert:

> Schon viele haben versucht, die Ereignisse zusammenhängend darzustellen, die Gott unter uns geschehen ließ und mit denen er seine Zusagen eingelöst hat. Diese Ereignisse sind uns überliefert in den Berichten der Augenzeugen, die von Anfang an alles miterlebt hatten und die den Auftrag erhielten, die Botschaft Gottes weiterzugeben. So habe auch ich mich dazu entschlossen, all diesen Überlieferungen bis hin zu den ersten Anfängen sorgfältig nachzugehen und sie für dich, verehrter Theophilus, in der rechten Ordnung und Abfolge niederzuschreiben. Du sollst dadurch die Zuverlässigkeit der Lehre erkennen, in der du unterwiesen wurdest.
>
> Lukas 1,1–4

Luther hat den letzten Teilsatz so übersetzt: „(...) auf dass du erfahrest den *sicheren Grund* der Lehre, in welcher du unterrichtet bist." Jesus-Geschichten sind Geschichten, die festen Grund unter die Füße geben. Oder es jedenfalls *können* – je nachdem, unter welchem *Blickwinkel* ich die Jesus-Geschichten lese: Ich kann sie z.B. lesen, um mein Bibel-Wissen zu erhöhen. Oder „wissenschaftlich": Wie wurden diese Geschichten gesammelt, bearbeitet, ineinander gefügt usw.? – Ich *kann* sie aber auch mit dem Willen lesen, sie mit *meinem* Leben und mit *meinen* Geschichten in Beziehung zu setzen. *Dann* vor allem können mir die Jesus-Geschichten „sicherer Grund" werden – nicht jede und nicht immer, aber manch eine.

Auch hier die Frage: Welche Handvoll Geschichten über Jesus oder Geschichten, die Jesus selbst erzählt, sind Ihnen heute die wichtigsten? Übrigens: Sollten Ihnen keine fünf Jesus-Geschichten einfallen, wird es dringend Zeit, welche zu lesen. Ohne Geschichten *können* Sie nicht wissen, wer Jesus ist und was christlicher Glaube ist, und schon gar nicht können Sie sagen, wie Sie dazu stehen. In diesem Fall könnten Sie erst einmal z.B. das Lukas-Evangelium von vorn bis hinten lesen.

Hier *meine* aktuelle Handvoll Jesus-Geschichten: die Heilung des Gelähmten (Markus 2,1 ff.); Jesu Kreuzigung (Markus 14,32–15,41); der Auferstandene und die Emmaus-Jünger (Lukas 24,13 ff.); Petrus geht unter (Matthäus 14,22–32); der verlorene Sohn (Lukas 15,11–32).

Nun mein „Aha-Erlebnis": Wenn ich „meine" Lebensgeschichten neben diese Jesus-Geschichten halte, dann sehe ich *Bezüge:* Da gehören ein sterbender Freund und Jesu Kreuzigung zusammen; Momente, wo der Boden unter meinen Füßen schwand, passen zum sinkenden Petrus auf dem Meer; das Beten von Freunden für mich passt zu den Freunden des Gelähmten, die ihn zu Jesus tragen; es gab Zeiten, wo der Auferstandene an meiner Seite war, aber meine „Augen gehalten wurden" – wie bei den verzweifelten Emmaus-Jüngern; und die ausgebreiteten Arme des Vaters beim „verlorenen Sohn" sind mir ein starkes Bild für Gottes Arme mir gegenüber, auch wenn ich dazu keine *spezielle* eigene Geschichte habe. Mir scheint: Mit und trotz mancher schwieriger eigener Geschichte kann ich *deshalb* leben, weil es diese Jesus-Geschichten für mich gab und gibt, die, mal bewusst, mal unbewusst, einen sicheren Grund schaffen, auf dem ich stehe und weitergehe.

Ich vermute, das gilt auch für Sie: Die Jesus-Geschichten können für Sie lebendig werden, wenn Sie sich darin wiederfinden, wenn Sie Ihre eigenen Geschichten in die Jesus-Geschichten hineintragen. Und umgekehrt: Wenn Sie einzelne Jesus-Geschichten hineinnehmen in Ihre vergangenen oder aktuellen Geschichten, dann bekommen sie eine andere Färbung, erscheint das Leben in einem anderen Licht. Dann werden Sie womöglich in Ihren Lebensgeschichten nicht nur sich selbst, sondern *Christus* entdecken, und durch ihn hindurch Gott selbst. Und *besser* weiterleben können.

Gebet:

Christus, hilf mir, Deine Spuren in den Geschichten meines Lebens zu finden. Lass mein Leben Deine Geschichte mit mir sein – und lass mich das entdecken!
Amen.

Was lief schief im Tempel?

Die Geschichte, um die es hier geht, kenne ich schon seit meiner Kindheit aus dem Kindergottesdienst. Aber erst vor kurzem habe ich entdeckt: Ich habe mir ein Detail immer falsch gemerkt: Es ging an einer bestimmten Stelle nicht „hinauf", sondern „hinab" ...

Da stand ein Schriftgelehrter auf, versuchte Jesus und sprach: „Meister, was muss ich tun, dass ich das ewige Leben ererbe?" Jesus sprach zu ihm: „Was steht im Gesetz geschrieben?" (...) Er antwortete und sprach: „Du sollst den Herrn, deinen Gott, lieben von ganzem Herzen, von ganzer Seele, von allen Kräften und von ganzem Gemüt, und deinen Nächsten wie dich selbst." Jesus sprach zu ihm: „Du hast recht geantwortet. Tu das, so wirst du leben." Er aber wollte sich selbst rechtfertigen und sprach zu Jesus: „Wer ist denn mein Nächster?"

Da antwortete Jesus (...): „Es war ein Mensch, der ging von Jerusalem hinab nach Jericho und fiel unter die Räuber; die zogen ihn aus, schlugen ihn, machten sich davon und ließen ihn halb tot liegen. Es traf sich aber, dass ein Priester dieselbe Straße hinabzog. Und als er ihn sah, ging er vorüber. Desgleichen auch ein Levit (...) Ein Samariter aber, der auf der Reise war, kam dahin. Und als er ihn sah, jammerte er ihn. Und er ging zu ihm, goss Öl und Wein auf seine Wunden und verband sie ihm, hob ihn auf sein Tier, brachte ihn in eine Herberge und pflegte ihn. Am nächsten Tag zog er zwei Silbergroschen heraus, gab sie dem Wirt und sprach: Pflege ihn; und wenn du mehr ausgibst, will ich dir's bezahlen, wenn ich wiederkomme.

Wer von diesen dreien, meinst du, ist der Nächste gewesen dem, der unter die Räuber gefallen war?" Der Schriftgelehrte sprach: „Der die Barmherzigkeit an ihm tat." Da sprach Jesus zu ihm: „So geh hin und tu desgleichen!"
Lukas 10,25–37

Man kann an jeder Ecke dieser Geschichte etwas lernen: Vom *Samariter*, wie man ohne viele Worte handfest hilft – und seine Hilfe sinnvoll begrenzt. Vom *Überfallenen*, dass man die gefährlichen Wege im Leben nicht allein gehen soll. Von *Jesus*, wie man eine theologische Diskussion auf den Teppich holt und in eine Handlungsaufforderung ummünzt.

Aber hier soll es um den *Priester* gehen. Ich hatte bisher gedacht: Der Priester reist vom tief gelegenen Jericho *hinauf* zum Tempel in Jerusalem. Als Priester soll er dort schließlich kultische Handlungen gestalten, Gebete sprechen, Menschen hilfreiche Worte und nützliche Weisungen geben. Der Priester-Job im Tempel, das ist die *Gestaltung einer Gottes-Begegnung:* stellvertretend für die anderen vor Gott treten. Und umgekehrt: stellvertretend für Gott den Leuten gegenübertreten, ihnen Gott vermitteln, Gott erlebbar machen. Dabei helfen, dass Mensch und Gott miteinander in Berührung kommen. Ich dachte bisher: Diese Tempel-Aufgaben sind es, die den Priester schnell weitergehen lassen: Erstens hat er es eilig, zweitens darf er sich nicht mit dem Blut eines Verletzten kultisch unrein machen. Schlechte Entschuldigungen dafür, den Verletzten links liegen zu lassen, aber ein bisschen verständlich.

Nun meine Entdeckung: Der Priester geht gar nicht „*hinauf*" zum Tempel, sondern „*hinab*", also *von* Jerusalem hinab nach Jericho. Der Priester *geht* also nicht zur Arbeit, sondern er *kommt* von dort, er hat die „Gottesbegegnung" quasi im Rücken.

Der Volksmund sagt: „Wenn man *vom* Rathaus kommt, ist man klüger." Das sollte auch für den „Tempel", die Kirche, den Gottesdienst, die persönliche Gebets-Stille, die Bibellektüre, den gemeinsamen spirituellen Rückzug gelten: Wenn ich von dort komme, sollte ich eigentlich – na ja, klüger vielleicht, aber vor allem klarer sehend, mitfühlender, mehr mit Liebe begabt sein. Jedoch: Bei dem Priester hat das *nicht* geklappt. Das, woher er religiös kommt, hat keinen Einfluss darauf, was er anschließend tut – oder lässt. *Einerseits* hat ihn das Tempel-Zeremoniell *nicht* so „high" gemacht, dass er nun vor lauter Heiligkeit und Glückseligkeit nach Jericho „schwebt" und gar nicht die Niederungen des realen Lebens mitbekommt. Nein, er *sieht* ja den Verletzten. Und wer weiß, vielleicht hat ihn das ja im Weitergehen zu theologischem Nachdenken über Gottes Wirken angesichts der Not in der Welt veranlasst, voller Betroffenheit, versteht sich. *Andererseits* hat ihn die Gottesbegegnung auch *nicht* dazu gebracht, hinzulaufen und anzupacken. Nein, er geht einfach weiter.

Das heißt für uns: Ob und wie religiös wir sind, was wir glauben, ob wir ein geistliches Leben führen, ob wir zur Kirche gehen oder nicht, das sagt *erstmal* noch gar nichts darüber, ob wir soziale Wesen sind, verantwortungsvoll handeln. Ob wir das erkennen und tun, was für andere dringend nötig ist. Und ich ergänze: Religiosität *an sich* sagt ebenfalls nichts darüber aus, ob wir auch uns *selbst* gegenüber verantwortungsvoll sind und das tun, was für das Gedeihen unseres *eigenen* Lebens dran ist.

Allerdings gibt es viele gute Beispiele dafür, dass sich Glaube *sehr wohl* und deutlich positiv auf „das Leben" auswirkt, und durch glaubende Menschen hindurch auf andere. So soll das auch sein. – Aber was könnte denn im Tempel so schiefgelaufen sein, dass das Geschehen dort den Priester in unserer Geschichte gar nicht verändert hat und seine Schritte nicht zum Schwerverletzten umgelenkt hat? Hier ein paar Spekulationen:

1. *Routine:* Man kann seine Frömmigkeit auch so „abwickeln", wie man sich morgens die Zähne putzt: routiniert, ohne innere Beteiligung, ohne ein Gegenüber. Beim Zähneputzen ist das o.k., aber geistlich ist das inneres Koma. So lässt sich keine lebendige Gottesbeziehung pflegen. Speziell unumstößlich *feste* Abläufe laufen Gefahr, innerlich zu veröden, auch wenn die rituelle Hülle gesund und frisch aussieht. *Ich* plädiere für: Mut zu Veränderungen, Mut zu Ausnahmen von der Regel, Mut zum bewussten *Gestalten!*

2. *Angst und Pflicht-Erfüllung:* Es gibt Menschen, die bekommen Angst, wenn sie ihre festen religiösen Formen unterbrechen, wie Zwangserkrankte Angst bekommen, wenn man sie z.B. am Händewaschen hindert. Oder sie sind von dem verqueren Druck beseelt, regelmäßig ein bestimmtes Frömmigkeits-„Pensum" abzuleisten, um vor Gott gut dazustehen. – Wie sollen bei so einem Krampf Freude und Erfüllung aufkommen?

3. *Flucht:* Man kann sich auch eine „himmlische" spirituelle *Sonderwelt* aufbauen: Die Ideologie ist stimmig, die Mitmenschen sind alle (erstmal) so lieb, man redet sich alles schön, und mit Jesus ist sowieso das ganze Leben Friede, Freude, Eierkuchen. Man neigt dann dazu, dem Schwerverletzten am Weg ein „gutes Wort" zu sagen oder in den Tempel einzuladen. Man blendet aber aus, was *wirklich* um einen herum und in einem drin alles zerbricht – und was *eigentlich* mal dringend dran wäre.

4. *Professionalität:* Das betrifft haupt- und ehrenamtliche „Glaubensprofis". Unser Priester ist „Vermittler". Er soll Gott und Mensch in Verbindung bringen. Wer aber *nur* „Priester" ist, kommt in diesem Vermitteln *selbst* als Glaubender nicht mehr vor. Der verliert Gott *und* die Menschen. So jemand leitet dauernd Gottesdienste, geht aber nie als *Teilnehmer* hin. Und wenn doch, dann denkt er dauernd, was er anders machen würde. Oder Seelsorge: „Nur-Priester" reden mit Hinz und Kunz, aber selbst suchen sie für sich nie das persönliche Gespräch. Oder die Faszination vom eigenen Amt: Es kann einem passieren, sich wichtig zu machen und sich so zwischen Gott und Menschen zu stellen. – Ein Hochmut, der sich gern als „Demut" kleidet – kaum zu erkennen, gerade für einen selbst.

Sie sind sich *sicher*, dass *Ihr* geistliches Leben immer von all diesen Zerrformen verschont sein wird? Dann haben Sie fast schon verloren. In der Gottesbeziehung ist es wie in der Liebe: Sie braucht kontinuierliche Beziehungsarbeit. Formen und Zeiten der Zuwendung sind dabei unerlässlich, ja. *Aber* mit beständiger Achtsamkeit und mit Herz. Wenn Sie *so* vom Tempel zurückkehren, stehen die Chancen besser, dass Sie anders wiederkommen, als Sie hingegangen sind.

Gebet:

Gott, bitte lass es nicht zu, dass ich mich daran gewöhne, um Dich zu wissen, von Dir zu hören, zu Dir zu beten! Gib, dass ich in meinem Glauben nicht abstumpfe – nicht zu Dir hin, nicht zu meinem Nächsten! Dir vertraue ich und Dir danke ich, dass Du Dich in alle Ewigkeit nicht an mich gewöhnst und mich immer neu mit Deiner Liebe umgibst.
Amen.

Wann findet das Leben statt?

Im Mittelpunkt heute: ein Gleichnis von Jesus. Die Geschichte fängt gut an, geradezu mit einem Glücksfall. Oder mit dem Erfolg mühevoller Arbeit, je nachdem, wie man es sieht. Aber die Geschichte endet schon wenige Sekunden später schlimm, geradezu tragisch: Jemand wird in seinen Träumen und Plänen jäh unterbrochen, besser: abgebrochen.

> Jesus sagte ihnen ein Gleichnis und sprach: „Es war ein reicher Mensch, dessen Feld hatte gut getragen. Und er dachte bei sich selbst und sprach: ‚Was soll ich tun? Ich habe nichts, wohin ich meine Früchte sammle.' Und sprach: ‚Das will ich tun: Ich will meine Scheunen abbrechen und größere bauen und will darin sammeln all mein Korn und meine Vorräte und will sagen zu meiner Seele: Liebe Seele, du hast einen großen Vorrat für viele Jahre; habe nun Ruhe, iss, trink und habe guten Mut!'
>
> Aber Gott sprach zu ihm: ‚Du Narr! Diese Nacht wird man deine Seele von dir fordern; und wem wird dann gehören, was du angehäuft hast?'
>
> So geht es dem, der sich Schätze sammelt und ist nicht reich bei Gott."
>
> Lukas 12,16–21

Das Gleichnis vom „reichen Kornbauern". Eine Geschichte, die uns als Leserinnen und Leser frustriert und vielleicht entsetzt. – Was hat dieser Mann denn falsch gemacht, was denn Böses getan? Es ist doch schließlich nichts verkehrt daran, in die Zukunft zu schauen und zu planen! Heutzutage raten einem doch alle Experten, Altersvorsorge zu betreiben, wenn finanziell irgend möglich, für später vorzusorgen! Und unser Bauer macht ja nichts anderes als eben vorzusorgen.

Nein, „böse" ist dieser Mann gar nicht und er tut auch nichts „Böses". Dass er in der kommenden Nacht sterben wird, hat auch nichts mit „Strafe" zu tun. Denn so ein Satz gilt ja schließlich für jede und jeden irgendwann einmal: „Kommende Nacht" oder „kommenden Tag wirst du sterben!" Für die Bösen wie für die Guten. Und für uns, die wir irgendwo dazwischen sind, zwischen Böse und Gut, wird dieser Satz ebenfalls einmal ein wahrer Satz sein.

Nein, der Bauer ist kein Böser, sondern ein „Narr". Ein „Idiot". Ein „Schwachkopf", würden wir heute sagen. – Ja, ist er das? Einer, der Erfolg hat, der es zu was gebracht hat im Leben, der planen kann und das Zeug dazu hat, diese Pläne umzusetzen? Kann der denn ein Narr sein? „Jawohl!", sagt Jesus, „kann er!" Das allein ist schon eine Andacht wert. Die Geschichte lädt uns ein, die „Narren" nicht an den Rändern der Gesellschaft zu suchen, unter den Erfolglosen und Benachteiligten oder unter denen, die nicht so clever sind. Sondern: Die Narren *können* sich auch unter den „Leistungsträgern" der Gesellschaft tummeln: politische Entscheidungsträger, Industriekapitäne, Finanzjongleure. Mal abgesehen davon, dass das Wort „Leistungsträger" nicht in jedem einzelnen Fall passt: Es könnten sich auch unter diesen zumeist klugen Leuten manche Narren tummeln. Narretei ist keine Frage der Intelligenz.

Aber wir können uns durch dieses Gleichnis auch darauf stoßen lassen, die Narren noch an ganz anderer Stelle zu suchen und zu finden: beim Blick in den Spiegel! – Getreu den Worten meiner Mutter: „Einsicht ist der erste Weg zur Besserung!"

Also: unser Bauer, ein Narr! Und wieso das nun? Ich glaube, die Antwort wird gleich im ersten Satz gegeben: „Es war ein *reicher* Mensch …" – Aha! Reich war er! Und *trotzdem* sorgt und plant er für seine materielle Zukunft, als wäre er ein Tagelöhner, der nicht weiß, wo er morgen die Butter auf dem Brot hernehmen soll. Einer, der eigentlich „ausgesorgt" hat. Und der sich *trotzdem* sorgt und plant und mit Kopf und Herz ganz in der Zukunft lebt. Die Suche nach letzter Sicherheit. Für alle Eventualitäten gewappnet sein. Um dann irgendwann sagen zu können: „So, liebe Seele, jetzt iss und trink und lass es dir gut gehen! *Jetzt* hast du ausgesorgt!" Ich meine: Wer so lebt, verschiebt das Ausgesorgt-Haben, das Ruhe-Haben, das entspannte Essen und Trinken auf den Sanktnimmerleins-Tag. Der kann noch 100 weitere Jahre leben und arbeiten, sorgen, planen, absichern – und dabei den nie erfüllten Traum träumen: „Dann und dann endlich, *dann* fängt das Leben an!"

Kennen Sie das? Das Verschieben des Lebens in die Zukunft? – „Wenn ich erst lesen und schreiben kann und meine Kinderbücher selbst lesen kann!" „Wenn ich erst eine Lehrstelle habe!" „Wenn ich erst eine Freundin/einen Freund habe!" „Wenn erst mein Kinderwunsch erfüllt ist!" „Wenn wir erst das Eigenkapital für das Haus haben!" „Wenn erst die Scheidung durch ist!" „Wenn ich erst wieder gesund bin!" „Wenn endlich wieder Urlaub ist!" „Wenn ich endlich pensioniert bin!" Wenn, wenn, wenn! Armer reicher Kornbauer! Du bist mit Kopf und Herz dauernd in der Zukunft, willst leben und willst Ruhe für Deine Seele. Aber: So *verpasst* Du Dein Leben! So findest Du *niemals* Ruhe!

Die Lehre, die ich aus diesem Gleichnis ziehe, ist denkbar einfach: Gott schenkt mir *diesen* Tag! Gottes Gabe und Gottes Aufgabe für mich ist: *heute* leben! Gott für *heute* danken! Wer dauernd mit seinem Sichern, Sorgen, Planen in der Zukunft herumgrübelt, lebt schon gar nicht mehr! Erst recht lebt derjenige nicht mehr, der sich als reicher Mensch um nichts sorgt als um die Mehrung und Sicherung seines Besitzes.

Jesus setzt dem „Schätze-Sammeln", dem Sorgen, Sichern, Planen etwas entgegen: „Reich sein bei Gott!" Strecken Sie die leeren Hände zu Gott aus und lassen Sie sich die Freuden und die Mühen dieses Tages in Ihre geöffneten Hände legen!

Gebet (nach dem Gesangbuch Baden, Nr. 871.2):

Heute, mein Gott, will ich Dir danken für die bisherige Lebenszeit mit dem, was sie mir gebracht hat. Ich danke Dir für die kleinen Freuden des Alltags, für jeden Baum, für jeden Strauch, für den Gesang der Vögel in den Zweigen, für die Menschen, die mir begegnen und die zu mir gehören …
Es ist so viel, was mein Leben reich macht. Erhalte mir, Herr, ein waches Bewusstsein für den Reichtum meiner Tage!
Dir darf ich auch klagen, was mich beschwert. Vor Dir darf ich mich freuen über Deine Treue und deine Vergebung.
Hilf mir, Herr, dass ich den Menschen meiner Umgebung mit offenen Augen begegne. Ich weiß nicht, wie viel Zeit Du mir noch zumessen wirst. Darum will ich Dir danken, Gott, für diesen Tag und jede Stunde, die Du mich leben lässt.
Amen.

Von Tischsitten, vom Theater und von Gott

(Jesus war in einer größeren Gesellschaft zu Gast ...)

Er sagte aber ein Gleichnis zu den Gästen, als er merkte, wie sie suchten, obenan zu sitzen, und sprach zu ihnen: „Wenn du von jemandem zur Hochzeit geladen bist, so setze dich nicht obenan. Denn es könnte jemand eingeladen sein, der vornehmer ist als du. Und dann kommt der, der dich und ihn eingeladen hat, und sagt zu dir: ‚Weiche diesem!' – und du musst dann beschämt untenan sitzen. Sondern wenn du eingeladen bist, so geh hin und setz dich untenan, damit, wenn der kommt, der dich eingeladen hat, er zu dir sagt: ‚Freund, rücke hinauf!' Dann wirst du Ehre haben vor allen, die mit dir zu Tische sitzen. Denn wer sich selbst erhöht, der soll erniedrigt werden. Und wer sich selbst erniedrigt, der soll erhöht werden!"

Jesus sprach aber auch zu dem, der ihn eingeladen hatte: „Wenn du dein Mittags- oder Abendmahl machst, so lade weder deine Freunde noch deine Geschwister noch deine Verwandten noch reiche Nachbarn ein, damit sie dich nicht etwa wieder einladen und dir vergolten wird. Sondern wenn du ein Mahl machst, so lade Arme, Verkrüppelte, Lahme und Blinde ein. Dann wirst du selig sein, denn sie haben nichts, um es dir zu vergelten. Es wird dir aber vergolten werden bei der Auferstehung der Gerechten."

aus Lukas 14

Was ist der Platz, der *mir* zusteht? – Beim Festessen haben wir da ein Problem weniger als zu Jesu Zeiten: Oft gibt es Schildchen mit den Namen drauf. Da weiß ich wenigstens, wo ich hingehöre, ob es mir da passt oder nicht. Aber bei anderen Gelegenheiten? Die besseren Plätze kosten mehr Geld: im Kino, beim Fußball, bei der Deutschen Bahn, im Theater. In bestimmten Restaurants würde ich in meiner Normalkleidung überhaupt keinen Platz bekommen. Viele festliche Veranstaltungen sind sowieso unter Ausschluss der Öffentlichkeit, „man ist unter sich".

„Welcher Platz steht *mir* zu?" Jesu Rat lautet: Vermeide die Peinlichkeit, öffentlich herabgesetzt zu werden. Sei bescheidener, und es könnte Dir passieren, dass Du geehrt wirst. So weit, so gut – das hätte auch im Knigge stehen können.

Aber es wird noch eine zweite Frage besprochen, nämlich: „Welchen Platz gestehe ich eigentlich *anderen* zu?" Hier sagt Jesus nun Dinge, die überhaupt nicht Knigge-fähig sind: „Wenn Du einlädst, dann verzichte auf Freunde, Verwandte, reiche Nachbarn – auf all die, die Dich mit Gegeneinladungen, Geschenken, mit der Ehre ihres guten Rufs entlohnen. Lade diejenigen ein, die gesellschaftlich nichts gelten, die sich nicht revanchieren können, die sonst keiner einlädt! Mach aus Deinem Feiern kein Geschäft auf Gegenseitigkeit!"

Wie ist das bei uns? Welchen Platz billigen wir denjenigen zu, die von unserer Sorte sind? Und wo sind diejenigen, die sonst kein Ansehen haben? Auf die wir vielleicht nicht gerade herabsehen, aber zu denen wir mit Sicherheit nicht aufsehen?

Bei genauerem Nachdenken werden Sie entdecken: Die zweite Frage, die nach dem Platz der anderen, ist *eigentlich* dieselbe wie die erste, die nach meinem *eigenen* Platz: Meine Wunsch-Gästeliste verrät, zu welcher Sorte Mensch ich gehören möchte, welchen Platz ich gerne hätte! Der Volksmund sagt: „Sage mir, mit wem Du umgehst, und ich sage Dir, wer Du bist!" Ich möchte das etwas abwandeln: „Sage mir, mit wem Du Umgang haben möchtest (und mit wem auf keinen Fall), und ich sage Dir, welches Selbstbild Du hast, welche Eitelkeiten, und vielleicht auch, um welchen tollen Ruf Du vielleicht tief innen drin eine Heidenangst hast – weil Du ihn verlieren könntest." Vielleicht sollten Sie mal einen Moment das Lesen unterbrechen und für sich selbst aufzählen: Mit wem möchte ich eigentlich Umgang haben, und mit wem bitte nicht?" …

Sie werden beim Lesen schon erkannt haben: Die Sache hat eine viel größere Tragweite als nur gemeinsame Feste und Mahlzeiten. Bei Tisch geht es uns vielleicht noch am wenigsten darum, einen möglichst guten Platz zu bekommen. Aber generell dreht sich doch viel um Ansehen und Achtung. Wie legen wir es darauf an, den richtigen – nein: den günstigen – Eindruck zu hinterlassen: im Beruf (besonders beim Chef), in der Verwandtschaft, unter den Nachbarn, in der Kirchengemeinde. Und wohl auch in Partnerschaft und Familie, nur dass es da nie lange klappt, die Fassade aufrechtzuerhalten. Man lernt einander eben zu gut kennen. Eines meiner Lieblingsbücher stammt von einem Soziologen und heißt: „Wir alle spielen Theater." So ist das. Bei allem läuft der Gedanke mit: Wie wirke ich? Überzeuge ich? Gewinnen die anderen das Bild von mir, das sie haben sollen? Immer auf der Suche nach dem besseren Platz an der Tafel. Und bitteschön Leute um mich, deren Gesellschaft und Applaus mich aufwerten. Nun denken Sie nicht, ich rede nur von Stars und Politikern. Ich rede von Ihnen und mir – mal mehr, mal weniger, aber selten ganz ohne.

Und dann gibt es noch die zweite Variante: Menschen, die sich *zurückziehen*. Diejenigen, die Angst haben, in ihrer Sehnsucht nach Ansehen und Achtung sowieso enttäuscht zu werden. Die glauben, sie haben ihr Gesicht verloren, ihren Ruf schon längst ruiniert. Nur: Entgegen dem Volksmund lebt es sich dann eben *nicht* ungeniert, sondern so ein Leben ist voller Peinlichkeit, Versteckspiel, Trauer und Verbitterung.

Hier das Theaterspiel, da der Rückzug aus Scham – haben wir das nötig? Jesus sagt: Nein. Es fällt Dir kein Zacken aus der Krone, wenn Du es Dir auf einem der billigeren Plätze bequem machst. Aber nimm auch Platz, sei mit dabei, verkrieche Dich nicht! Und such die Gesellschaft von Leuten, mit denen man nicht prahlen kann. Begrabe Deine ständige Angst, Du könntest irgendwie zu kurz kommen oder Dich blamieren. – Und genau so hat Jesus auch gelebt: Als einer, der Gemeinschaft mit verachteten Zöllnern und Prostituierten hatte, der Leprakranke anfasste und sogar noch am Kreuz zwischen Verbrechern hing.

Und was hat das mit Gott zu tun? Ein ganz harmlos daherkommender Hinweis steht gleich der *Anfang*. Dort heißt es: „Er (Jesus) sagte aber ein *Gleichnis* …" Unsere Platzwahl an der Festtafel als *Gleichnis* – für unser Verhältnis zu Gott! Und da ist die Botschaft eindeutig: Der Versuch, sich Gott gegenüber zu beweihräuchern und zu zeigen, wie toll man doch ist, gerät zwangsläufig zur Peinlichkeit. Weil es grotesk ist zu übersehen, dass wir Gott gegenüber ziemlich kleine Lichter sind. Weil es lächerlich ist zu glauben, dass wir vor Gott mit unserem Theater durchkommen – Gott schaut hinter die Maske und hinter die Fassaden. Ein Tor ist, wer das vor lauter Eitelkeit übersieht und sich vor Gott um einen guten Ruf abstrampelt.

Aber umgekehrt: Wo ich Gott gegenüber Bescheidenheit an den Tag lege und kleine Brötchen backe, da *schenkt* er mir Ansehen und Achtung, holt mich nach vorn, einfach weil er mich liebt, und aus gar keinem anderen Grund. Gott liebt und ehrt nicht meine Maske – an der prallt seine Liebe ab. Gott liebt mein *wahres* Gesicht, so wie er mich geschaffen hat – und trotz allem, was ich aus mir gemacht habe. Gott selbst ist der Gastgeber, der Leute einlädt, die sich nicht revanchieren können und in aller Armut und Dürftigkeit fröhlich mitfeiern. Mich lädt er also auch ein!

So gesehen, ist unser Text ein einziger Appell zur *Ehrlichkeit* – erst mal mir selbst gegenüber, dann vor Gott im Gebet. Und dann vielleicht sogar Ehrlichkeit zu meinen Mitmenschen. Ich kann eigentlich durch Ehrlichkeit nur gewinnen: die Befreiung davon, mir selbst etwas vormachen zu müssen; die Liebe Gottes, die nicht mehr an meiner Maske abprallt; und schließlich die Befreiung von diesem dauernden Krampf, vor anderen etwas darzustellen, was ich nicht bin.

Gebet:

Vater im Himmel, Du bist kein Freund der Eitelkeiten und der Lüge. Aber Du liebst und ehrst mich so, wie ich bin. Du willst kein Theater an Deinem Tisch, aber Du dienst mir, obwohl ich Dir nichts zu bieten habe. Danke, dass Du so zu mir bist. Bitte hilf mir, aus Deiner Großherzigkeit zu schöpfen als Dein geliebtes und befreites Kind!
Amen.

Danken heilt

Dankbarkeit. – Sind Sie ein dankbarer Mensch? Haben Sie – sagen wir: heute – schon so ein Gefühl von Dankbarkeit gehabt? Oder womöglich schon jemandem gedankt?

Falls „nein", kann das verschiedene Gründe haben. Hier eine kleine Auswahl:

1. Manche Dinge sind so sehr Routine. Sie tun oder erleben sie dann „bewusstlos", ganz automatisch. Zum Beispiel: morgens die Augen aufmachen, das erste Licht Ihres neuen Tages erleben. Das erste Wasser des Tages auf der Haut spüren. Das erste freundliche Gesicht heute sehen. In ein Brot beißen, kauen, es sich schmecken lassen. Der heiße Kaffee, wie er in den Mund strömt, die Zunge umspielt, den Hals von innen wärmt. – Wer Dinge nicht bewusst erlebt und erspürt, lebt eigentlich gar nicht – und kann auch nicht dankbar sein.

2. Vielleicht meinen Sie, dass Sie alles Gute, was Sie können, sind und haben, sich selbst zu verdanken haben. Aber sich selbst *kann* man nicht dankbar sein. Man kann stolz auf sich sein, mit sich zufrieden sein, sich über Erfolge freuen – aber man kann sich eben nicht *dankbar* sein. Dankbar kann ich nur *anderen* gegenüber sein: anderen Menschen und Mitgeschöpfen, dem Leben, Gott. *Große* Dankbarkeit setzt die Einsicht voraus: *Alles*, was ich bin, kann, erlebe, *empfange* ich, ver-danke ich nicht mir selbst.

3. Vielleicht sind Ihre Empfindungen und Ihre Gedanken vor allem auf das konzentriert, was Ihnen *fehlt*, was Sie belastet, quält oder was Sie befürchten. Wer so empfindet, sieht wenig Anlass zum Danken. Und in bestimmten fürchterlichen Lebenssituationen wäre Dankbarkeit wohl auch wirklich zu viel verlangt. Oft ist es aber auch nicht so eindeutig – eher wie mit dem halb vollen und dem halb leeren Glas: Wer das halb *volle* Glas sieht, ist dankbar. Wer das halb *leere* sieht, ist es nicht. Ich glaube aber, es funktioniert auch umgekehrt: Wer dankbar ist, sieht eher ein halb volles Glas, wer undankbar ist, sieht eher, was fehlt.

Kurz und knapp: Dankbarkeit hat damit zu tun, was ich *bewusst erlebe*; ob ich meine, dass ich es *empfangen* habe; ob ich eher das *halb volle* als das *halb leere* Glas sehe.

Dazu nun folgende Dankbarkeits-Geschichte:

> Auf dem Weg nach Jerusalem zog Jesus durch das Grenzgebiet von Samarien und Galiläa. Als er in ein Dorf ging, kamen ihm zehn Aussätzige entgegen. Sie blieben in gehörigem Abstand stehen und riefen laut: „Jesus! Herr! Hab Erbarmen mit uns!" Jesus sah sie und befahl ihnen: „Geht zu den Priestern und lasst euch eure Heilung bestätigen!"
> Und als sie unterwegs waren, wurden sie tatsächlich gesund. Einer aus der Gruppe kam zurück, als er es merkte. Laut pries er Gott, warf sich vor Jesus nieder, das Gesicht zur Erde, und dankte ihm. Und das war ein Samariter. Jesus sagte: „Sind nicht alle zehn gesund geworden? Wo sind dann die anderen neun? Ist keiner zurückgekommen, um Gott die Ehre zu erweisen, nur dieser Fremde hier?" Dann sagte er zu dem Mann: „Steh auf und geh nach Hause, dein Vertrauen hat dich gerettet."
> Lukas 17,11–19

Wann geschieht in dieser Geschichte eigentlich die Heilung? Oberflächlich betrachtet: auf dem Weg zu den Priestern, die die Heilung bestätigen sollten. Denn wir lesen: „Als sie unterwegs waren, wurden sie tatsächlich gesund." Trotzdem hier ein paar andere Vorschläge, wo sich die *eigentliche* Heilung vollzieht:

1. Als Jesus in die Nähe dieser „unberührbaren" Menschen kommt.
2. Als die Aussätzigen sich in ihrer Not an Jesus wenden und ihn anflehen.
3. Als Jesus zu ihnen spricht.
4. Als sie Vertrauen zu Jesus fassen; das tun, was er sagt; sich auf den Weg machen.

Alles für sich „richtige" Antworten. Aber *meine* Lieblings-Antwort lautet so: *Heilung wird dort wirksam, wo der Geheilte sie bemerkt und darüber dankbar wird.* Und das bedeutet: Nur *einer* von den Zehnen wird *wirklich* geheilt: Dieser eine „merkt" seine Genesung, und *sofort*, also ohne sich vorher die Bestätigung vom priesterlichen Gesundheitsamt zu holen, läuft er zurück, preist Gott und bringt Jesus laut hörbar und gut sichtbar seinen Dank.

Und was ist aus den anderen geworden? Wo sind sie geblieben? – Jesu Frage bleibt unbeantwortet. *Meine* Vorstellung ist: Sie sind fix zu den Priestern gelaufen, haben sich ihre Genesung bestätigen lassen, sind nach Hause zurückgekehrt, haben versucht, das alte Leben wieder zu beginnen, an alte Kontakte anzuknüpfen – und überhaupt: diese schlimme Episode in der Aussätzigen-kolonie möglichst schnell zu vergessen. Fast könnte man meinen: Das Leben war bald wieder so, als sei nie etwas gewesen – keine Krankheit, keine Einsamkeit, keine Angst, keine Verzweiflung und: keine Heilung. Das routinierte, automatische, gewöhnliche Leben eben – wie bei uns, wenn wir morgens *ganz selbstverständlich* die Augen aufmachen, uns einfach nur *wie jeden Morgen* waschen, das erste freundliche Gesicht des Tages glatt *übersehen,* das Brot *ohne jede Empfindung* aufessen und den Kaffee einfach hinunterkippen.

Nur dem einen, dem Dank-Erfüllten, sagt Jesus: „Dein Vertrauen hat dich gerettet." Bei den anderen hat sich allein äußerlich etwas getan. Damit mögen diese anderen Gott oder Jesus etwas schuldig geblieben sein. Aber vor allem: Sie sind *sich selbst* etwas schuldig geblieben: das geheilte Leben nämlich, das sie doch äußerlich schon bekommen hatten!

Zum Schluss: Finden Sie eigentlich: Jemand, der von so einer fürchterlichen Krankheit befreit wird, hat wirklich Grund zum Danken? – Und finden Sie: Jemand, der bisher noch gar nicht an Aussatz erkrankt ist, hat *weniger* Grund zum Danken? Nein?

Dann werden Sie sicher auch für diesen Tag noch Grund finden, ihn durch Dankbarkeit zu verwandeln! Und, egal ob gesund oder krank, sich in einem tieferen Sinn als geheilt zu empfinden.

Gebet (aus dem Evangelischen Gesangbuch, Nr. 304):

Danke, für diesen guten Morgen,
danke, für jeden neuen Tag;
danke, dass ich all meine Sorgen
auf Dich werfen mag.

Danke, für alle guten Freunde,
danke, o Herr, für jedermann,
danke, wenn auch dem größten Feinde
ich verzeihen kann.

Danke, für meine Arbeitsstelle,
danke, für jedes kleine Glück,
danke, für alles Frohe, Helle
und für die Musik.

Danke, für manche Traurigkeiten,
danke, für jedes gute Wort,
danke, dass Deine Hand mich leiten
will an jedem Ort.

Danke, dass ich Dein Wort verstehe,
danke, dass Deinen Geist Du gibst,
danke, dass in der Ferne und Nähe
Du die Menschen liebst.

Danke, Dein Heil kennt keine Schranken,
danke, ich halt mich fest daran,
danke, ach Herr, ich will Dir danken,
dass ich danken kann.

(Danke, für diesen guten Morgen.
Text: Martin Gotthard Schneider [1961] 1963.
© Gustav Bosse Verlag Kassel)

Bei Jesus beten lernen

Die Geschichte fängt „wie gewohnt" an: Jesus geht nämlich „wie gewohnt" zum Ölberg. Seine Jünger begleiten ihn, für sie ist wohl auch fast alles „wie gewohnt". Aber für Jesus selbst ist es anders. Es hat sich alles so unentrinnbar über ihm zusammengebraut. Man wird ihn festnehmen, quälen, verspotten, bloßstellen, töten. Der dunkle Schatten des Kommenden hat seine Seele ergriffen. Was tun? Schnell etwas dagegen unternehmen? Oder das Gegenteil: sich aufgeben? Oder glaubensstark, mit „Halleluja" auf den Lippen, das Fürchterliche als Gottes Plan annehmen und wacker durchleben? Oder eine Zyankali-Kapsel, um sich fix davonzumachen? Nein, Jesus tut etwas anderes, ebenfalls „wie gewohnt": Er betet.

> Jesus ging wie gewohnt zum Ölberg, und seine Jünger folgten ihm. Als er dort war, sagte er zu ihnen: „Betet darum, dass ihr in der kommenden Prüfung nicht versagt." Dann riss er sich von ihnen los. Einen Steinwurf von ihnen entfernt kniete er nieder und betete: „Vater, wenn es dein Wille ist, dann erspare es mir, diesen (Leidens-) Kelch trinken zu müssen. Aber dein Wille soll geschehen, nicht der meine!"
> *Da erschien ihm ein Engel vom Himmel und gab ihm Kraft. In seiner Todesangst betete Jesus noch angespannter, und sein Schweiß tropfte wie Blut auf den Boden.*
> Als er sich vom Gebet erhob und wieder zu den Jüngern kam, schliefen sie; so erschöpft waren sie vor Kummer. „Wie könnt ihr schlafen?", sagte er zu ihnen. „Steht auf und betet, damit ihr in der kommenden Prüfung nicht versagt!"
> Lukas 22,39–46

Wer so verzweifelt, so voller Angst, so am Ende ist, braucht die Rückbindung an andere. Deswegen muss sich Jesus regelrecht von seinen Jüngern „losreißen", als er sich aus ihrer Nähe entfernt, um in die Nähe Gottes einzutreten. – *Muss* er sich denn losreißen? Hätten nicht auch alle zusammen einander bei den Händen fassen können, um dann zu beten? Jawohl, das hätten sie tun können – im Prinzip. Aber nicht hier: Erstens waren die Jünger innerlich nicht *wirklich* bei Jesus. Sonst hätten sie nämlich mit ihm gewacht, wären nicht eingeschlafen. Zweitens ist Jesu Gebet ganz intim, ganz persönlich. Da hat jetzt niemand Zutritt – außer Gott selbst. Jesus muss auf nichts achten und kann so beten, wie es ihm um's Herz ist. Keine Rücksichtnahme auf die anderen. Weder bei den Themen noch bei der Wortwahl.

Auf der Schwelle zum Leid ist es gut, an einem vertrauten Ort zu sein – „wie gewohnt". Und es ist gut, „wie gewohnt" zu beten. Jesus ist einer, der es immer gewohnt war zu beten. Schon früher immer wieder der Rückzug an einsame Stellen, weg von den Jüngern, weg von der Menge. Hinein in die Wüste, auf den Berg, in die Abgeschiedenheit. Nur Gott und Jesus. Ihn hat *nicht* erst die Not das Beten gelehrt. Dann ist es nämlich manchmal zu spät, es zu lernen. Da kann einem Gott als fremd und unnahbar erscheinen, es fehlen einem die Worte, und das Schweigen ist nicht wohltuend, sondern unheimlich. Beten in der Not ist wie die stabile Seitenlage oder die Mund-zu-Mund-Beatmung am Unfallort: Besser, man hat es vorher öfter schon gemacht, es praktiziert. Besser, man „ist es gewohnt".

Jesus geht in die Knie. Ich habe eben ausprobiert, welche Möglichkeiten es da gibt. Den Körper aufrecht und die Hände gefaltet vor die Brust? Jesus tat das so wohl nicht. Ich stelle mir einen in sich gekrümmten, verkrampften Körper vor, die Hände zusammengepresst. Wie bei heftigen Schmerzen. Jesus hat ja Schmerzen, Seelenschmerzen. Angst, Enge, Anspannung. Aber trotzdem auf den Knien. Sind *Sie* gelegentlich auf den Knien? Wir liegen, sitzen, stehen, gehen wohl mehr. Das Knien ist nichts Alltägliches. Es hat etwas von Respekt, Ehr-Erbietung, Unterordnung, Sich-Überlassen. Mir scheint: *Das* ist die Botschaft Jesu an seinen himmlischen Vater, noch bevor er das erste Wort spricht. Spätestens jetzt weiß Jesus (wieder), wohin er gehört, zu wem er aufschaut.

Was Jesus dann im Gebet sagt, ist sehr ehrlich: Er *will nicht* leiden, er will das Unvermeidliche vermeiden, dem Unentrinnbaren entkommen. Kein frommes Schön-Reden, keine Leidensverklärung. Manchmal kann man sich selbst etwas vormachen. Aber *Gott* kann man nichts vormachen. Und man *soll* es auch gar nicht, nicht einmal aus „frommen" Motiven.

Sehr ehrlich ausgesprochen, die große Angst eines Menschenkindes und die kleine Hoffnung, dass es doch noch alles gut wird. Aber: Jesus erpresst Gott nicht. Es bleibt beim Knien, bei der Unterordnung, bei der Hingabe: „Aber dein Wille soll geschehen, nicht der meine!" Ich halte es für ausgeschlossen, dass ihm dieser Satz leicht über die Lippen gegangen ist. Vielleicht der schwerste Satz seines Lebens. Er musste ihn sich selbst ebenso sagen wie seinem himmlischen Vater. Vielleicht „ging" dieser Satz auch nur, weil er ihn schon lange gewohnt war. Jedenfalls hatte er ihn früher schon seinen Jüngern im „Vaterunser" beigebracht: „Dein Wille geschehe, wie im Himmel, so auf Erden." Nun wird es ernst mit diesem Satz.

Hilft Beten? Nein! Gott nimmt Jesus den Leidenskelch *nicht* weg, Jesus wird ihn bis zum letzten Tropfen leeren. *Nein* – gemessen an dem, was *wir* uns manchmal wünschen, hilft Beten oft nicht, es führt in die Enttäuschung. Besser gesagt: *Unsere Maßstäbe* führen uns in die Enttäuschung. Was uns Jesus mit dem Satz „Dein Wille geschehe!" vormacht, ist: Mit dem Beten Gottes Maßstäbe *über* die eigenen zu setzen. *Dann* hilft Beten. Nicht immer funktionieren Bitt-Gebete so, dass wir Gott „rumkriegen". Aber wenn wir bei Jesus in die Bet-Schule gehen, lernen wir, uns von Gott „rumkriegen zu lassen", offen zu werden für ihn, für seinen manchmal schweren Willen – und für den Engel, der uns nur dann Kraft geben kann.

Überhaupt: der Engel, der Jesus Kraft gibt. Diese Sätze – oben im Text kursiv – fehlen in den älteren Handschriften des Lukas-Evangeliums noch. Der Engel ist also später eingefügt, vielleicht erfunden worden. Aber er ist *gut* und *treffend* erfunden. Im Engel nämlich ist prägnant verdichtet, *wie* Gott das Gebet seines Sohnes erhört: Gott gibt ihm *Kraft*. Oberflächlich betrachtet, ist das nicht viel. Anspannung und Todesangst sind auch danach noch da, die Schweißtropfen sind wie Blut. Aber wenn wir die Oberfläche anheben wie eine Decke, dann ist darunter viel, viel mehr: Jesus bekommt die Kraft, diesen Weg als *seinen* Weg einzuschlagen – schwach, zerbrechlich und voller Angst, wie er ist. Selbst später der Schrei am Kreuz – „Mein Gott, mein Gott, warum hast Du mich verlassen?" – zeigt: Jesus hat in seiner Gottverlassenheit Gott *nicht* verlassen, denn er schreit zu ihm. Welche Kraft! Eine Kraft bis in den Tod! Und eine Kraft, die Jesus aus dem Tod ins Leben hebt.

Was Sie von Jesus lernen können?

- Seien Sie es *gewohnt* zu beten!
- Pflegen Sie das *persönliche* Gebet – unter Ausschluss der Öffentlichkeit!
- Suchen Sie sich dafür *vertraute* und *stille Orte*, die Ihnen Ruhe und Geborgenheit geben!
- Gehen Sie innerlich und gelegentlich auch äußerlich vor Gott *auf die Knie!*
- Seien Sie *ehrlich!* Sagen Sie Gott unverblümt Ihre Enttäuschungen, Ängste, Sehnsüchte!
- Sagen Sie *„Dein Wille* geschehe!"

Und dann wünsche ich Ihnen, dass Gott Ihr Beten erhört, Ihnen seinen Engel schickt und Ihnen Kraft gibt für Ihren, nein, für *seinen* Weg mit Ihnen!

Gebet (Luthers Morgensegen, Evangelisches Gesangbuch Rheinland-Westfalen-Lippe, Nr. 863):

Des Morgens, wenn du aufstehst, kannst du dich segnen mit dem Zeichen des heiligen Kreuzes und sagen:

Das walte Gott Vater, Sohn und Heiliger Geist! Amen.

Darauf kniend oder stehend das Glaubensbekenntnis und das Vaterunser. Willst du, so kannst du dies Gebet dazu sprechen:

Ich danke Dir, mein himmlischer Vater, durch Jesus Christus, Deinen lieben Sohn, dass Du mich diese Nacht vor allem Schaden und Gefahr behütet hast, und bitte Dich, Du wollest mich diesen Tag auch behüten vor Sünden und allem Übel, dass Dir all mein Tun und Leben gefalle. Denn ich befehle mich, meinen Leib und Seele und alles in Deine Hände. Dein heiliger Engel sei mit mir, dass der böse Feind keine Macht an mir finde. Amen.

Alsdann mit Freuden an dein Werk gegangen und etwa ein Lied gesungen oder was dir deine Andacht eingibt.

Glauben – mit Hand und Fuß!

„Alle Menschen glauben!" – Eine steile These. Sie stimmen nicht zu? Sie meinen das nicht einmal von sich selbst? Vielleicht sagen Sie: „Früher, da habe ich ja geglaubt. Aber heute nicht mehr. Da ist doch einfach zu viel vorgefallen …" Oder: „Ich habe nie so richtig geglaubt. Da war immer der Zweifel größer. Ich bin zwar irgendwie auf der Suche, aber ich denke nicht, dass ich noch etwas finde, worauf ich mich wirklich verlassen kann." Oder Sie sagen: „Wenn ich richtig glauben würde, dann würde doch nicht so viel in meinem Leben schiefgehen. Da muss doch etwas faul dran sein." Oder aber: „Ich *will* gar nicht ‚rechtgläubig' sein. Das sind doch diese borniert Superfrommen, die alles besser wissen, und die einen ständig bekehren wollen. Die sollen mir bloß vom Leibe bleiben!"

„Alle Menschen glauben!" Ich bleibe dabei. Denn wie hat Luther so schön gesagt? „Woran Du Dein Herz hängst, das ist Dein Gott!" Und in *dem* Sinne hat jeder und jede einen Gott und einen Glauben, hat jeder etwas, was ihm letztlich wichtig ist. Was ihm so etwas wie Halt gibt. Was ihm wenigstens einen Hauch von Lebenssinn vermittelt. An *welchen* Gott wir allerdings glauben, wissen wir oft gar nicht – egal, ob vom Kopf her Christen, Atheisten oder sonst etwas. Wir merken es erst dann, wenn unsere tatsächliche Glaubens-Grundlage, wenn unsere Lebensbasis ins Wanken gerät, wenn „unser" Gott wackelt. Zum Beispiel: die Ehe, die Kinder, der Arbeitsplatz, die Aktienkurse, der flotte Flitzer, die Gesundheit, der gute Ruf, die eigene Leistungsfähigkeit und, und, und. – Manchmal müssen wir schmerzlich feststellen: Das, woran ich geglaubt habe, hat nicht gehalten, was es mir versprochen hat.

Glaube ist also weit mehr als eine Ideologie. Und *christlicher* Glaube ist weit mehr als das, was sich in einem Glaubensbekenntnis „einfangen" lässt, was dann bloß unser Kopf nach-denkt und unser Mund nach-spricht.

In der folgenden Geschichte begegnen wir einem Menschen, von dem wir lernen können, was alles zum Glauben gehören kann und sollte – jenseits aller klugen Gedanken. Und wir *sollen* es auch lernen, damit unser Glaube auch wirklich trägt.

Jesus kam abermals nach Kana in Galiläa, wo er das Wasser zu Wein gemacht hatte. Und es war ein Mann im Dienst des Königs; dessen Sohn lag krank in Kapernaum. Dieser hörte, dass Jesus aus Judäa nach Galiläa kam, und ging hin zu ihm und bat ihn, herabzukommen und seinem Sohn zu helfen; denn der war todkrank. Und

Jesus sprach zu ihm: „Wenn ihr nicht Zeichen und Wunder seht, so *glaubt* ihr nicht." Der Mann sprach zu ihm: „Herr, komm herab, ehe mein Kind stirbt!" Jesus spricht zu ihm: „Geh hin, dein Sohn lebt!" Der Mensch *glaubte* dem Wort, das Jesus zu ihm sagte, und ging hin.

Und während er hinabging, begegneten ihm seine Knechte und sagten: „Dein Kind lebt." Da erforschte er von ihnen die Stunde, in der es besser mit ihm geworden war. Und sie antworteten ihm: „Gestern um die siebte Stunde verließ ihn das Fieber." Da merkte der Vater, dass es die Stunde war, in der Jesus zu ihm gesagt hatte: „Dein Sohn lebt." Und er *glaubte* mit seinem ganzen Hause.

Johannes 4,46–53 (kursiv: D.K.)

Die Geschichte handelt ausdrücklich vom *Glauben*. Dennoch habe ich mir in dieser Geschichte besonders angesehen, was der königliche Beamte eigentlich alles *tut*. Ich meine: All das, was er hier tut, gehört zu seinem Glauben. Denn was er *denkt*, steht in der Geschichte ganz im Hintergrund.

Das *Erste* ist das *Hören*. Und zwar hört er von *Jesus*. Das ist keineswegs selbstverständlich: Denn ein vielbeschäftigter königlicher Beamter „hat schon genug um die Ohren". Und wenn dann noch der Sohn zu Hause sterbenskrank ist und seine Frau ganz verzweifelt, dann dreht man sich schnell nur noch um all diese Dinge, man *will* einfach sonst nichts mehr hören oder sehen. Anders unser Beamter: Er lässt sich nicht bannen, er bleibt offen für das, was ihm da sonst noch unverhofft ans Ohr dringt, er ist offen für Jesus.

Das *Zweite*, was der Beamte tut: „Er *ging* hin zu Jesus." Glaube, der einem Beine macht. Kein Glaube, der einen lähmt und verharren lässt, der einen schicksalsergeben warten lässt auf das, was auf einen zukommt. Im Gegenteil: Unser Beamter spürt: Da gibt es jemanden, an den kann ich mich wenden. Und vielleicht kann und will der meinem Jungen helfen. – Aber er merkt auch: Ich kann nicht einfach da verharren, wo ich bin. Und so bewegt er sich, bricht auf. Oder besser: Er *wird* von der Nachricht von Jesus bewegt, er *wird* aufgebrochen.

Das *Dritte* ist: *Bitten*. Er bringt vor Jesus, was ihn zutiefst bewegt. Was ihm schlaflose Nächte bereitet – und was er von Jesus will. Also: der Glaube nicht als fromme Sonderwelt in der Ecke des Herzens für die erhabenen Gefühle, kein Sonntags-Heilewelt-Glaube, sondern: Unser Beamter holt sein ganzes Leben, seine Not und seine Sorge um den Jungen hinein in den Glauben. Und genauso andersherum: Er holt den Glauben in sein Leben. Einfach dadurch, dass er vor Jesus Worte findet.

Das *Vierte:* Der Beamte glaubt – *und geht von Jesus weg.* Eine überraschende

„Wende" im wahrsten Sinne des Wortes. Eigentlich sollte man ja meinen: Wer so richtig glaubt, der ist immer an Jesu Seite, und Jesus ist bei ihm. Nicht so hier: Der Beamte heftet sich nicht an Jesu Fersen, beginnt kein Leben in einer frommen Sonderwelt – das ist *nicht* sein Weg. Sondern: Er geht glaubend zurück in seine Welt. Was er aus der Begegnung mit Jesus mitnimmt, ist schlicht und ergreifend Jesu *Wort*. Darauf verlässt er sich, daran hält er sich fest.

Fünftens: Zu Hause angekommen, ist ein „Wunder" geschehen: Der Junge ist wieder auf den Beinen, er hat kein Fieber mehr. Das kann es geben, das ist ganz natürlich. Aber: Unser Beamter sieht das mit anderen Augen – denen des Glaubens: Er „erforscht", er „merkt": Das, was sich da in meinem Leben ereignet hat, hat etwas mit Jesus zu tun, mit seinem mächtigen Wort.

Sechstens: Die Geschichte endet damit, dass der Glaube des Beamten nicht allein bleibt: Er „glaubte mit seinem ganzen Hause". Glaube, der ausstrahlt.

Eines ist klar: Bei all dem, was unser Beamter hier glaubend tut, dreht er sich nicht um irgendetwas, woran man sonst noch sein Herz hängen könnte, sondern um Jesus Christus. An ihn glaubt er, ihm vertraut er. Doch lassen Sie sich durch diese Geschichte auch darauf stoßen, dass es beim Glauben nicht nur um das Ob, Was und Woran geht, sondern auch um das konkrete „*Wie*". – Eben Glauben, der im wörtlichen Sinne Hand und Fuß hat, Ohren und Augen.

Bitte lesen Sie noch einmal in Ruhe das, was der Glaubende in unserer Geschichte tut. Und überlegen Sie, was davon Sie vielleicht noch oder neu für sich entdecken können:

1. von Jesus hören
2. aufbrechen, zu Jesus gehen
3. glaubend von Jesus weggehen
4. die eigene Welt mit glaubenden Augen sehen
5. Glauben mit anderen teilen und leben

Gebet:

Vater im Himmel, der Glaube an Dich ist nicht meine Leistung, und ob er trägt, liegt nicht in meinen Händen. Deshalb bitte ich Dich um Deinen Geist. Öffne Du mir die Ohren für Dich, lenke meine Schritte, lass Du selbst mich Worte vor Dir finden, hilf mir, mein Leben und meine Welt mit Deinen Augen zu sehen. Und lass mich Menschen finden, die mich im Glauben stützen und tragen, und denen ich zur Seite stehen kann. Amen.

Auf dunklen Wegen ...

Jesus redete (...) zu ihnen und sprach: Ich bin das Licht der Welt. Wer mir nachfolgt, der wird nicht wandeln in der Finsternis, sondern wird das Licht des Lebens haben.
Johannes 8,12

Damals, alle Jahre wieder: Kinderzeltlager. Ich als einer von den Mitarbeitern. 14 Tage Sport und Spiel, Wald und Bibelarbeiten, Heimwehfälle, begeisterte Kinder, wenig Schlaf. Ein Höhepunkt war immer der *„Geisterlauf"*. Die „alten Hasen", die schon in den Vorjahren dabei waren, erzählten den „neuen" Kindern schon davon, und die waren ganz gespannt, bekamen vielleicht ein mulmiges Gefühl. – Na ja, aus pädagogischer Sicht etwas zweifelhaft. Aber da waren wir als Jugendliche relativ unbekümmert. Und im Rückblick würde ich sagen: Das war auch ganz gut so ...

Was war nun dieser Geisterlauf? Die Kinder wurden irgendwann nachts geweckt. Alle versammelten sich am Lagerfeuer und es gab eine schaurige Gruselgeschichte. Dann eine Nachtwanderung – bis zu irgendeinem Punkt im Wald, wo sich alle hinsetzten. Ein Mitarbeiter führte das erste der Kinder ein paar Meter weiter in den Wald. Von dort war irgendwo weit weg ein kleines Licht zu sehen. Das Kind sollte nun von hier aus ganz allein auf dieses Licht zugehen. Unterwegs passierten allerlei erschreckende Dinge, die die anderen Mitarbeiter inszenierten. Wenn schließlich das Kind angekommen war am Licht, ertönte eine schrille Trillerpfeife, und das nächste Kind konnte starten.

So kamen nach und nach alle hinten bei dem Licht an. Manchmal gab es für die Kinder, die sich besonders fürchteten, eine Ausnahmeregelung: Sie durften, Hand in Hand, zu zweit die Strecke gehen. Oder an der Hand eines Mitarbeiters.

Auf dem Rückweg gab es dann ein munteres Erzählen und Berichten über das, was doch alle selbst erlebt hatten. Und auch denen, die nun besonders „cool" taten, war meist anzumerken, dass das für sie ein bewegendes und im Nachhinein begeisterndes Erlebnis war ...

„Ich bin das Licht der Welt. Wer mir nachfolgt, der wird nicht wandeln in der Finsternis, sondern wird das Licht des Lebens haben."

Das Leben ist ein Geisterlauf. Jedenfalls in einzelnen Abschnitten. Da fühle ich mich allein gelassen mitten in der Finsternis. Kein Weg zu sehen. Um mich herum geschehen Dinge, die mich erschrecken, die mich womöglich lähmen, mich erstarren lassen. Manch einem hilft es in so einer Lage, im dunklen Wald zu pfeifen oder sich mit besonders lauten, coolen Sprüchen Mut zu machen. Oder sich wenigstens nichts anmerken zu lassen. Nur keine Schwäche zeigen! Die anderen sollen ja nicht merken, dass mir die Knie schlottern, dass ich nicht mehr weiterweiß. Wenigstens die Fassade soll stimmen, jedenfalls möglichst lange.

Beim Geisterlauf kommt nur derjenige an, der das Licht da hinten im Auge behält. Und nur der, der weitergeht. – Trotz allem, was da noch alles am Wege passieren kann. Beim Geisterlauf im Zeltlager sind jedes Jahr alle angekommen. Im Geisterlauf des Lebens ist das anders: Da kann es sein, dass jemand erstarrt und zurückbleibt. Und je länger er erstarrt, desto länger bleibt er zurück, und je länger er zurückbleibt, desto mehr erstarrt er usw. – Da können sich die anderen noch so die Zähne an ihm ausbeißen und sagen: „Komm doch mit! Und sieh mal: Da ist Licht am Ende des Tunnels! Und die Gespenstergestalten am Wegesrand, die können Dich zwar erschrecken, aber mehr auch nicht!" Oder ob es *doch* mal hilft, wenn jemand so zu mir spricht und mich bei der Hand nimmt?

Beim Geisterlauf im Zeltlager mag es ja ein Zeichen von Mut sein, die Wegstrecke ganz allein zu gehen. Beim Lauf des Lebens ist das aber nur selten sinnvoll. Im Allgemeinen sollten wir auf solche „Mutproben" verzichten. Und wenn es Christus ist, der mein Licht ist, mein Orientierungspunkt, dann weiß ich: Es sind andere Menschen auf demselben Weg. Es ist keine Tugend, sondern blanker Unsinn, immer unbedingt allein laufen zu wollen. *Gut*, dass andere da sind. Ich soll ihre Nähe suchen, mich von ihren Stimmen trösten lassen, ihre Hand ergreifen. Die anderen halten und mich selbst halten lassen. Nicht dass ich irgendwann vor Schreck in die Büsche springe und das Licht völlig aus den Augen verliere! Christen sind Gemeinschaftswesen – oder sie sollten es werden.

Überhaupt: Das Licht! Christus sagt: „*Ich* bin das Licht der Welt!" Aber *nicht* wie die Sonne am hellen Tag, die alle sehen und nach der sich alle strecken, wenn es vorher tagelang geregnet hat. Nein: „*Wer mir nachfolgt*, wird nicht wandeln in der Finsternis, sondern wird das Licht des Lebens haben!" Also ein Licht, das nicht jedem sofort ins Auge springt. Eines, das vielen zu klein und zu unbedeutend erscheint, um dauernd danach Ausschau zu halten, es zu suchen, sich daran auszurichten und sich in diese Richtung zu bewegen.

Aber die, die es tun, denen ist Christus das „Licht des Lebens". So sagt er es jedenfalls.

Übrigens: Dieses kleine Licht *könnte* man gerade in der Finsternis besonders gut sehen. Es hebt sich bei Nacht leuchtend ab, während man bei Sonnenschein rein überhaupt nichts davon sehen kann. Allerdings: Wer im Finstern die Vorstellung hat, es müsste von einer Sekunde zur nächsten wieder taghell sein, wer sich mit solchen Lichtpunkten erst gar nicht abgibt, übersieht auch leicht das, was ihm eigentlich „Licht des Lebens" sein will.

Beim Geisterlauf ist es so: Das Licht gibt dem Kind in der Dunkelheit die Blickrichtung vor. Und doch: Da sind die Gruseleien, die die Mitarbeiter am Wegesrand vorbereitet haben: furchterregende Geräusche, gespenstische Berührungen, plötzlich aufflammende Lichter, die den Blick bannen und erschaudern lassen ...

Und wir? Was bestimmt auf unseren Wegstrecken die Blickrichtung? *Immer* das, was uns erschreckt und erschaudern lässt? *Immer* das, was uns lockt, was wir erreichen und haben „müssen"? Oder schauen wir *dauernd* nur zurück wie die Frau Lot aus dem Alten Testament und erstarren – genau wie Frau Lot – darüber zur Salzsäule?

Jesus bezeichnet sich als das „Licht der Welt". Er legt uns nahe, ihm „nachzufolgen", ihn als *Orientierungspunkt* zu nehmen für unser Denken, Fühlen, Tun, für unsere Entscheidungen und unser Abwarten, für unser Ja-Sagen und für unser Nein-Sagen, für unseren Widerstand wie für unsere Ergebenheit, für unsere Liebe zu Gott, zu uns selbst, zu anderen. Wir tun gut daran, uns an ihm auszurichten – immer wieder. Wie die Kompassnadel sich immer neu nach Norden hin einpendelt.

Das hat vor allem etwas mit Stille und Gebet zu tun, aber auch damit, von Jesus zu lesen und zu hören und uns auf ihn zu besinnen. Wer in seinem Tages- oder Wochenlauf keine Momente der besonderen Orientierung auf das Licht der Welt hin hat, für den ist diese Ausrichtung eine schöne Theorie, keine Praxis. Der wird sich umso leichter irritieren, verlocken, erschrecken lassen von all dem Drumherum. Von dem, was sich gewaltig aufplustert, was einen so völlig in Beschlag nimmt und mehr umtreibt, als es gut für einen ist.

Das Leben ist nicht immer wie Sonnenbaden. Es ist auch Geisterlauf. Gut, dass Gott uns durch Christus da nicht so ganz im Dunkeln stehen lässt. Gut, wenn wir nach diesem Licht Ausschau halten und darin geübt sind, es zu finden. Und wenn wir so gar kein Licht mehr sehen, dann ist es gut, wenn *andere* uns bei der Hand halten – und notfalls auch tragen.

Gebet (aus dem Evangelischen Gesangbuch, Nr. 445, 5:
   „Gott des Himmels und der Erden"):

Führe mich, o Herr, und leite
meinen Gang nach Deinem Wort;
sei und bleibe Du auch heute
mein Beschützer und mein Hort.
Nirgends als von Dir allein
kann ich recht bewahret sein.
Amen.
(Heinrich Albert 1642)

Nun ruhen alle Wälder

Einmal sagte die Pfarrerin in der Predigt, der November sei der dunkelste Monat im Jahr. Stimmt nicht, dachte ich. Der dunkelste Monat ist der Dezember. Jedenfalls *objektiv* betrachtet, von den Sonnenaufgangs- und Untergangszeiten her.

Aber *subjektiv* stimmt es *doch:* Der November mit seinem Schmuddelwetter, zwischen „goldenem Oktober" und adventlichem Dezember, und dann auch noch die Toten-Gedenktage. Übrigens endet das *Kirchen*-Jahr nicht mit dem 31.12., sondern Ende November, nämlich mit dem Ewigkeitssonntag. Die erste Kerze am Adventskranz gehört schon zum neuen Kirchen-Jahr. Ich finde das passend: Der dunkle November ist ein geeigneter Abend des Jahres, eher als der Dezember mit seinem Adventslicht und seiner bunten Knallerei am 31. Dezember.

Überhaupt: der *Abend.* Es wird dunkel, die Nacht zieht allmählich herauf. Nun heißt es, den Tag abzuschließen, zur Ruhe zu kommen. Die ganzen aufwühlenden Gedanken, die Sorgen, das Unerledigte, die Schmerzen loszulassen. Dankbar zurückzublicken auf alles Schöne, auf das Gelungene. Abend ist, wenn der Tag sich langsam neigt. – So weit die Beschreibung, wie es vielleicht früher mal war. Ich finde: Wie es *gut* war – oder auch noch sein könnte.

Nun ruhen alle Wälder,
Vieh, Menschen, Städt und Felder,
es schläft die ganze Welt (…)

So dichtete Paul Gerhardt im Jahr 1647 (Evangelisches Gesangbuch, Nr. 477). Solche Abende sind heute abgeschafft. Wahrscheinlich kommen zwar noch die meisten Wälder und Felder abends zur Ruhe, teilweise sogar das Vieh. Aber die Menschen? Die Städte? Die ganze Welt? Frank Sinatra besang „New York" als die „city that never sleeps". Ähnliches gilt heutzutage schon für Klein-Kleckersdorf. Auch dort brennt noch mitten in der Nacht in einzelnen Fenstern Licht, selbst dort ist vereinzelt noch Straßenverkehr zu hören.

Die Menschen machen „die Nacht zum Tage", angefangen in den eigenen vier Wänden. Es kommt nicht mehr so oft vor, dass mit der *allmählich* heraufziehenden Dämmerung auch die Ruhe einkehrt – um uns herum und in uns. Wir haben ja schließlich elektrisches Licht, Fernseher, Musikgeräte, Computer. Der Tag klingt nicht mehr aus, der Übergang von der Aktivität oder von den vielen Sinneseindrücken hinein in den Schlaf erfolgt per Betätigung verschiedener Schalter, also anders als die Dämmerung, von jetzt auf gleich. – *Wenn* wir denn dann schlafen können und nicht noch lange aufgewühlt wach liegen.

> Wo bist du, Sonne, blieben?
> Die Nacht hat dich vertrieben,
> die Nacht, des Tages Feind.
> Fahr hin, ein andre Sonne,
> mein Jesus, meine Wonne,
> gar hell in meinem Herzen scheint.

Wenn die Dunkelheit heraufzieht, bekommen es viele Menschen mit der Angst zu tun. Geisterstunde ist nicht von ungefähr nachts und nicht mittags, manche Kinder „müssen" wenigstens unter der Tür noch Licht sehen. In der Dunkelheit verlieren Sie die Kontrolle, Sie wissen dann nicht, was um Sie herum ist, was sich da tut. Und außerdem: Wenn es dunkel ist, können Sie sich nicht mehr mit äußeren Bildern ablenken. In der Nacht sind die Menschen viel mehr als tagsüber auf sich selbst geworfen, auch auf die Dunkelheit *in* sich. In der Nacht ist die Not besonders groß. Die Telefonseelsorge hat dann Hochkonjunktur.

Paul Gerhardt aber singt in seinem Abendlied vom *Licht* im Herzen. Dieses Licht scheint gerade *wegen* der Dunkelheit besonders gut zu sehen zu sein. Aber er besingt nicht sich selbst als die große Leuchte, die seine innere Dunkelheit erhellt. Er besingt vielmehr den, der von sich sagt: „*Ich* bin das Licht der Welt! Wer mir nachfolgt, wird nicht wandeln in der Finsternis, sondern wird das Licht des Lebens haben!" (Johannes 8,12). Glaube ist, sich nicht auf sich selbst zu beziehen und nicht auf die eigene Welt. Wer glaubt, kann es sich leisten, auf positives Denken „auf Deubel komm raus" zu verzichten. Ich muss mir nicht mehr eine oft finstere Welt schönreden, ich muss mir auch nicht Stärken und Lebensqualitäten einreden, die ich so nicht habe. Sondern: *Christus* ist das Licht der Welt, *Christus* ist das Licht meines Herzens.

> Der Leib eilt nun zur Ruhe,
> legt ab das Kleid und Schuhe,
> das Bild der Sterblichkeit;
> die zieh ich aus; dagegen
> wird Christus mir anlegen
> den Rock der Ehr und Herrlichkeit.

Es gibt nicht nur den Abend des *Tages*, wenn sich die Sonne neigt, nicht nur den Abend des *Jahres*, wenn es zu Ende geht (früher sagte man zu Silvester noch „Altjahrsabend"), es gibt auch den Abend des *Lebens,* wenn meine letzten Tage angebrochen sind.

Als ich vor einigen Wochen abends öfters am Sterbebett eines Freundes aus dem Evangelischen Gesangbuch sang, fiel mir das auf: Fast alle Abendlieder dort, besonders die älteren, weisen darauf hin: Der Abend hat etwas mit dem Tod zu tun. Wenn ich den Tag bewusst loslasse, wenn ich meine Kleidung ablege, mich hinlege und die Augen schließe, dann kann das geradezu eine Einübung in den Abend des Lebens sein, wo ich ja auch loslassen muss. Wo ich all das, was war, ablege und einem gänzlich neuen Tag entgegen„schlafe".

Mein Augen stehn verdrossen,
im Nu sind sie geschlossen.
Wo bleibt dann Leib und Seel?
Nimm sie zu deinen Gnaden,
sei gut für allen Schaden,
du Aug und Wächter Israel'.

„Schlafes Bruder", das ist der Tod. Der Schlaf kann uns lehren, was Sterben bedeutet: die Augen zu schließen. Loszulassen. Leib und Seele des „wachen" Menschen zu verlassen, um in andere Welten einzutauchen, in denen es kein klares Vorher und Nachher gibt, und die ich nicht mehr unter Kontrolle habe. Und: das Vertrauen zu haben, in *neuem* Licht zu erwachen. Gott als Wächter über dem Schlaf zu wissen, das hilft dabei, die Augen vertrauensvoll und ohne Angst zu schließen – am Ende des Tages und am Ende des Lebens.

„Breit aus die Flügel beide,
o Jesu, meine Freude,
und nimm dein Küchlein ein.
Will Satan mich verschlingen,
so lass die Engel singen:
„Dies Kind soll unverletzt sein!"

Das muss „übersetzt" werden. Es geht nicht um „Kuchen", sondern um das *Küken!* Ein kühner Vergleich: Jesus als die Henne, die ihre Flügel ausbreitet; Paul Gerhardt als Dichter – und vielleicht ja auch Sie und ich als Beter – als das Küken, das unter diesen Flügeln Schutz und Geborgenheit sucht. Und auch findet, mitten in Gefahr und Untergang.

Die alten Abendlieder im Gesangbuch: eine Einladung, den Abend wieder zu entdecken und zu erleben. Eine Einladung, dabei das Sterben zu lernen – und damit das Leben!

Gebet (aus dem Evangelischen Gesangbuch, Nr. 486, 2.4.7–9.11):

Du bist's allein, Herr, der stets wacht,
zu helfen und zu stillen,
wenn mich die Schatten finstrer Nacht
mit jäher Angst erfüllen.

So will ich, wenn der Abend sinkt,
des Leides nicht gedenken,
das mancher Erdentag noch bringt,
und mich darein versenken.

Ich achte nicht der künft'gen Angst.
Ich harre deiner Treue,
der du nicht mehr von mir verlangst,
als dass ich stets aufs Neue

zu kummerlosem, tiefem Schlaf
in deine Huld mich bette,
vor allem, was mich bitter traf,
in deine Liebe rette.

Ich weiß, dass auch der Tag, der kommt,
mir deine Nähe kündet
und dass sich alles, was mir frommt,
in deinen Ratschluss findet.

Du hast die Lider mir berührt.
Ich schlafe ohne Sorgen.
Der mich in diese Nacht geführt,
der leitet mich auch morgen.
(Jochen Klepper, 1938.
Aus: ders., Kyrie © Luther-Verlag Bielefeld ²¹2007)

Ganz bei Trost

Brauchen Sie Trost? Nein, niemals? Dann gehören Sie vielleicht zu den ganz Harten, zu denen, die mitten im Leben stehen und immer wissen, wo es langgeht. Dann sind Sie jemand, für den oder die alle Probleme nur dazu da sind, gelöst zu werden. Und mit der ganzen Gefühlsduselei haben Sie nichts am Hut. Wenn Sie so jemand sind, dann brauchen Sie wohl keinen Trost, wissen vielleicht gar nicht, was das überhaupt ist. – Ziemlich trostlos, finde ich ...

Was mich betrifft: Ich brauche Trost. Wenn ich traurig bin. Oder verzweifelt. Oder tief erschüttert. Oder völlig hilflos und beinahe ohne Hoffnung. In Zeiten, in denen ich mich enttäuscht fühle, *ge*täuscht und hintergangen. Wenn ich mich allein und unverstanden fühle. Oder an schwierigen Schwellen des Lebensweges – mit Abschied von einem lieben Menschen, von einer heimatlichen Lebensphase, mit Abschied von vertrauten Orten.

Weil ich Trost brauche, geht es mich etwas an, wenn Jesus vom „Tröster" spricht. Er tut das im Johannes-Evangelium, und zwar, als sein Tod kurz bevorsteht. „Abschiedsreden" nennt man diesen Teil bei Johannes (Kapitel 13–17). Ein trauriger Anlass also, Trost ist da wirklich vonnöten.

Mit „Tröster" meint Jesus den *Heiligen Geist.* Jesus als Person, als ein greifbares Gegenüber, er nimmt Abschied, wird für seine Jünger nicht mehr sichtbar und fassbar sein. Aber der „Tröster" kommt, sagt Jesus. So auch in folgendem Satz:

> Der Tröster, der Heilige Geist, den mein Vater senden wird in meinem Namen, der wird euch alles lehren und euch an alles erinnern, was ich euch gesagt habe.
> Johannes 14,26

Na prima! Trost würde ich mir eher davon erwarten, dass mich jemand in den Arm nimmt, mir über das Haupt streicht, die Tränen abwischt (oder wenigstens ein Taschentuch reicht) und sagt: „Es ist alles gut!" – Oder gar nichts sagt, wenn *nichts* gut ist und *nichts* gut zu werden scheint. Und der Heilige Geist nimmt mich doch in den Arm, oder?

Allerdings: Der „Tröster" ist *mehr* als ein Tröster. Im griechischen Original steht da „Parakletos" und das bedeutet außer „Tröster" auch „Beistand", „Hilfe", „Anwalt". Ein „Tröster", der ist da, wenn ich mich zurückziehe. Aber ein „Anwalt", der steht mir bei, wenn ich aufbreche, wenn ich einen schwierigen

Prozess durchkämpfe, wenn es einen Streit zu bestehen gilt. So verstanden, steht der Heilige Geist für beides: für Trost für mich als den „kleinen Dirk" und für die Anwalts-Unterstützung für den kämpfenden „Herrn Klute".

Und *wie* macht der Heilige Geist das? Jesus sagt: Der Geist „wird euch alles lehren und euch an alles erinnern, was ich euch gesagt habe". – Lehren und Erinnern also. Es geht da nicht um allgemeine Weisheiten, sondern um das, was „ich (Jesus) euch gesagt habe". Es geht um Ver-Gegenwärtigung. Wo Jesu Worte, die tröstenden und die ermutigenden, den Graben von zwei Jahrtausenden überspringen und in meinem Herzen landen, wo Jesus selbst zu mir spricht, wo Sätze aus diesem uralten Buch „Bibel" höchst lebendig werden, da ist der Heilige Geist am Werk. Da ist Trost, da ist Hilfe.

Ein Beispiel von vor einigen Jahren: Ich sitze auf dem Fahrrad, will einen Freund im Krankenhaus besuchen. Es war seit einiger Zeit besser geworden mit seiner Krebskrankheit, aber nun plötzlich: Der Bauchraum ist voller Metastasen – seitdem weiß ich, was „Peritonealkarzinose" bedeutet. Es reißt mir den Boden unter den Füßen weg und treibt mir die Tränen in die Augen. Trostlos. Aber da ist plötzlich dieser Satz im Kopf, beim Fahrradfahren: „Meine Schafe hören meine Stimme, und ich kenne sie, und sie folgen mir, und niemand wird sie aus meiner Hand reißen. Der Vater, der sie mir gegeben hat, ist größer als alles, und niemand wird sie aus seiner Hand reißen." – Ein altes Jesus-Wort, nun plötzlich ganz gegenwärtig. Es wird jetzt sein Wort an mich. Genug Boden unter den Füßen für die nächsten Schritte, wenigstens für den Krankenbesuch. Der Heilige Geist – ein Tröster und ein Anwalt. Tränen, die erst fließen dürfen und dann wieder trocknen können. Mut, durch Türen zu gehen, die ich um alles in der Welt lieber umgangen hätte … – Der Heilige Geist gibt Kraft, lässt einen manchmal das Undurchstehbare durchstehen.

Lehren und Erinnern. – Der Heilige Geist, er erinnert mich an Jesus, er lehrt mich seine Worte auf's Neue. Das *Lesen* dieser Worte nimmt er einem nicht ab, das *Hören* auch nicht. Es ist *mein* Part, das Leben und die Worte Jesu erst einmal in mich aufzunehmen – das, was der Heilige Geist in mir dann bewegen und zur rechten Zeit wieder hervorholen und zum Klingen bringen will.

Und warum nimmt der Heilige Geist einen nicht in den Arm? – *Aber er tut es doch!* Durch Menschen, die selbst durch diesen Geist getröstet und ermutigt werden. Gottes Geist, er ist zwar unfassbar wie der Wind und so wenig in den Griff zu bekommen wie eine Flamme. Aber manchmal, manchmal hat er ganz wörtlich Hand und Fuß, ein Gesicht, freundliche Augen und hinhörende Ohren. Vielleicht auch Lippen und Zunge, um das wenige Wichtige und Richtige zu sagen. Gottes Geist wirkt – auch – durch andere Menschen. Darum: Spielen Sie nicht das Göttliche gegen das Menschliche aus! Spätestens seit Jesus gehört beides zusammen, und das tut es bis heute.

Machen Sie sich mit Jesus, seinem Leben und seinen Worten vertraut, so dass der „Tröster" Sie daran erinnern kann! Machen Sie sich mit Menschen vertraut – den richtigen, aber *nicht* den perfekten -, damit der „Tröster" Ihnen durch sie nahekommen kann. Und (Großschreibung beachten!) damit der Tröster Ihnen durch Sie nahekommen kann! Denn: Der „Tröster" will auch *Sie* gebrauchen, um als Getröstete/r andere zu trösten – um dieser anderen Menschen willen und um Jesu Christi willen!

Gebet (nach einem Wort des Propheten Jesaja [38,17]):

Gott, um Trost war mir sehr bange. Du aber hast Dich meiner Seele erbarmt, damit sie nicht ganz zugrunde geht. Denn Du trägst meine Last und wirfst sie weit von Dir. Ich danke Dir!
Amen.

Auf der Suche nach dem Heiligen Geist

„Ach, es ist ja bald Pfingsten – und ich hab' noch keine Andachtsidee dazu!" So kam es mir eines Abends in den Sinn. Also Pfingsten. Geburtstag der Kirche, Fest des Heiligen Geistes. „Heiliger Geist", das muss man den Leuten erklären. Wie Wind. Wie Feuer. Siehe Pfingstgeschichte, damals in Jerusalem. Hatte ich aber vor ein oder zwei Jahren schon als Text. Welcher Text denn dann? Vergebliche Textsuche, spricht mich alles spontan nicht an. Und außerdem: Wie soll ich „Heiliger Geist" erklären, wenn diese Erklärungen im Moment an mir selbst vorbeilaufen, wenn ich selbst so un-inspiriert bin? Wenn ich zwar etwas *über* den Heiligen Geist sagen kann, aber eben nichts *aus* dem Heiligen Geist *heraus*? – Mit diesen Gedanken schlafe ich ein.

Am nächsten Morgen: Ich habe eine längere Busfahrt zu einem Pfarrertreffen. Ich lese die Zeitung. Vom Geist steht nichts drin, dafür viel von einer geistlosen Welt. Ich habe Verspannungen und Kopfschmerzen. Also vom Geist wieder nichts zu spüren. Und welchen Bibeltext nun? So weit bin ich schon: Ich will nicht viel erklären. Eher was mit Gefühl. Wenn etwas von Gott am allerwenigsten in ein *Gedanken*-Gebäude zu fassen ist, dann der Heilige Geist. „Der Wind weht, wo er will", sagt Jesus. So ist das: Der Geist kann einen berühren, einen in diese oder jene Richtung bewegen, womöglich richtig bestürmen – oder eben auch nicht. Aber er ist nicht zu sehen und schon gar nicht zu packen. Unfassbar. Jetzt im Bus und mit den Kopfschmerzen wohl erst recht nicht.

Das Pfarrertreffen soll mit einer Andacht in der Kirche beginnen. Ich bin zu früh da, setze mich still in eine Kirchenbank. Füße auf den Boden, Augen zu, Hände hingelegt. Atmen. Ankommen. Der Heilige Geist ist jetzt in meinen Gedanken nicht mehr Thema. Aber er selbst ist da. Ungefragt, ungesucht, einfach da, für einen kurzen Moment. Glaube ich wenigstens.

Einige Bankreihen weiter finden sich Kollegen ein. Sie unterhalten sich lautstark über Immobilienfinanzierung. Ich ärgere mich. In Gedanken frage ich sie, ob sie nicht ihr Gespräch *vor* der Tür fortsetzen wollen, das hier sei schließlich eine Kirche. – Da ist der Geist weg. *Nicht* wegen der lauten Gespräche. Sondern wegen meines *Hochmuts*: Hier ich mit meiner Sammlung und Stille, und dort diese Unruhestifter. So eine Selbst-Stilisierung mag der Geist nicht, nicht mal in Gedanken. „Der Wind weht, wo er will." – *Da* wollte er wohl nicht mehr. Der Heilige Geist lässt sich nicht herbeizwingen, aber er lässt sich leicht vertreiben …

Die Andacht beginnt. Bei der Geschichte von Jesus und den zehn Aussätzigen bin ich ganz Ohr, bin gepackt. Plötzlich der Gedanke: „Da ist er wieder, der Heilige Geist!" – Nein, da *war* er. Weil das *Nachdenken* über den Geist, kaum dass ich so gedacht habe, mich auch schon von der packenden Bibelgeschichte weggebracht hat …

Zwischenbilanz: Der Geist ist wirklich nicht zu fassen. Und je mehr ich innerlich Klimmzüge mache und nach ihm suche, desto mehr entzieht er sich. Oder besser: Desto mehr entziehe *ich* mich ihm. Erst recht, wenn ich gleich schon wieder bei einem „Zweck" bin – eine Andacht vorbereiten zum Beispiel. Sondern, so glaube ich: *Da* war ich dem Heiligen Geist am nächsten, wo ich *einfach still gesessen* habe, oder wo ich später einfach *aufmerksam zugehört* habe. *Ohne* geistige und geistliche Klimmzüge, ohne bemühtes Suchen, ohne „Zweck".

Da gibt es nun eine lehrreiche Geschichte. Lesen Sie von Jesu Abschied von seinen Jüngern bei der Himmelfahrt und vom Anfang der Pfingst-Geschichte:

Als er (der auferstandene Christus) mit ihnen (den Jüngern) zusammen war, befahl er ihnen, Jerusalem nicht zu verlassen, sondern zu warten auf die Verheißung des Vaters (…): „Ihr aber sollt mit dem Heiligen Geist getauft werden nicht lange nach diesen Tagen." Die nun zusammengekommen waren, fragten ihn und sprachen: „Herr, wirst du in dieser Zeit wieder aufrichten das Reich für Israel?" Er sprach aber zu ihnen: „Es gebührt euch nicht, Zeit oder Stunde zu wissen, die der Vater in seiner Macht bestimmt hat; aber ihr werdet die Kraft des Heiligen Geistes empfangen, der auf euch kommen wird, und werdet meine Zeugen sein in Jerusalem und in ganz Judäa und Samarien und bis an das Ende der Erde." (…)

Und als er das gesagt hatte, wurde er zusehends aufgehoben, und eine Wolke nahm ihn auf vor ihren Augen weg. (…) Da kehrten sie nach Jerusalem zurück von dem Berg, der heißt Ölberg und liegt nahe bei Jerusalem, einen Sabbatweg entfernt. Und als sie hineinkamen, stiegen sie hinauf in das Obergemach des Hauses, wo sie sich aufzuhalten pflegten. Diese alle waren stets beieinander einmütig im Gebet samt den Frauen und Maria, der Mutter Jesu, und seinen Brüdern (…)

Und als der Pfingsttag gekommen war, waren sie alle an einem Ort beieinander. Und es geschah plötzlich ein Brausen vom Himmel wie von einem gewaltigen Wind und erfüllte das ganze Haus, in dem sie saßen (…) Und sie wurden alle erfüllt von dem Heiligen Geist (…)

Apostelgeschichte 1,4–2,4 (in Auszügen)

Jesus verheißt seinen Jüngern den Heiligen Geist. Aber er sagt *nicht*: „Dann sucht mal eifrig, und gebt keine Ruhe, bis ihr ihn habt!" *Sondern:* Jesus „befahl" ihnen, Jerusalem „nicht zu verlassen" und zu „warten". Das fällt den Jüngern augenscheinlich schwer. Einfach an ihrem Ort, bei sich und beieinander zu bleiben und zu warten, was *Gott* an ihnen tut. Gedanklich sind sie nämlich schon viel weiter: bei Jesu Wiederkunft, beim endgültigen Anbruch des Gottesreiches. Der Auferstandene bremst sie da sehr deutlich. Zeit und Stunde gehen sie nichts an. Aber der Heilige Geist, der wird sie an-gehen – zu *seiner* Zeit.

Die Jünger haben begriffen. Sie gehen wirklich zurück nach Jerusalem. Sie laufen dort nicht aufgeregt herum, sondern sie ziehen sich zurück, sind „stets beieinander einmütig im Gebet". Das ist vollendetes Warten: Im Gespräch mit Gott. Und mit Menschen auf demselben geistlichen Weg verbunden, die dieselbe Er-Wartung haben. Geduldig warten, bis Gott das Seine tut. – Man könnte sagen: Beim Gelingen des Wartens war der Heilige Geist schon am Werk, noch bevor er „offiziell" zu Pfingsten kam.

Klar, das Wirken des Geistes *erschöpft* sich nicht im geduldigen Warten. Zu Pfingsten und danach tragen die Jünger dann be-geistert die Botschaft von Jesus Christus in die Stadt und in die Welt hinaus. Es entsteht eine Gemeinschaft, für die eine neue Zeit angebrochen ist. Mitten in dieser alt-ehrwürdigen Stadt Jerusalem eine Gruppierung, wo Besitz und soziale Unterschiede unwichtig werden. Wo Kranke und Bedürftige aufgefangen und integriert werden, lange vor jeder Kranken- und Pflegeversicherung. Viel *Aktivität* aus dem Geist heraus. Aber alles zu seiner Zeit. Und immer wieder dazwischen die innere Sammlung um die Mitte: Gemeinschaft, Beten, von Christus hören, Abendmahl feiern.

Auf der Suche nach dem Heiligen Geist. Meine anfangs geschilderte Suche hatte *ein* Sinnvolles: sich fragen, wo der Geist *nicht* ist. Wo ich eines *anderen* Geistes Kind bin, selbst wenn der nach außen oder mir selbst ach so heilig *erscheint*. Was aber *nicht* sinnvoll ist: dem Geist Christi unruhig und atemlos hinterherrennen, um ihn doch noch zu fassen zu kriegen, dauernd darüber zu grübeln, wie und wo ich denn diesen Geist erwische. Mit dem Geist Gottes ist es wie beim Verliebtsein: Ich kann die Liebe des anderen nicht erzwingen.

Wenn ich es trotzdem versuche, werde ich im Gegenteil die Liebe *verhindern*, garantiert.

Was ich aber tun kann, das soll ich mir von den Jüngern abschauen:

1. Nicht suchend von einem zum anderen springen, sondern *geduldig warten*.
2. *Gemeinschaft* mit Menschen suchen und pflegen, die dieselbe Sehnsucht in sich tragen.
3. *Beten*. Und gern auch um den Geist bitten. Gott meine Empfangsbereitschaft signalisieren.

Gebet (aus dem Evangelischen Gesangbuch Bayern, S. 348):

Geist des lebendigen Gottes
erfrische mich
wie Tau am Morgen
forme mich
erfülle mich
sende mich.
Amen

(Segen aus der ökumenischen Frauenarbeit)

Wenn's um's Geld geht

Was Sie sich *wünschen* und was Sie *brauchen* – das sind zwei Paar Schuhe. Sie brauchen vielleicht etwas ganz anderes als das, was Sie sich wünschen. Davon handelt die folgende Geschichte: Zwei Beter und ein Bittender treffen aufeinander. „Zufällig". Eines Nachmittags am Tempel. Für alle drei verläuft der Nachmittag von da an anders als geplant: Dem Bittenden wird seine Bitte *nicht* erfüllt, und die beiden Beter kommen *nicht* mehr zum Beten. Trotzdem: Die Geschichte hat ein „Happy End", am meisten für den Bittenden …

Einmal gingen Petrus und Johannes in den Tempel. Es war drei Uhr, die Zeit für das Nachmittagsgebet. Am Schönen Tor des Tempelvorhofs saß ein Mann, der von Geburt an gelähmt war. Jeden Tag ließ er sich dorthin tragen und bettelte die Leute an, die in den Tempel gingen.

Als er Petrus und Johannes sah, wie sie gerade durch das Tor gehen wollten, bat er sie um eine Gabe. Die beiden blickten ihn fest an und Petrus sagte: „Sieh uns an!" Der Gelähmte tat es und erwartete, dass sie ihm etwas geben würden. Aber Petrus sagte: „Gold und Silber habe ich nicht; doch was ich habe, will ich dir geben. Im Namen von Jesus Christus aus Nazaret: Steh auf und geh umher!" Und er fasste den Gelähmten bei der rechten Hand und half ihm auf. Im gleichen Augenblick erstarkten seine Füße und Knöchel; mit einem Sprung war er auf den Beinen und ging umher. Er folgte Petrus und Johannes in den Vorhof des Tempels, lief umher, sprang vor Freude und dankte Gott mit lauter Stimme.
Apostelgeschichte 3,1–8

Zunächst: Ohne *Beten* hätte diese Geschichte gar nicht stattgefunden. Dabei hat noch nicht mal jemand für den Bettler beten wollen. Nein, Petrus und Johannes gehen schlicht und einfach zum Beten, weil es „Zeit für das Nachmittagsgebet" ist. – Eine Form regelmäßiger Beziehungspflege zu Gott, die keinen besonderen Anlass braucht, und die ihnen trotzdem wichtig ist. – Wie der Milchkaffee nach der Arbeit mit meiner Frau. Ein Ritual. Kein stumpfes, sondern ein gutes, ein beziehungs-stiftendes Ritual. Beides, der Milchkaffee und das Beten.

Petrus und Johannes gehen zum Beten in den *Tempel.* – Ja wie denn das, wo sie doch *Christen* sind, deren Glaubens-Brennpunkt *Jesus Christus* ist, während die meisten anderen Beter dort als Juden anders glauben? Aber für Petrus und Johannes geht das. Eine atemberaubende *praktische* Ökumene, wo doch dogmatisch überhaupt nichts geklärt ist. Der Glaube an den Gott Abrahams und Moses reicht hier offenbar als Basis, im selben Gotteshaus zu beten, sich gemeinsam als Juden, als Menschen des Volkes Gottes zu verstehen.

Für den Bettler hat der Tempel eine ganz andere Funktion: Er ist als Bettel-Standort prima, weil dort all die frommen Jerusalemer oder die Pilger von weit weg dankbar, mild und großherzig gestimmt sind. Es kommt natürlich darauf an, unter allen Bettlern einen guten Platz zu ergattern, und das „Schöne Tor" am Vorhof ist so ein Platz.

Und nun das Zusammentreffen. Der Gelähmte, ganz in seinem Element, „bettelt die Leute an". Er ist nicht zu übersehen, und *es* ist auch nicht zu übersehen: dass er nämlich Geld braucht, um zu überleben. Es gibt ja keine Rente, Sozialhilfe oder Pflegeversicherung.

Was für den Gelähmten Routine ist, das bringt die beiden Beter *aus ihrer Routine heraus:* Der Bettler fällt ihnen ins Auge. Sie unterbrechen, was sie eigentlich wollten, bleiben stehen, *blicken* den Bettler „fest an". Dann *reden* sie ihn an: „Sieh uns an!" Das ist der Gelähmte nicht gewohnt. Sonst bleibt sein Blick demutsvoll gesenkt. Sonst sprechen die Leute ihn auch nicht an, nehmen keinen Kontakt auf.

Er schaut tatsächlich auf. Blickkontakt. Sein *Erwartungs*-Horizont allerdings bleibt derselbe wie bisher: Er „erwartete, dass sie ihm etwas geben würden" Es geht weiterhin um's nötige Kleingeld. Um das, was er zu brauchen meint. Sollte er ein *frommer* Bettler sein, dann stelle ich mir vor: Auch seine Abendgebete gehen um's Geld, um das Auskommen für jeden Tag: Dank, wenn es reicht; Klage oder verbittertes Schweigen, wenn es zu wenig ist; die Bitte für den kommenden Tag: „Bitte öffne morgen den Pilgern die Herzen und die Portemonnaies!"

Genau an diesem Punkt wird unser Bettler bitter enttäuscht. Petrus sagt: „Gold und Silber habe ich nicht; doch was ich habe, will ich dir geben!" – Ja, was soll es denn dann, dass sie ihn überhaupt angesprochen haben? Dass sie seine Erwartungen wecken, wo sie doch gar nichts zu geben haben?! Da sagt der eine von ihnen: „Was ich habe, will ich dir geben (…)" Was sollte das denn schon sein? Vielleicht ein frommer Trostspruch, passend zum Tempel? Oder ein angebissenes Brötchen für den armen, bedauernswerten Krüppel?

Die Geschichte wäre anders verlaufen, wenn der Bettler impulsiv seiner Enttäuschung Luft gemacht hätte: „Dann haut doch ab, ihr frommen Heuchler, sucht euch wen anderen für euren tollen frommen Trost!" Petrus und Johannes wären erschreckt weitergegangen. Fertig. – So kann es auch heute Leuten ergehen, die von Menschen und Gott enttäuscht sind. Die so starke und so verständliche Wünsche haben – und die dann *nur* auf die Wunsch-Erfüllung fixiert sind. Wenn sie dann nicht ganz genau *das* bekommen, versauern sie, verbittern, werden zynisch oder verfallen in Schweigen. Unser Bettler ist da weiter. Er leistet sich Geduld, wartet noch ab. Erstmal gucken: „Was *haben* die beiden denn für mich, wenn schon kein Geld?"

Also: Die *Augen* des Bettlers sind weiterhin auf Petrus und Johannes gerichtet. Was es aber gibt, ist für die *Ohren:* „Im Namen von Jesus Christus aus Nazareth: Steh auf und geh umher!" Dann noch eine ausgestreckte Hand, ein fester Griff, Halt und Schwung, unser „Gelähmter" – steht! Im Namen *Jesu Christi* tun Petrus und Johannes das. Typisch für Beter. Beter wissen: Sie leben nicht aus sich selbst heraus, sie haben sich selbst schon mal gar nichts zu verdanken. Sie selbst sind *nicht* die großen Könner und Wunderheiler. Sondern: Eine andere Kraft wirkt durch sie. Die Kraft des Jesus von Nazareth. Und wo diese Kraft wirkt, kann schon mal jemand auf die Beine kommen, der schon lange am Boden lag, kann jemand Standvermögen und Stärke bekommen, mit beiden Beinen sicher auf dem Boden stehen – und seinen angestammten und ausgelegenen Platz verlassen.

Übrigens ist es wohl kein Zufall: Unser Bettler, bis jetzt immer „draußen vor der Tür", geht nun mit Petrus und Johannes *in* den Tempelbereich hinein. Mehr also als eine Augenblicksbegegnung mit diesen beiden Leuten, auch nicht nur eine Augenblicksbegegnung mit der göttlichen Kraft, die ihm da auf die Beine geholfen hat. Nein, der Geheilte geht seine seit langem ersten selbstständigen Schritte genau in *diese* Richtung: in den Tempel, an der Seite der Jünger Jesu. Und er überwindet damit auch gesellschaftliche Schranken, die ihm vorher selbstverständlich waren.

Was *Sie* diese Geschichte angeht?

- Wenn Sie *Beter* sind, dann leben Sie aus Gott – aber schauen Sie nicht *nur* auf Gott, sondern auch darauf, wer denn da am Weg sitzt! Sie sollen zwar kein Helfersyndrom entwickeln, aber Sie dürfen es schon Gottes Kraft zutrauen, dass sie *wirkt*. – Manchmal auch durch Sie hindurch auf andere!
- Wenn Sie wie gelähmt am Boden liegen, dann rechnen Sie damit: Das, was mir wirklich helfen kann, ist vielleicht etwas anderes als das, was ich mir dauernd wünsche und erbitte!

- Wenn Sie beides sind, gelähmt *und* Beter, und wenn Sie in eigener Sache beten, dann sagen Sie wie Jesus selbst: „Nicht mein, sondern Dein Wille geschehe!"

Gebet (aus dem Evangelischen Gesangbuch Württemberg, S. 1133):

O Herr, ich lege mich ganz in Deine Hände.
Mache mit mir, was Du willst!
Du hast mich geschaffen für Dich.
Was willst Du, dass ich tun soll?
Gehe Deinen eigenen Weg mit mir!
Sei es wie immer, Freude oder Pein:
Ich will es tun.
Ich opfere Dir diese Wünsche,
diese Vergnügungen, diese Schwächen,
diese Pläne, diese Neigungen,
die mich fernhalten von Dir
und mich zurückwerfen auf mich selbst.
Ich will das sein, wozu Du mich haben willst,
und all das, wozu Du mich machen willst.
Ich sage nicht: „Ich will Dir folgen,
wohin Du gehst", denn ich bin schwach.
Aber ich gebe mich Dir,
dass Du mich wohin immer führst.
Ich will Dir folgen
und bitte nur um Kraft für meinen Tag.
Amen.
(John Henry Newman)

Wes Geistes Kind bin ich?

Pfingsten, das Fest des „Heiligen Geistes". Und der Geburtstag der Kirche: Einige Menschen damals erkennen, dass sie aus dem Tod des Jesus von Nazareth neues Leben schöpfen. Sie glauben an seine Auferweckung, sie wissen darum, dass der Auferstandene den Himmel über ihrem Leben füllt. Sie lassen sich taufen und bilden fortan eine Gemeinschaft mit all ihren Stärken und Schwächen – bis auf den heutigen Tag.

Die Pfingstgeschichte in der Bibel bringt all das mit dem „Heiligen Geist" in Verbindung. Glauben ist nicht etwas, was Menschen selbst „machen" können. Nichts, was sie sich einfach einreden können. Nein, es ist Gott selbst, der da am Werk ist.

Aber: Was ist denn das: Heiliger Geist? Darüber lässt sich viel philosophieren und theologisieren. Bedeutsam aber wird der Heilige Geist erst da für uns, wo er uns erfüllt und bewegt. Nur – es ist gar nicht so leicht zu sagen: Ist denn das, was mich erfüllt und bewegt, der Geist Gottes? Ist alles, was mich begeistert und in Ekstase versetzt, automatisch schon von Gott? Ist alles, was mich bedrückt, herunterzieht, mir das Herz schwer macht, automatisch nicht von Gott? Ist es vielleicht ein Gruppengeist, der mich dabei bestimmt? Oder der „Zeitgeist"? Ist es der Geist der Unruhe, der immer wieder nach mir greift? Der der Schwermut, der mich herunterzieht? Der Geist des Nullbock, der mich verharren lässt? Der Geist der Spaßgesellschaft, der mich von einem Event zum nächsten hetzt?

Wie gut wäre es, wenn wir besser die Geister unterscheiden könnten! Wenn wir verunsichert würden in dem, was uns selbstverständlich als gut und schlecht erscheint, und wenn wir sicherer würden in dem, was uns sowieso schon immer umtreibt. Die Geister unterscheiden, um Gottes Geist zu erkennen und uns nach ihm auszustrecken. Vielleicht können uns da die Worte des Apostels Paulus Orientierung geben:

Welche der Geist Gottes treibt, die sind Gottes Kinder. Denn ihr habt nicht einen knechtischen Geist empfangen, dass ihr euch abermals fürchten müsstet; sondern ihr habt einen kindlichen Geist empfangen, durch den wir rufen: Abba, lieber Vater! Der Geist selbst gibt Zeugnis unserm Geist, dass wir Gottes Kinder sind. Sind wir aber Kinder, so sind wir auch Erben, nämlich Gottes Erben und Miterben Christi, wenn wir denn mit ihm leiden, damit wir auch mit zur Herrlichkeit erhoben werden (...) Desgleichen hilft auch der Geist unsrer Schwachheit auf. Denn wir wissen nicht, was wir beten sollen, wie sich's gebührt; sondern der Geist selbst vertritt uns mit unaussprechlichem Seufzen.

Römer 8,14–17.26

Welche Kriterien gibt Paulus uns an die Hand, das Wirken von Gottes Geist zu erkennen?

1. *„Welche der Geist Gottes treibt, die sind Gottes Kinder."* Vom Geist Gottes erfüllt sein, das bedeutet: sich in einem bestimmten Verhältnis zu Gott sehen und annehmen: als sein geliebtes Kind. Das bedeutet: Wenn Gott für Sie nur „der da oben" ist, der sich für Sie als „den oder die da unten" nicht interessiert, dann ist es nicht *Gottes* Geist, der Ihnen das sagt. Wenn Gott für Sie ein abstraktes philosophisches Prinzip ist, das sich bestenfalls für intellektuelle Debatten eignet, ist nicht *Gottes* Geist am Werk. Wenn Sie sich vor Gott dauernd schlecht und schuldig fühlen, ist es bestimmt nicht *Gottes* Geist gewesen, der Sie dahin geleitet hat. – Vielleicht als Durchgangsstadium, aber unmöglich als Ziel.

2. *„Ihr habt nicht einen knechtischen Geist empfangen, dass ihr euch abermals fürchten müsstet."* Gottes Geist ist ein Geist der Freiheit. Aber wer von uns kann das schon sagen: „Ich bin frei!"? Ich rede gar nicht von den äußeren Zwängen wie z.B., das nötige Geld zu verdienen oder mit den bösen Nachbarn auszukommen. Ich denke mehr an innere Abhängigkeiten: Ängste, die übermächtig werden. Die Unruhe, die sich nicht legt. Das Gefühl, ohne einen bestimmten anderen Menschen nicht mehr leben zu können. Abhängigkeit vom Suchtmittel. Sich in bestimmten Situationen einfach nicht beherrschen können. Und, und, und ... An solchen und anderen Ketten und Fesseln spüren wir besonders deutlich, wie „geistlos" wir zuweilen sind.

3. *„Der Geist selbst vertritt uns mit unaussprechlichem Seufzen."* Paulus spricht hier vom Beten. Ein Beten, das nicht wohlgesetzt und wohlartikuliert ist, sondern ein einziger Seufzer. Ein Beten, das unmaskiert ist, echt, „von Herzen". Eben wie ein kleines Kind bei seinen – lieben – Eltern. Der Geist Gottes führt ins Gebet, und er lässt uns seufzen.

Die drei Punkte des Paulus – Kindsein, nicht versklavt sein, seufzend betend – führen mir vor Augen: Ein von Gott „begeisterter" Mensch bin ich meist nicht. Andere „Geister" sind oft stärker. Also was tun? Frustriert die Pfingstgeschichte abhaken, und den Geist Gottes gleich mit? Dann allerdings wären wir wieder dem Geist des Kleinmuts auf dem Leim gegangen. Wohl wahr: Wir können den Geist Gottes nicht herbeizwingen. Aber wir können ihm Raum schaffen. Dazu folgende Anregungen:

- Halten Sie die *Sehnsucht* nach Gottes Geist wach! Wo Sie sich nach ihm sehnen, werden Sie sich nicht mit Ihren Geistlosigkeiten und Abhängigkeiten abfinden.
- Treiben Sie all die anderen Geister aus, die Sie beherrschen! Und wenn dies (bisher) nicht recht gelingt, reden Sie sie wenigstens nicht schön! Erklären Sie nicht das, was Sie versklavt, für gut, sinnvoll, nützlich oder harmlos!
- Bitten Sie Gott um seinen Geist! Und wenn diese Bitte von Herzen kommt, ist Gottes Geist schon jetzt mit im Spiel, beim Aussprechen oder Ausseufzen dieser Bitte.
- Gottes Kinder sind keine Einzelkinder – also wagen Sie sich unter Ihre „geistlichen" Geschwister! Es kann sein, dass der Geist direkt zu Ihnen „überspringt". Und es wird kaum folgenlos bleiben, wenn Sie erleben, wie andere Kinder Gottes ihren Glauben erfahren, denken und leben.

Gebet:

Komm, Heiliger Geist, – in meinem Herzen, in meinem Denken, in meinem Tun, in unserer Gemeinschaft. Mach mich heute gewiss, Gottes geliebtes Kind zu sein. Hilf mir heraus aus falschen Zwängen und Abhängigkeiten, die Deiner Kraft entgegenstehen, die doch Leben schafft. Und sei Du selbst die Stimme und Sehnsucht in meinen Gebeten!
Amen.

Lasten tragen – *lassen*

Einer trage des anderen Last, so werdet ihr das Gesetz Christi erfüllen.
Galater 6,2

Ein einfacher Satz des Apostels Paulus. Mitten in einer Ansammlung von Hinweisen und Ermahnungen am Ende des Galater-Briefes. Und ein Satz, der viele falsche Reaktionen hervorrufen kann.

Die erste falsche Reaktion: „Ich habe selbst schon genug Ärger! Und da soll ich mich noch mit dem der anderen beschäftigen? Die sollen doch selbst sehen, wie sie klarkommen! Schließlich müssen die Leute ja auch mal selbst Verantwortung übernehmen."

Die zweite falsche Reaktion: „Ja sicher, ich muss für andere da sein. Mich ganz für das Wohl der anderen hingeben. Ich helfe gern. Und die Freunde, Verwandten und Bekannten kommen ja auch zu mir und fragen mich. Wenn es um praktische Dinge geht, um den Umzug, die Reparatur, aber auch, wenn die Leute mir das Herz ausschütten wollen. Ich sage dann niemals nein."

Was an diesen beiden Haltungen falsch ist, werden wir später noch sehen. Aber zunächst möchte ich Ihre Aufmerksamkeit auf etwas lenken, was man bei dieser Ermahnung leicht überliest: „Einer Trage des anderen Last ...", heißt es da. Unter der Hand denken wir da schnell, das sei eine Ermahnung an den „Einen". An den, der doch bitteschön mittragen soll. Aber wie wäre es, wenn wir diesen Satz als Ermahnung verstehen, die dem „Anderen" gilt? Dann hieße die Aufforderung doch wohl: „Lass deine Mitmenschen deine Lasten mittragen! Beschäftige andere damit, was dich belastet, was dir das Leben schwer macht!" – Können Sie das? Können Sie andere um etwas bitten? Dürfen andere sehen: Ich kann nicht mehr? Oder legen Sie Wert darauf, dass die anderen Sie immer für den Starken oder die Starke halten, als jemand, der/die nichts und niemanden braucht und schon ganz gut allein zurechtkommt?

Und nun zu den beiden Fehlhaltungen, auf die ich am Anfang hingewiesen habe: Ich glaube, sie haben genau damit etwas zu tun, dass es Leuten – vielleicht ja auch Ihnen? – so schwerfällt, etwas von der eigenen Last abzugeben:

• Wenn jemand sich nicht um die Lasten anderer kümmert, weil er mit seinen eigenen Lasten schon genug Ärger hat, dann doch wohl oft deshalb, weil er nichts und niemanden an sich und seine Lasten heranlässt.

- Und ganz ähnlich die Menschen mit der anderen Fehlhaltung, dem Immer-Helfen-Müssen: Sicher haben Sie solche Menschen vor Augen, die immer nur für andere da sind und niemals nein sagen (können). Vielleicht gehören Sie selbst dazu. Dann werden Sie fast jede Wette darauf annehmen können, dass so ein Mensch in allen persönlichen Nöten aus seinem Herzen eine Mördergrube macht. Für andere sorgen, ja, aber bloß nicht für sich selbst sorgen – und schon gar nicht andere für sich sorgen lassen!

Was macht es uns eigentlich so schwer, andere an unseren Lasten mittragen zu lassen? Ich meine, verantwortlich sind folgende Zwillingsgeschwister: der Stolz und die Scham. Der Stolz schreit danach, dass ich gesehen werde. Und zwar eben nicht in meinem Elend, sondern mit meinen makellosen guten Eigenschaften, der prima Fassade und in meiner ach so heilen Lebenswelt. Alles ist in Ordnung, ich bin bewundernswert. Der Stolz plustert sich auf wie ein Pfau und schlägt große, bunte Räder. Der Stolz baut eine Fassade auf, an der ich schwer zu tragen habe, auch wenn diese Fassade andere überzeugen mag. Die Scham ist die Zwillingsschwester des Stolzes. Sie versteckt alles, was hässlich, unansehnlich, unanständig, schuldbeladen, überhaupt negativ an mir ist – oder was ich dafür halte.

So sehr wir alle von Stolz und Scham befallen sind, so sehr sind diese Zwillingsgeschwister *Sünde*. Sünde, weil sie eine Mauer zwischen mir und Gott aufbauen. Sünde, weil sie es mir versperren, so vor Gott zu sein, wie ich bin. Sünde, weil Sie dann nicht mit Gottes Liebe rechnen, mit einer Liebe, die nicht betört und geblendet werden will.

Das Gesetz von Scham und Stolz steht hoch im Kurs, Sie können es überall beobachten. Das „Gesetz Christi", von dem Paulus spricht, ist da ein ganz anderes. Jesus sagt, dass er nicht für die Gesunden, sondern für die Kranken gekommen ist. Dass er die Mühseligen und Beladenen erquicken will. Und Jesu Weg ans Kreuz diente auch nicht der religiösen Erbauung der Makellosen, sondern dem Heil der Sünder, der Kaputten. Christus, der die Last der Beladenen angenommen hat und trägt.

Aber das andere ist eben auch „Gesetz Christi": Jesu Vorbild im Sich-tragen-Lassen. Denken Sie daran, wie eine Frau wenige Tage vor Jesu Hinrichtung seinen Kopf mit kostbarem Öl gesalbt hat. Voller Zärtlichkeit und Hingabe. Lasten tragen ohne Worte. Die Jünger hatten dafür kein Verständnis. Jesus war ja schließlich der Helfer der anderen, das Geld für das Öl hätte man Bedürftigen geben können. Aber Jesus nimmt diese Frau in Schutz. Er lässt es sich gefallen, was diese Frau an ihm und für ihn tut. Ich stelle mir vor, dass er dabei eine Träne im Auge hatte.

Das „Gesetz Christi" bedeutet: sich Christus zum Vorbild nehmen. Im Tragen und im Getragen-Werden. Ich glaube: Das Sich-Tragen-Lassen ist für die meisten von uns die schwierigere Aufgabe. Bei mir jedenfalls ist das so. Und trotzdem durfte und darf ich erfahren, wie unglaublich erlösend und befreiend es ist, es zu wagen, Stolz und Scham abzulegen, Vertrauen zu riskieren, um Hilfe zu bitten. Das „Gesetz Christi" auf diese Weise zu erfüllen, kann ein riesengroßes Geschenk werden, und wir dürfen spüren, was Erlösung und Befreiung ist.

Gebet:

Christus, Du liebst mich so, wie ich bin. Auch wenn ich das manchmal gar nicht begreifen kann.
Dir kann ich meine Last bringen. Danke.
Ich danke Dir aber auch für die Menschen, die bereit sind, an meiner Last mitzutragen. Hilf mir dabei, Stolz und Scham zu überwinden, damit sie mich nicht von Dir und meinen Mitmenschen abschneiden.
Amen.

Auf in den Kampf? – Auf in den Kampf!

Das Wichtigste kommt (fast) immer zum Schluss. So ist das auch im Epheserbrief: Ganz dicht gedrängelt einige Ermutigungen und Ermahnungen. Das Bild, das uns da vor Augen gemalt wird, ist allerdings kein christlich-friedliches, sondern ein militaristisches: Hören Sie, wie uns als Bild von den Christen ausgerechnet ein römischer Legionär gezeichnet wird:

> Zuletzt: Seid stark in dem Herrn und in der Macht seiner Stärke. Zieht an die Waffenrüstung Gottes, damit ihr bestehen könnt gegen die listigen Anschläge des Teufels. Denn wir haben nicht mit Fleisch und Blut zu kämpfen, sondern mit Mächtigen und Gewaltigen, nämlich mit den Herren der Welt, die in dieser Finsternis herrschen, mit den bösen Geistern unter dem Himmel.
>
> Deshalb ergreift die Waffenrüstung Gottes, damit ihr an dem bösen Tag Widerstand leisten und alles überwinden und das Feld behalten könnt. So steht nun fest, umgürtet an euren Lenden mit Wahrheit und angetan mit dem Panzer der Gerechtigkeit und an den Beinen gestiefelt, bereit einzutreten für das Evangelium des Friedens. Vor allen Dingen aber ergreift den Schild des Glaubens, mit dem ihr auslöschen könnt alle feurigen Pfeile des Bösen, und nehmt den Helm des Heils und das Schwert des Geistes, welches ist das Wort Gottes. Betet allezeit mit Bitten und Flehen im Geist (...) Epheser 6,10–18.

Ein militaristisches Bild. Eines, das uns vielleicht nicht gerade im Herzen anspricht. Und das aus verschiedenen Gründen:
- Argument A: „Das ist mir zu waffenstarrend! Gerade wenn da ausdrücklich vom ‚Evangelium des Friedens‘ die Rede ist, dann passt doch wohl das Bild vom Christen als hochgerüsteten Soldat nicht!"
- Argument B: „Gerade dieses Eingeschnürt-Sein, dieses Gepanzert-Sein, das schreckt mich ab! Man kann so vielleicht überleben, aber nicht wirklich leben. Das nimmt einem ja die Freiheit, die Luft zum Atmen!"
- Argument C: „So ein gut gepanzerter Mensch, der festen Schrittes seinen Weg geht, der wäre ich gern. Ein Mensch, der gegen jede Bedrohung, gegen jeden Angriff das richtige Mittel hat. Aber ich bin das genaue Gegenteil: so zerbrechlich, so verletzlich, so leicht aus der Bahn zu werfen!"

Nun könnte man für den Text eine Ehrenrettung versuchen: Damals war der Legionär eben ein vertrautes Bild, und das sollten wir mal dem Briefeschreiber nachsehen.

Aber ich möchte noch weitergehen: Unsere Bilder vom Menschsein und vom Christsein sollen sich nicht nur von unseren Wünschen, Phantasien und Idealen bestimmen lassen. Wir sind eben nicht immer die Lämmer, die verträumt auf der Wiese grasen können. Und dass Wolf und Lamm friedlich beieinander sind, das ist eine bisher unerfüllte biblische Verheißung. Noch leben wir in einer Welt, in der die Szene von Wolf und Lamm anders ausgeht. Da ist es dann gut, vorbereitet und gewappnet zu sein – manchmal jedenfalls.

Mal angenommen, Sie sind nun dieser Legionär: Gegen wen ziehen Sie zu Felde? Vielleicht: die bösen Nachbarn, die schwierigen Kinder, der rücksichtslose Chef, der nervende Partner, die mobbenden Kollegen, der politische Gegner. – Sicher: Solche Kämpfe muss es zuweilen auch geben, und günstigenfalls sind sie sogar nützlich und bringen alle Beteiligten weiter. *Nur*: Unser Text behauptet: Die *entscheidenden* Schlachten werden ganz woanders geschlagen: „Wir haben nicht mit Fleisch und Blut zu kämpfen!" Dann kommen Begriffe, mit denen sich unsere neuzeitlichen Ohren schwertun: Von den „listigen Anschlägen des Teufels" ist die Rede, von „Mächtigen und Gewaltigen, nämlich (…) den Herren der Welt, die in dieser Finsternis herrschen", von „bösen Geistern unter dem Himmel".

Nicht Fleisch und Blut. Sondern dämonenähnliche Wesen, die es auf einen abgesehen haben und einen beherrschen. Sie meinen, so etwas gibt es doch nicht? Mag sein, jedenfalls in diesem klassischen antiken Sinn. Aber ganz bestimmt auf andere, sehr aktuelle Art und Weise:

Achten Sie z.B. auf das kleine Wörtchen „*Es*": „*Es* macht mich ganz unruhig, dass …"; „*Es* überkommt mich einfach …"; „*Es* hat mich fest im Griff …"; *Es* geht mir schlecht …"; *Es* macht mich fertig …". „Es", das ist etwas, das nicht aus Fleisch und Blut ist, und das trotzdem Macht über mich hat. Etwas, wo ich mich nicht mehr beherrschen kann, mich nicht mehr unter Kontrolle habe, in alte und fatale Bahnen hineinrutsche. Gedanken, die mich beherrschen (statt ich die Gedanken), Gefühle, die mich fest im Griff haben.

Und selbst wo es scheinbar „äußere" Dinge und Umstände oder Menschen sind, die mich unfrei machen: Meist hat „*Es*" seine Finger mit im Spiel. – Ob es meine Süchte oder zwanghaften Verhaltensweisen sind. Ob es der Partner ist, von dem ich mich bis zur Selbstaufgabe abhängig mache. Oder meine wirtschaftlichen Verhältnisse oder die Anerkennung im Beruf, an die ich mein

Wohl und Wehe hänge. Oder, oder, oder: Kaum jemals ist es „das Ding an sich", das mich beherrscht und knechtet. „*Es*" kettet mich daran, „*es*" macht mich unfrei. Sozusagen Ihre und meine persönlichen Dämonen. Kennen Sie denjenigen, der Sie besonders verfolgt? Sie sollten es!

Und da stehen wir nun mit unseren kläglichen Mitteln und wagen einen matten Kampf. Oder wir machen aus der Not eine Tugend und geben den Kampf auf. Lassen uns beherrschen und lächeln dazu verzweifelt oder zynisch. Oder wir „treiben den Teufel mit Beelzebub aus". „Suchtverlagerung" heißt das auf Neudeutsch. Das Alte zählt nicht mehr, etwas ganz Neues ist angesagt, wovon wir wieder alles erwarten – und wir kommen vom Regen in die Traufe.

Unser Epheser-Text sagt uns: „Kämpfe! Aber kämpfe nicht allein!" Und dann werden all die Ausrüstungsgegenstände des Christen aufgezählt, die er selbst sich gar nicht geben kann. Die nur Gott ihm geben kann:

- Der *Gürtel der Wahrheit*: Das heißt ja nicht einfach, nicht zu lügen. Sondern: sich selbst im Lichte Jesu sehen, der von sich sagt: „Ich bin der Weg, die Wahrheit und das Leben!"
- Den *Panzer der Gerechtigkeit* haben *nicht* die Selbstgerechten und Hyper-Genauen. Gemeint ist *Gottes* Gerechtigkeit: Dass Gott für uns alles getan, alles auf sich genommen hat, damit wir leben und in Ewigkeit bei ihm sein können. Und dass niemand uns noch verurteilen darf. Nicht einmal das eigene Gewissen darf das letzte Wort behalten.
- Die *Stiefel des Evangeliums* treten ein für das „Evangelium", auf deutsch: „frohe Botschaft". Eine Botschaft, die ich mir selbst nicht sagen kann. Sondern die Gott in meine Welt gebracht hat. Die ich leben darf, für die ich eintreten darf und soll.
- Der *Schild des Glaubens:* Glaube ist für Christen schon immer etwas gewesen, was man sich nicht selbst geben kann. Gottes Geist ist es, der Glauben wecken kann. Deshalb ist es Unsinn, sich zum Glauben zwingen zu wollen. Ich kann aber Gott um diese Gabe bitten.
- Der *Helm des Heils*, das muss wohl etwas sein, was manchen Keulenschlag an Vorwürfen und Selbstvorwürfen abfangen kann. Gott will, dass mein Leben heil ist und heil wird. Dafür hat er alles getan.
- Das *Schwert des Geistes* ist, so steht es da, das Wort Gottes. Ein Wort, das ich mir nicht selbst sagen kann. Das mir immer wieder neu gesagt werden muss. Dem ich mich aussetzen muss. Dann kann dieses Wort für mich wirklich das Gute vom Schlechten scheiden und unterscheiden. Statt alles zu glorifizieren oder alles zu verteufeln.

Gottes Ausrüstung für mich. Damit ich nicht so leicht umkippe. Damit ich an der Seele geschützt und aufgehoben bin. Gott darum zu bitten, ist vielleicht noch das leichteste. Schwerer ist es, die eigenen armseligen Hölzchen und Steinchen aus der Hand zu legen, um zu ergreifen, was Gott mir gibt. Am schwersten ist es wohl, überhaupt all dem, was uns beherrscht und gefangen hält, den Kampf anzusagen und frei sein zu *wollen*. Gut, dass wir nicht alleine stehen.

Gebet:

Vater im Himmel, vor Dir spreche ich aus, was mich unfrei macht, was mich beherrscht: (...)
Allein werde ich nicht damit fertig. Komm Du mir zu Hilfe!
Amen.

Lebendige Hoffnung

Gepriesen sei der Gott und Vater unseres Herrn Jesus Christus! In seinem großen Erbarmen hat er uns neu geboren und mit einer lebendigen Hoffnung erfüllt. Diese Hoffnung gründet sich darauf, dass Jesus Christus vom Tod auferstanden ist. Sie richtet sich auf das neue Leben, das Gott schon jetzt im Himmel für euch bereithält als einen Besitz, der niemals vergeht oder verdirbt oder aufgezehrt wird (...)

Deshalb seid ihr voll Freude, auch wenn ihr jetzt – wenn Gott es so will – für kurze Zeit leiden müsst und auf die verschiedensten Proben gestellt werdet. Das geschieht nur, damit euer Glaube sich bewähren kann, als festes Vertrauen auf das, was Gott euch geschenkt und noch versprochen hat.

1. Petrus 1,3–7a

„Lebendige Hoffnung", was soll das sein? Die sarkastische Antwort lautet: „Lebendige Hoffnung ist Hoffnung, die nicht tot ist. – *Noch* nicht!" Schließlich sagt der Volksmund: „Die Hoffnung stirbt zuletzt." Aber sterblich ist sie dann ja wohl, die Hoffnung. Die Frage: „Was ist *tote* Hoffnung?" können Sie wohl leichter beantworten. Nach ein paar Lebensjahrzehnten hat man solche Leichen, tote Hoffnungen, im Keller: Schon als Kind die Hoffnung, dass die Eltern sich doch nicht trennen; dass es doch noch klappt auf der Schule, dass der Hamster wieder lebendig wird, dass die Familie doch nicht wegzieht. Oder später: All die Hoffnungen, die sich um Ausbildung, Beruf, um Freunde, Partnerschaft, Gesundheit, Krankheit, Leben und Tod drehen. Tote Hoffnungen, die kennen Sie, die „haben" Sie.

Es gibt ein Mittelding zwischen „lebendiger Hoffnung" und „toter Hoffnung": jene Hoffnung nämlich, die *künstlich* am Leben gehalten wird. Die dauernd überwacht, beatmet und künstlich ernährt werden muss, ohne dass sich etwas zu ändern scheint. Es gehört zu den schwersten Aufgaben im Leben zu entscheiden: Hat meine am Boden liegende Hoffnung Chancen, noch einmal zu genesen? Oder ist sie im Grunde schon am Ende, eine verrückte Träumerei, und ich sollte sie nun auch in Frieden sterben lassen und mich von ihr lösen? Doppelt schwer zu entscheiden, weil es ja um die *eigene* Hoffnung geht. Da fehlt einem der Abstand, um das einigermaßen realistisch einschätzen zu können. Manchmal hilft es, andere Menschen zu fragen, denen ich vertraue, die mehr Abstand dazu haben als ich und mehr Realismus.

Ich finde: *Lebendige Hoffnungen* sind etwas Wunderbares, mit dem *Tod einer Hoffnung* kann man immerhin leben lernen, aber die *Hoffnungen irgendwie zwischen lebendig und tot*, das sind die Schlimmsten. Weil sie so zermürben, womöglich über Jahre hinweg.

Unser Text aus dem 1. Petrusbrief spricht nun ohne Wenn und Aber von einer *lebendigen* Hoffnung. Die Übersetzung oben („mit einer lebendigen Hoffnung erfüllt") sagt es noch sehr zurückhaltend. *Wörtlich* ist da die Rede von Gott, der „uns erneut geboren hat in eine lebendige Hoffnung hinein durch die Auferstehung Jesu Christi von den Toten". – Um eine *Geburt* geht es: *Wir* sind es, die geboren werden, Gott ist die Mutter, die uns „zur Welt bringt". Und die neue Welt, in die hinein wir da geboren werden, ist die „lebendige Hoffnung". Lebendige Hoffnung als der neue Raum, der uns umgibt und in dem wir leben.

Und der Geburts-*Vorgang*? Wie werden wir in diese lebendige Hoffnung hineingeboren? – „Durch die Auferstehung Jesu Christi von den Toten". – Ja, war Jesu Auferstehung denn überhaupt historisch? Nein! Denn „historisch" sind Ereignisse in der *Vergangenheit*, die einmal geschehen und dann abgeschlossen sind. Aber Christi Auferstehung ist weit mehr: Etwas *Über-Zeitliches* und *All-Gegenwärtiges:* Gott hebt seinen Sohn sozusagen heraus aus der Geschichte und macht ihn all-gegenwärtig. Deswegen sind wir heute genauso „dicht dran" wie Maria Magdalena, deswegen kann Christi Auferstehung *heute* Ihre Geburt in die neue Welt lebendiger Hoffnung hinein sein.

Klingt sehr abgehoben, sehr philosophisch, sehr abstrakt. – Bis zu dem Punkt, wo der *Glaube* ins Spiel kommt. Unser Text spricht ja von „Bewährung des Glaubens" und von „festem Vertrauen". Glaube ist ja nicht, wenn ich an eine Liste spekulativer Einsichten einen Haken mache, dass ich zustimme. Glaube ist eigentlich „Vertrauen". Ein Beziehungsbegriff. Engste Verbundenheit. *Christlicher* Glaube meint engste Verbundenheit mit *Christus*. Nicht nur, dass Christus mir menschlich sympathisch ist und ich seine Werte gut finde, sondern: engste Verbundenheit mit seinem *Tod* und seiner *Auferstehung*. Mein Tod ist sein Tod, sein Leben ist mein Leben. In Kopf *und* Herz. In einem alten Osterlied bringt Paul Gerhardt das auf den Punkt, wenn er sich wie ein Körperteil Christi beschreibt (Evangelisches Gesangbuch, Nr. 112, 6):

Ich hang und bleib auch hangen
an Christus als ein Glied;
wo mein Haupt durch ist gangen,
da nimmt er mich auch mit.

Er reißet durch den Tod,
durch Welt, durch Sünd, durch Not,
er reißet durch die Höll,
ich bin stets sein Gesell.

Als Teil am Leib Christi durch all das Dunkel „hindurchgerissen" werden – bis hinein in den „Saal der Ehre", wie es in einer späteren Strophe heißt, bis zur Vollendung meines, nein, *seines* Lebens.

Durch Christi Auferstehung neu „geboren werden". Nun ist ja so eine Geburt für den Säugling ein ziemlich passiver Vorgang: Er oder sie wird vorher nicht gefragt, weiß im Vorhinein nicht, wohin die Reise geht und was das für eine neue Welt ist, die sich da auftun wird. „Es" geschieht einfach mit einem. Und wer schon geboren ist, wird sich so gut wie gar nicht an die eigene Geburt erinnern oder gar sagen, wie es denn im Leib der Mutter so gewesen ist. Ich meine, das ist der Grund, warum Mensch *in* dieser lebendigen Hoffnung und Menschen *außerhalb* davon einander manchmal so schlecht verstehen können. Oder mehr noch: Dass ich mich *selbst* nicht gut verstehe, wenn ich als glaubender Mensch auf Zeiten der Hoffnungslosigkeit zurückblicke, oder dass ich in Zeiten ohne Glauben und Hoffnung kaum verstehen kann, warum und wie ich denn früher mal glauben konnte.

Nun schreibt der Verfasser unseres Briefes den Christen seiner Zeit: „Ihr *seid* durch Christi Auferstehung neu geboren in eine lebendige Hoffnung hinein! (…) Ihr *seid* voll Freude, trotz Leid und verschiedener Proben!" Punkt. – Geht er damit nicht über die Befindlichkeiten und Lebenslagen seiner Adressaten einfach hinweg? *Ja!* Genau das tut er! Die schwankenden Befindlichkeiten und die manchmal ziemlich wechselhaften Lebenslagen sind ihm *nicht* das Entscheidende. Sondern eher so: „Ihr *seid* geboren, ob Ihr's schon bemerkt habt oder nicht! Ihr *seid* im Raum neuer Hoffnung, auch wenn Ihr die Augen zuhabt und Euch die Ohren zuhaltet! Ihr hängt durch Tod und Auferstehung hindurch an Christus, auch wenn Ihr glaubt, mutterseelenallein zu sein!"

Wenn das so ist, dann tun wir gut daran, vielleicht mal die Augen zu öffnen. Die Finger aus den Ohren zu nehmen. Hinzufühlen, an wessen Hand ich da eigentlich bin. Und an dieser Stelle wird nun auch deutlich, was diese große lebendige Hoffnung mit unseren sonstigen Hoffnungen, den lebendigen, den toten und den klinisch toten, zu tun hat: All diese anderen Hoffnungen sind nicht mehr schicksalsentscheidend. Ich darf weiterleben, auch wenn manche Hoffnung stirbt. Und neu beginnen. Denn eine ganz große lebendige Hoffnung trägt mich. Und *die* kann niemand totkriegen. Dafür steht der Lebendige ein.

Gebet:

Christus, Du weißt, worauf ich hoffe, speziell heute. Du weißt, welche abgestorbenen Hoffnungen mich schmerzen. Du weißt, wo ich kämpfe. Sei Du selbst über all dem meine Hoffnung, die mich hält und trägt! Amen.

Sorgen-Werfen

Alle eure Sorge werft auf ihn! Denn er sorgt für euch.
1. Petrus 5,7

Herzlichen Glückwunsch! Wenn Sie diese Worte lesen, haben Sie sich von Ihren Sorgen ein wenig gelöst. Denn wer von Sorgen völlig gefangen ist, der hat nicht die Zeit und die innere Freiheit, sich in eine Andacht einzulesen. Oder sich auf sonst irgendetwas zu konzentrieren, was nicht direkt mit seinen Sorgen zu tun hat.

Hatten Sie denn heute überhaupt schon mit einer Sorge zu tun? Oder mit mehreren? Mit welchen? Können Sie diese Sorgen für sich *benennen?* Auch dann: herzlichen Glückwunsch! Wer seine Sorgen klar benennen kann, hat sie wenigstens schon mal *begrenzt.* Sie ufern nicht nach überallhin aus, sind nicht so diffus.

Eines haben fast alle Sorgen gemeinsam: Es geht um die *Zukunft.* Egal, ob ich die Sorge habe, der Sommer könnte mir verregnen, oder ob es die Sorge um meinen Arbeitsplatz, um meine Gesundheit, um die Zukunft der Kinder, um die Partnerschaft ist, oder was denn aus unserem Land oder unserer Welt wird. Sorge stellt sich ein, wenn ich etwas für bedroht halte, was mir am Herzen liegt. Und die Sorgen sind dort *besonders* groß, wo mir etwas *besonders* am Herzen liegt. Deshalb sind Ihre Sorgen aufschlussreich: Sie verraten Ihnen, worum sich bei Ihnen ganz viel dreht – ob es materielle Sicherheit, Ihr körperliches Wohlbefinden oder Ihr Zusammenleben mit Ihren Angehörigen und Freunden ist. Ihre Sorgen verraten Ihnen auch, ob Sie mit Herz und Verstand über den Tellerrand Ihres persönlichen Lebens hinausschauen, oder ob Ihr Horizont momentan sehr eingeschränkt ist.

Nun könnte man ja sagen: „Sorgen sind etwas Gutes, denn schließlich müssen wir ja unsere Zukunft planen und Gefahren erkennen!" Wohl wahr: Wer heute nicht einkaufen geht, hat morgen einen leeren Vorratsschrank. Wer heute nicht die Blumen gießt, dem sind sie morgen vertrocknet. *Vorsorge* für die Zukunft könnte man das nennen. *Vorsorge* zeichnet sich dadurch aus, dass man etwas Konkretes *tut.*

Aber *Sorge*, die ist etwas anderes als Vorsorge. Denn Sorge ist ein Gemisch aus *Grübeln* und *Angst.* Grübeln und Angst verleiten aber gerade *nicht* zum Tun, sondern sie *lähmen.* Eine ungebändigte Sorge führt zu unruhigem Stillstand, zu kurzschlüssigen Aktionen und zu immer denselben quälenden Gedanken. Übrigens konzentrieren sich solche Sorgen meist auf Dinge, die ich sowieso kaum ändern kann. Richtige *Vor*sorge dagegen konzentriert sich auf das Machbare. Und sie ufert nicht aus.

Nun fordert uns der 1. Petrusbrief auf: „Alle eure Sorge werft auf ihn" – nämlich auf Gott. In der Grundschule habe ich nie das Sportabzeichen bekommen, weil ich nicht gut werfen konnte. Das will nämlich gelernt und trainiert sein. Wer gut werfen will, muss Anlauf nehmen, mit dem Arm weit ausholen, dann den Arm mit aller Kraft nach vorn schleudern – und im richtigen Moment *loslassen*. Sind Sie gut im Sorgen-Werfen? Oder sitzen Sie auf Ihren Sorgen wie das Huhn auf den Eiern, und niemand darf sie anrühren? Behalten Sie grundsätzlich das letzte Wort, wenn jemand Ihnen Ihre Sorge nehmen will?

Was macht das Sorgen-Werfen eigentlich so verflixt schwer? Ich glaube: Wer sich sorgt, kann sich immer noch der Vorstellung hingeben, die Dinge wenigstens *gedanklich* im Griff zu behalten. Wenn wir uns von unseren Sorgen trennen, bedeutet das ein *Eingeständnis:* Ich habe meine Zukunft, mein Leben, meine Mitmenschen und die Beziehungen zu ihnen sowieso nicht in der Hand. Ich führe eine zutiefst unsichere, bedrohte und zeitlich befristete Erden-Existenz. Dass mein Erspartes auch morgen noch auf dem Konto ist, das ist weit sicherer, als dass ich morgen noch lebe. Das zu akzeptieren ist schwer. Dann lieber mit dauerndem Sorgen so tun, als könnte ich alles im Leben *doch* irgendwie bewahren. Lieber mit Angst und Grübeln alle Eventualitäten ins Auge fassen, sich schützen und sorgenvoll gegen alles absichern. Wer sich sorgt, verpasst so das Leben. Der ist nur noch in der (dunkel getönten) Zukunft statt in der Gegenwart, der ist gänzlich mit „Sich-Sorgen" statt mit „Leben" beschäftigt.

Die Sorge auf Gott zu werfen, ist eine Einladung zum Leben. Nein, *ich* habe mich, mein Leben, meine Mitmenschen, mein Hab und Gut und die ganze Welt *nicht* in der Hand. Aber *Gott!* Darum ist Gott das richtige Ziel für das Sorgen-Werfen. Es geht da nicht nur um diese oder jene *einzelne* Sorge, sondern es geht gleich um das komplette Sorgen-*Paket*, denn unser Bibelvers spricht von „alle eure Sorge" in der Einzahl. Das komplette Sorgen-Paket also, die Sorge als Lebenshaltung. Weg damit! In hohem Bogen auf Gott!

Ich meine: Für Christinnen und Christen ist das Sorgen-Werfen mehr als nur eine freundliche Einladung, sondern geradezu Pflicht. Denn zumindest an den dicken, quälenden Sorgen zeigt sich, wovon ich denn letzten Endes Halt, Sicherheit und ein gelingendes Leben erwarte. Es zeigt sich, was ich so sehr überhöhe, dass es an die Stelle Gottes tritt. Was das ist, was in meinem

Herzen und Kopf allen Platz beansprucht. Die Sorge auf Gott zu werfen bedeutet dann, Gott wirklich Gott sein zu lassen, ihm den Platz einzuräumen, der ihm zusteht. Wenn *Gott* der Herr ist, müssen wir das *Unsere* tun, dass keine Sorge dauerhaft über uns herrscht.

Aber stimmt denn der zweite Teil des Verses – „(…) denn er sorgt für euch!"? Schließlich gibt Gott Ihnen manches Mal *nicht* alles, was Sie zum Glücklich-Sein für notwendig halten, oder? Das Leben ist manchmal alles andere als ein Schlaraffenland, in dem Gott von allen Seiten für mich sorgt, mich umsorgt wie ein stets zu Diensten bereiter Butler.

Allerdings: Der Teilsatz „(…) denn er sorgt für euch!" ist nicht besonders gut übersetzt. Besser müsste es heißen: „Denn ihm liegt an Euch" oder „ihr liegt ihm am Herzen". Was ist der Unterschied? Nun, wenn jemand für mich sorgt, dann nimmt er mir alle meine Aufgaben und Pflichten ab und erfüllt mir meine Wünsche. Eben wie ein Butler. Aber Gott ist kein Butler. Es ist nicht seine Aufgabe, mir alle Wünsche zu erfüllen und alle Pflichten abzunehmen.

Im Gegenteil: Bei mir zu Hause ist es so: Eben *weil* meiner Frau und mir an den Kindern liegt, „sorgen" wir ab dem passenden Alter nicht mehr in allem für sie. Die Kinder müssen dann selbst Putzpflichten übernehmen und bestimmte Dinge für sich oder für die Familie erledigen. Das ist wichtig, um selbstständig zu werden. Wenn mir an jemandem liegt, kann das bedeuten, dass ich *gerade nicht* für ihn sorge.

Also: Wir dürfen und wir sollen unsere Sorge auf Gott werfen. *Und* wir sollen uns nicht einbilden, Gott müsse unsere Anliegen genau so lösen, wie wir uns das gerade vorstellen. Nein, denn weil wir ihm am Herzen liegen, weiß er besser, was *wirklich* für uns gut ist.

Vor langer Zeit, als ich 13 Jahre alt war, hatte ich irgendwoher ein Formular für einen „Sorgenübergabevertrag", der unseren Vers (1. Petrus 5,7) als Präambel hatte. Der Unterzeichner stimmte zu, alle Rechte an seinen Sorgen zu verlieren. Sollte er aber doch wieder versuchen, sich die Sorgen widerrechtlich anzueignen, war er zu einem Gebet verpflichtet, und zwar ungefähr folgenden Inhalts: „Ich danke Dir, Gott, dass Du alle meine Sorgen trägst und dass ich Dir am Herzen liege." Ich habe damals unterschrieben, und das war – trotz mancher Vertragsbrüche bis heute – nicht verkehrt. Es lebt sich einfach besser, wenn meine Sorgen nicht mehr *meine* Sorgen sind.

Abend-Gebet (aus dem Evangelischen Gesangbuch Württemberg, S. 869):

Gott, in Deine Hände lege ich meine unruhigen Gedanken,
meine wirren Gefühle, mein Leben.
In Deinen Schoß lege ich meinen müden Kopf,
die Früchte meines Tuns, meine Sorgen.
Unter Deinen Mantel lege ich meinen schutzlosen Leib,
meine verwundete Seele, meinen angefochtenen Geist.
In Deine Hände lege ich meine Freunde,
meine Feinde, mein Leben.
Amen.

(Quelle unbekannt)

Nochmal: Nur Geduld?

Haben Sie *Geduld?* Etwas schon, sonst würden Sie jetzt nicht lesen. Aber wie ist das denn sonst mit Ihrer Geduld? Sie sind beim Zahnarzt – und warten schon geschlagene zwei Stunden. Oder Sie sind mit Ihrem Mann/ Ihrer Frau irgendwo eingeladen, Sie sind schon viel zu spät, Sie stehen vor Ihrer Haustür, und der andere kommt und kommt nicht. Toilette, Kleidung zurechtzupfen, Telefon, Schlüssel suchen, ... Oder da fallen im Gespräch bestimmte Worte, da gehen Sie regelmäßig auf die Palme, und nichts da mit Geduld.

Also: Manchmal fehlt die Geduld, manchmal reißt einem der Geduldsfaden. Woher also Geduld *nehmen?* – Falsch gefragt! Denn vielleicht brauchen Sie ja nicht *Geduld,* sondern im Gegenteil *Ungeduld!* Wenn Sie im Wartezimmer *zu viel* Geduld haben, fällt es der Sprechstundenhilfe erst abends beim Abschließen auf, dass man Sie vergessen hat. Ich will es mal so sagen:

- *Ungeduld* ist da gefragt, wo Sie etwas *tun* können, um Ihr Ziel zu erreichen.
- *Geduld* ist da gefragt, wo Sie *nichts* tun können, um Ihr Ziel zu erreichen.
- Eine Lebenskunst ist es nun zu erkennen: „Kann ich etwas tun? Oder muss ich es so hinnehmen und abwarten?" Wer sich da vertut, hat es schwer:
- Angenommen, Sie sind zu geduldig: Auf der Arbeit hält man Ihnen alles auf, der Partner fragt Sie gar nicht erst nach Ihrer Meinung, die Kinder tanzen Ihnen auf der Nase herum und die unbehandelte Krankheit wird immer schlimmer. Pech für Sie mit Ihrer vielen Geduld!
- Angenommen, Sie sind zu ungeduldig: Sie gehen allen auf die Nerven, weil Sie an ihnen herumkritisieren und herumerziehen. Dauernd suchen Sie nach neuen Ideen, Impulsen, Programmen. Und Sie tun alles, um Ihre chronische Krankheit doch noch wegzubekommen, obwohl Sie sie ertragen müssen. Pech für Sie mit Ihrer dauernden Ungeduld!

Übrigens: Große Ungeduld, viel Eifer, hohe Ideale, die besten Absichten – das kann sehr schnell umkippen – in Lähmung, Resignation, Depression, Ausgebrannt-Sein. Dann nämlich, wenn *eigentlich* Geduld, Abwarten, Realismus angesagt sind. Wenn Sie oft genug mit dem Kopf gegen die Wand gerannt sind und sich Ihre blutige Nase geholt haben – Ihre Misserfolge, Blamagen, Ihr Scheitern, den Undank Ihrer Mitmenschen und die persönliche Kränkung. Ungeduld am falschen Platz kann Sie in tiefe Krisen stürzen.

Und wie steht es mit Geduld und Ungeduld im *Glauben?* Dazu der Autor des Hebräer-Briefs (10,32–36.39). Er möchte seinen Lesern die Geduld schmackhaft machen, sie zum Durchhalten, zu langem Atem ermutigen. Leute, die schon ziemlich lange Christen sind, deren Glaubensweg bisher nicht auf Blümchen gebettet war und die sich in ihrer Hoffnung enttäuscht sehen, dass Jesus bald wiederkommt.

> Erinnert euch doch an die Zeiten, als ihr gerade mit dem göttlichen Licht erleuchtet worden wart und dann sogleich einen harten, leidvollen Kampf durchstehen musstet! Die einen wurden öffentlich beleidigt und misshandelt, die andern standen denen treu zur Seite, die dies ertragen mussten. Ihr habt mit den Gefangenen gelitten, und wenn euch euer Eigentum weggenommen wurde, habt ihr das mit Freude ertragen. Denn ihr wusstet, dass ihr einen viel besseren Besitz habt, der euch nicht genommen werden kann.

Ja, damals! Die gute, alte Zeit! Noch richtig Feuer und Flamme, vom göttlichen Licht erleuchtet, voller Begeisterung! Da ertrug man ja fast schon *gern* die Anfeindungen und Beleidigungen! Da *spürte* man wenigstens noch, zu wem man gehörte: zu Jesus, der ja selbst auch schon verfolgt und missachtet wurde. Und dann der Zusammenhalt unter den Christen! Solidarität, Beistand. Eine Endzeitstimmung voller Hoffnung. Denn das Beste kommt ja bald noch!

Aber seit damals: Viele Jahre sind vergangen, man ist älter geworden, der Lack ist ab. Auch der Glaubens-Lack. Der ist dem nüchternen Realismus gewichen, der Abgeklärtheit. Und so ein Hauch Trauer. Von der Erleuchtung damals, da hat man heute kaum mehr einen blassen Schimmer.

> Werft nur jetzt eure Zuversicht nicht weg, die doch so reich belohnt werden soll!

„Eure Zuversicht" – das griechische Wort dazu kann man auch mit „Freimut" übersetzen. Eine unverkrampfte, offene Haltung. Das Gegenteil von „Schneckenhaus". Aber warum denn den Freimut *nicht* wegwerfen – nach all den Jahren, nach mancher Enttäuschung von Menschen, vom Leben, von sich selbst, von Gott? Die Antwort unseres Autors: Weil Zuversicht und Freimut „reich belohnt werden sollen". Ich meine: Nicht erst am Ende der Zeiten, sondern *sofort.* Die Schnecke, die sich in ihr Haus verkriecht, wird mit Enge und

Dunkelheit „bestraft", aber wenn sie aus dem Schneckenhaus herauskommt, sich umsieht, die Fühler ausstreckt, wird sie mit dem Licht des Tages, mit frischer Luft und saftigem Grün „belohnt". Wer mit Zuversicht und Freimut das „Jetzt" ergreift, *lebt*. Geduld ist *da* nicht nötig, eher verkehrt.

Aber es geht nicht nur um Gottes „Jetzt" für mich, es geht auch um Gottes *Verheißung* – um das, was noch kommt. Und da ist *allerdings* Geduld gefragt:

Ihr braucht Geduld, damit ihr weiterhin tut, was Gott von euch will, und so auch bekommt, was er versprochen hat (...)

„Ihr braucht Geduld, damit ihr weiterhin *tut* (...)" – Moment mal! Hatte ich nicht eben gesagt: Geduld, die braucht man, wenn man *nichts* tun kann!? Schon. Aber es geht hier *nicht* darum, etwas zu tun, was mich der Ewigkeit näher bringt. Nein, da kann ich nichts beschleunigen, da lässt Gott sich keinen Druck machen. Aber *umgekehrt* wird ein Schuh draus: *Wenn* ich im Blick auf die Vollendung *Geduld* habe, dann bekomme ich Kopf, Herz, Augen, Hände frei für mein „vorläufiges" Leben. Heute. Ich bin dann frei, das zu tun, was Gott mir *heute* vor die Füße gelegt hat. An Last und Lust, an Gaben und Aufgaben.

Wir gehören doch nicht zu den Menschen, die den Mut verlieren und deshalb zugrunde gehen! Vielmehr gehören wir zu denen, die Gott im Glauben vertrauen und das Leben gewinnen.

Na, ob das stimmt? Oder gehören Sie *doch* zu denen, die den Mut verlieren? Fühlen Sie sich nicht *doch* manchmal wie zugrunde gegangen? Leer, verbraucht, alles tut weh? Flugzeuge im Kopf? So hoffnungslos? Dann ist es mit flotten Mutmach-Sprüchen nicht getan, auch nicht mit frommen.

„Wir gehören zu denen, die Gott im Glauben vertrauen und das Leben gewinnen." Also *doch* so ein frommer Mutmach-Spruch, etwa so: „Nun glaub' mal schön, und dann ist alles wieder gut!"? Nein. Denn „mal schön glauben", das klappt nicht einfach so, schon gar nicht auf Kommando. Ich kann Ihnen auch nicht sagen, was man alles *tun* muss, um so zu glauben. Deshalb nicht, weil es beim Vertrauen auf Gott eben *nicht* um das Tun geht, sondern um das *Lassen*. Sie sollen zwar ergreifen und *tun*, was Gott Ihnen heute als Lust und Last vor die Füße gelegt hat. Aber Glaube *selbst*, Vertrauen, das ist im Kern: Nichts-Tun. Stille. Ruhe. Dinge *sein* lassen. Die Hände in den Schoß legen.

Sabbat. Beten – ohne viele Worte. Gott selbst ins Zentrum rücken, von ihm alles erwarten.

Bei vielen Menschen kommen Leere, Verbraucht-Sein, Hoffnungslosigkeit vom *Tun*. Oder von der Anfangs-Begeisterung, vom Tatendrang, von den vielen guten Absichten und großen Plänen. Dann bleibt die Ernüchterung aber nicht aus und die Enttäuschung. Dann wird der lange Atem kürzer, die zupackenden Hände werden kraftlos. Und Gott ist so weit weg.

Aber Glaube bedeutet: „Ich lege betend die Hände in den Schoß, ich lege mein Leben in Gottes Hand, ich erwarte alles, worauf es ankommt im Leben und im Sterben, von ihm!" – Und dann, ja *dann* finde ich Geduld für das, was ich *nicht* in Händen habe. Die Verheißung unseres Textes ist groß: Das *Leben* gewinnen! – Statt es an so vielen unsinnigen Stellen immer wieder zu verlieren.

Herzlichen Glückwunsch, Ihre Geduld hat für diese Seiten gereicht! Für ein Schlusswort von Hermann Hesse hoffentlich auch noch:

Geduld ist das Schwerste und das Einzige,
was zu lernen sich lohnt.
Alle Natur, alles Wachstum, aller Friede,
alles Gedeihen und Schöne in der Welt
beruht auf Geduld,
braucht Zeit, braucht Stille,
braucht Vertrauen.

Gebet:

Gott, ich bitte Dich um Geduld – auf Dich zu warten, auf Dich zu hoffen. Und um Ungeduld – das in die Hand zu nehmen, was heute dran ist! Amen.

Es klopft

Es klopft. Jemand will zu Ihnen. – Was tun? Sie könnten „Herein!" sagen. Oder zur Haustür gehen, wenn es dort geklingelt hat.

Welche Gründe gibt es, *nicht* „Herein" zu sagen, *nicht* zu öffnen?

- *Sie möchten niemandem SO nicht unter die Augen treten.* – Sie sind gerade unter der Dusche oder tragen den Uralt-Jogginganzug, haben verweinte Augen, sind ungeschminkt oder unrasiert.
- *Sie möchten niemandem den Zustand Ihrer Wohnung zumuten.* – Zeitungen, ungewaschene Teller, einzelne Socken, Kinderspielzeug, wohin man tritt. Womöglich gar Dinge, die mehr über einen verraten, als einem lieb sein kann: leere Schnapsflaschen, volle Aschenbecher oder, oder.
- *Sie haben Angst.* Es könnte der Gerichtsvollzieher sein. Oder ein Trickdieb, ein Räuber. Womöglich gar die Verwandtschaft mit ihren neugierigen Fragen, Forderungen, Anweisungen.
- *Sie möchten allein sein.* Sogar jemand, den Sie „an sich" gern sehen, wäre Ihnen zu viel. Aber Sie würden es nicht fertigbringen, ihm das zu sagen, ihn abzuweisen.
- *Trotz und Weltschmerz:* „Ihr könnt mir alle mal gestohlen bleiben!" „Wer hier klingelt, will immer nur was von mir!" „Mich hat sowieso keiner lieb!"
- *Zu viel Krach:* Ihr Fernseher ist zu laut, die Musikanlage oder das familiäre Geschrei. Deswegen hören Sie das Klopfen gar nicht.

Sechs Gründe, aber kein einziger *guter* Grund. Man soll zwar keinesfalls immer erreichbar und aufnahmebereit sein. Aber wenigstens nachschauen, wer es denn ist, hören, was denjenigen oder diejenige herführt, das wäre schon nicht schlecht. – *Wenn* man denn den anderen auch wieder wegschicken kann, wenn's die falsche Person oder der falsche Zeitpunkt ist.

Vor allem die *Motive* der Gründe sind problematisch: Scham, Peinlichkeit, Angst, Schüchternheit, Trotz, Weltschmerz, Krach – das darf zwar alles mal sein, aber wer sich von solchen Motiven zu oft, zu lange, zu sehr leiten lässt, ist kein glücklicher Mensch. Und: Zumindest als *Dauer-Haltung* soll man sich nicht ein-igeln und „dicht" machen – nicht gegenüber den Mitmenschen, der frischen Luft, neuen Impulsen und Herausforderungen, „dem Leben".

Gegen das *geistliche* „Sich-dicht-Machen" wendet sich unser Bibeltext. Christus selbst „steht auf der Matte". Durch den Mund des Sehers Johannes sagt er:

„Siehe, ich stehe an der Tür und klopfe an. Wenn jemand meine Stimme hören wird und die Tür auftun, zu dem werde ich hineingehen und das Abendmahl mit ihm halten, und er mit mir."
Offenbarung 3,20

Zwei Sätze aus den „sieben Sendschreiben" an Gemeinden in „Kleinasien" (heute Türkei), genauer: zwei Sätze aus dem Sendschreiben an die Gemeinde in Laodizea. Dort haben sich nicht nur einzelne Personen abgeschottet und dicht gemacht, sondern eine ganze christliche Gemeinde. Nicht aus Scham oder Angst, sondern weil man es sich so schön eingerichtet hat in seinem Leben, weil man sich selbst genug ist und auf nichts mehr wartet. Kurz: Behäbigkeit und Abstumpfung. – Ähnlichkeiten mit Teilen der bundesdeutschen Christenheit sind natürlich rein zufällig, und erst recht Ähnlichkeiten mit Ihnen oder mir.

Das mit dem Abgeschottet-Sein soll nicht so bleiben. Deswegen: kritische Worte in dem Sendschreiben:

(...) Ihr seid weder warm noch kalt. Wenn ihr wenigstens eins von beiden wärt! Aber ihr seid weder warm noch kalt; ihr seid lauwarm. Darum werde ich euch aus meinem Mund ausspucken. Ihr sagt: ‚Wir sind reich und bestens versorgt; uns fehlt nichts.' Aber ihr wisst nicht, wie unglücklich und bejammernswert ihr seid, elend, blind und nackt.

Ich rate euch: Kauft von mir Gold, das im Feuer gereinigt wurde; dann werdet ihr reich! Kauft euch weiße Kleider, damit ihr nicht nackt dasteht und euch schämen müsst! Kauft euch Salbe für eure Augen, damit ihr sehen könnt! Alle, die ich liebe, weise ich zurecht und erziehe sie streng. Macht also Ernst und kehrt um!
Offenbarung 3,15–19

„Alle, die ich liebe (...)" – Sieht *so* eine Liebeserklärung aus? *Ja,* denn Liebe bedeutet nicht, dass alles weichgespült und glattgebügelt wird, was nicht in Ordnung ist. *Nicht* in Ordnung ist, dass das Bild der Christen in Laodizea von sich selbst so ganz anders ist als das Bild, das sie in *Christi* Augen abgeben: In den *eigenen* Augen sind sie „reich", „bestens versorgt" und ohne Mangel, in *Christi* Augen aber „unglücklich", „bejammernswert", „elend, blind und nackt".

Und nun steht Christus vor der Tür und klopft an – bisher ohne Erfolg: Die Christen haben mit ihrem eingespielten Gemeindeleben und Glaubensleben Christus faktisch ausgesperrt. Er kann ihre Kreise nicht stören, er kann ihre Welt nicht in Frage stellen. Das alles schön christlich unterfüttert. Im Bild gesprochen: Die CD mit den frommen Chorälen ist so laut gedreht, dass keiner das Klopfen hört. Und dabei wäre es gerade hier mal nötig, dass die Tür aufgeht, dass frische Luft, ein neuer Geist hineinkommt und sich die Leute der Nähe Christi aussetzen.

Und *ich*? Was hält *mich* womöglich davon ab, Christi Klopfen zu hören und die Tür zu öffnen?

- Vielleicht wie in Laodizea die *Behäbigkeit* – dass niemand meine Kreise stören soll.
- Oder die *Scham*, Christus so unter die Augen zu treten, wie ich bin, so ganz ungeschminkt und ohne Fassade.
- Die *Scheu*, Christus das Chaos in meinem Lebenshaus zuzumuten, all das Ungeordnete, Ungeklärte, Unaufgeräumte, die ganzen „Altlasten".
- Vielleicht die *Angst* – vor einem Gott, der mich nur aus einem einzigen Grund aufsucht: um mich zur Rechenschaft zu ziehen, in die Pfanne zu hauen und mit all dem zu belasten, was das Leben schwer und quälend macht. – Hinter so einer Gottesmaske steckt der Teufel.
- *Trotz* und *Weltschmerz*: „Das ganze Fromme kann mir gestohlen bleiben!" und „mir kann sowieso keiner helfen!" – Getreu den Worten des Blinden: „Ich glaube nur, was ich sehe!"
- Oder *Lebens-Lärm*: So viel Lautes, so viel Unruhe, Termine, redende Mitmenschen, plappernde Radios, rauschende Musikanlagen, Fernseher, Zeitschriften, Bücher. Dauernd was in der Hand haben. Kein geistlicher Impuls kann noch ins Ohr, ins Bewusstsein, ins Herz dringen. Es ist schlicht kein Platz mehr für Christus.

Das Schöne für die Christen in Laodizea und für uns ist: Trotz aller Kritik *ist* das Sendschreiben eine *Liebes*-Erklärung. Christus liebt Sie, „belagert" Sie, will Sie erreichen, bei Ihnen ankommen und ganz bei Ihnen sein – trotz aller lauwarmen Behäbigkeiten, trotz allem, was hinter der Schminke und Fassade ist, trotz des Lebens-Chaos und der Angst, trotz Weltschmerz, Gottes-Verneinung und Lärm.

Es klopft. Mit Geduld. Immer noch. Immer wieder. Es gibt viele gute Gründe, das Klopfen zu überhören. Oder sich blockiert zu fühlen, die Tür zu öffnen. Dicht zu machen. Aber man *kann* auch: hinhören, aufstehen, öffnen und sagen: „Willkommen! Tritt doch ein!"

Gebet:

Christus, klopfst Du auch bei mir? Ich höre nichts! Ich vermisse Dein Klopfen. Manchmal fehlst Du mir so. Da will ich Deine Stimme hören, da will ich Deine Hand spüren und – nichts ist.

Vielleicht stimmt es ja: Es ist zu laut um mich herum, zu laut in mir drin. So viele Stimmen, so viele Gedanken. So viel zu erledigen. Ich ziehe meine Kreise, drehe am Rad – und bin doch so starr, so mutlos, so fest verschlossen, so dicht, so taub.

Christus, klopf doch weiter! Gib nicht auf! Lass mich Dich hören. Und die Tür finden. Möglichst heute noch!

Amen.

Stichwortverzeichnis

215